贵州省社会科学院智库·茶产业系列丛书

贵州茶产业转型升级推动经济高质量发展研究

罗以洪　谢孝明◎编　著

知识产权出版社
全国百佳图书出版单位
北京

图书在版编目（CIP）数据

贵州茶产业转型升级推动经济高质量发展研究 / 罗以洪，谢孝明编著 . — 北京：知识产权出版社，2021.5
（贵州省社会科学院智库 . 茶产业系列丛书）
ISBN 978-7-5130-7485-8

Ⅰ. ①贵… Ⅱ. ①罗… ②谢… Ⅲ. ①茶业—产业发展—研究—贵州 Ⅳ. ① F326.12

中国版本图书馆 CIP 数据核字 (2021) 第 062528 号

责任编辑：王　辉　　　　　　　责任印制：孙婷婷

贵州茶产业转型升级推动经济高质量发展研究
GUIZHOU CHACHANYE ZHUANXING SHENGJI TUIDONG JINGJI GAOZHILIANG FAZHAN YANJIU

罗以洪　谢孝明　编著

出版发行：	知识产权出版社有限责任公司	网　　址：	http://www.ipph.cn	
电　　话：	010-82004826		http://www.laichushu.com	
社　　址：	北京市海淀区气象路50号院	邮　　编：	100081	
责编电话：	010-82000860转8381	责编邮箱：	wanghui@cnipr.com	
发行电话：	010-82000860转8101	发行传真：	010-82000893	
印　　刷：	北京九州迅驰传媒文化有限公司	经　　销：	新华书店及相关销售网点	
开　　本：	720mm×1000 mm　1/16	印　　张：	13.75	
版　　次：	2021年5月第1版	印　　次：	2021年5月第1次印刷	
字　　数：	220千字	定　　价：	72.00元	
ISBN 978-7-5130-7485-8				

出版权所有　侵权必究
如有印装质量问题，本社负责调换。

《贵州省社会科学院智库·茶产业系列丛书》
编委会

编委会主任：慕德贵

副 主 任：王秉清　胡继承　吴大华　张学立

委　　员：李　胜　魏明禄　王丽军　向　波　雷睿勇
　　　　　杨　力　黄亚辉　吕立堂　范　松　罗以洪
　　　　　谢孝明　魏　霞　谢忠文　周开讯　李德生
　　　　　赵　青　黄　昊　颜　强　张云峰　肖　越
　　　　　李发耀　肖勉之　姚　鹏　才海峰　陈加友
　　　　　陈　涛　范仕胜　余海游　朱　薇　任永强
　　　　　卫肖晔　曾　亮

主要编撰者简介

罗以洪,男,1968年生,土家族,重庆市酉阳土家族苗族自治县人,管理科学与工程博士,贵州省茶产业高质量发展研究院副院长,贵州省大数据政策法律创新研究中心副主任,副研究员,贵州省首批新型智库·国家治理体系治理能力现代化地方实践高端智库研究员。中国区域经济学会少数民族地区经济专业委员会理事,贵州省大数据局专家库专家。主要研究方向:区域经济、大数据、工业经济、民营经济、创新管理等。在国家自然基金委A类核心期刊《管理科学学报》《技术经济》《光明日报》《经济日报》《贵州社会科学》等核心期刊发表文章20多篇,出版专著1部。负责或参与了《贵州省"十三五"工业发展规划》《贵州省数字经济规划》《贵州省"十三五"现代服务业发展总体规划》等多项经济发展规划等课题,主持1项国家课题,4项省级课题,承担的科研项目阶段性成果得到了省级主要领导的肯定性批示,负责执行主编的蓝皮书及编著主要有《贵安新区发展报告(2015—2016)》《贵安新区发展报告(2016—2018)》《贵州省民营企业社会责任蓝皮书(2017—2018)》《贵州省民营经济发展报告(1978—2018)》等。

谢孝明,男,1968年生,湖南桂阳人,汉族,中共党员,贵州省社会科学院历史研究所副研究员,贵州省史学会理事,中国书院学会理事,贵州省茶产业高质量发展研究院副院长,历史学博士,专业为中国思想文化史,研究领域主要集中于中国思想文化史、中国经济思想史、书院与儒学传播、湖湘文化与湖南人才群体、湘黔文化交流史、中国茶文化等。在省级以上学术刊物发表学术论文40余篇;参与国家和省级课题8项;主持国家和省级课题子课题1项;专著6项(其中独著、合著各3项);研究报告3个;获得省、地厅、院级学术奖励各1项。总计完成研究成果约1000万字,其中论文约100万字,专著(文献整理)约900万字。

序

　　中国是世界上最早发现茶树和利用茶树的国家。据植物学家分析，茶树起源至今已有6000万年至7000万年的历史。在茶史研究中，经常提到上古时代的神农氏："神农尝百草，日遇七十二毒，得荼而解之。"神农尝百草是我国流传很广、影响很深的一个古代传说，在《史记·三皇本纪》《淮南子·修务训》《本草衍义》等书中均有记载。据此表明，中国茶的发现和利用始于原始母系氏族社会，迄今已有五六千年的历史。公元前200年左右秦汉年间的字书《尔雅》，称茶为"槚"；汉代司马相如的《凡将篇》，称茶为"荈诧"，将茶列为20种药物之一，是我国历史上把茶作为药物的最早文字记载。大量的历史文献资料表明，我国古代野生大茶树遍及南方诸省，特别是贵州、四川、云南等地。近代学者通过研究逐渐达成了共识：中国是世界茶文化的发祥地，中国是茶的故乡。鸦片战争爆发之前，中国茶叶曾经垄断世界茶叶市场，和瓷器、丝绸等成为中国的代名词，中国的各大名茶更是蜚声海外，誉满天下。今天的中国，茶叶种植面积和产量依然在世界上排名第一，但肯尼亚、印度、斯里兰卡等国家的茶叶出口也占据了很大一部分世界市场。

　　贵州是茶树的原生地和古老茶区之一。1980年发现的晴隆茶籽化石，是世界上迄今为止发现的唯一茶籽化石，它标志着贵州茶的历史至少在100万年以上。贵州省现有各种类型的茶树品种资源600余种，是我国保存茶树品种资源最丰富的省份之一。文献中有关贵州茶的记载始见于距今1600多年的《华阳国志》，表明贵州是有千年产茶史的地区。历代国家史志、地方史志及著述中大都有关于贵州的茶文献，其中以唐代陆羽的《茶经》最为著名。特殊的生态环境和气候条件奠定了贵州茶叶生产的重要地位，作为国内唯一低纬度、高海拔、寡日照兼具的茶区，海拔高度、年均气温、日照时数、空气湿度、年降水量、土壤酸碱度等，都特别适宜茶树生长。历史上，数千年前的古黔濮苗茶俗沿袭至今。早在唐代，产于思州、播州、夷州、费州的贵州优质茶便已扬名天下。务川都濡月兔、贵定云雾茶、思州银钩茶、湄潭眉尖茶、织金平桥茶、金沙清池茶、贞丰坡柳茶、都匀鱼钩茶、大方海马宫茶等，都是历史上各具特色的"贡茶"。1915年，都匀鱼钩茶和贵州茅台酒、玉屏箫笛一起，在巴拿马万国博览会上获奖，贵州茶开始走向世界。进入21世纪，贵州不仅茶园面积居全国前列，而且形成了都匀毛尖、湄潭翠芽等知名品牌，在2007年10月的第四届中国国际茶业博览会上，凤冈县的"雀舌报春""明前翠芽"和湄潭县的"兰馨雀舌""湄潭翠芽"获得金奖，占该次评比中12个绿茶金奖的三分之一。

茶产业是贵州的传统产业，大力发展茶产业，不仅可以促进贵州省特色农业和高效农业的发展，带动农业种植结构的调整和优化升级，提升农业经济增长的质量和效益，加速传统农业向现代农业的转化，而且有利于保护生态环境。茶树根系发达，四季常绿，固土能力强，对于保持水土、优化生态环境，都能起到积极的作用。发展茶产业，既符合农民增收的要求，又符合生态建设的需要。实行退耕还茶、林间种茶、荒山造茶等，可以实现保护生态环境与农民增收致富的最佳结合，把绿水青山与金山银山在真正意义上有机结合。

2007年以来，贵州省委、省政府高度重视茶产业发展，先后出台多个文件要求认真研究贵州茶叶的悠久历史、品质特征、文化内涵，要在产品定位、品牌塑造、宣传推介和市场拓展上下功夫，着力培育一批全国性的知名品牌，努力提高"黔茶"在国内外的知名度。品牌的内涵是文化，品牌要形成产业，根本在品质，关键在文化。必须加大宣传推介力度，要把茶产业宣传作为对内对外宣传的重要组成部分，努力树立"黔茶"新形象，充分挖掘茶与历史、文化、名人、健康、饮食等诸多元素的相关性，提升"黔茶"影响力，加快全省茶产业发展，积极推动贵州由茶叶大省向茶叶强省转变。

在发展茶产业方面，贵州提出了"四个最严"要求，即最严谨的标准、最严格的监管、最严厉的处罚、最严肃的问责。贵州省各级各部门上下联动，通力协作，合力推动坚持贵州原料、贵州制造、贵州创造、贵州品牌的发展道路，延伸产业链、提升价值链、构建供应链，贵州茶产业加速发展、加快转型，规模质量和效益不断提升。经过十多年的不懈努力，贵州一跃成为全国茶叶大省，确立贵州茶产业发展处于全国第一方阵、第一梯队地位。截至2019年年底，贵州省茶园面积已达700万亩（其中投产面积601.7万亩），稳居全国第一位，茶叶产量

40.1万吨、产值451.2亿元，茶产业辐射带动356.1万人，带动贫困户34.81万人，脱贫17.46万人。茶产业已成为贵州脱贫攻坚的支撑力量、优势产业的发展龙头、生态产业的重要抓手。2020年，贵州茶产业克服疫情影响，逆势上扬，前三季度贵阳海关出口茶叶量、出口额分别增长64.7%和173%；截至10月底，贵州省生产茶叶40.1万吨，产值474.3亿元，同比分别增长9.91%、9.88%。

大力推动茶产业高质量发展，不仅有助于改善人民生活品质，而且有利于推动绿色发展，促进人与自然和谐共生，是"绿水青山就是金山银山"重要论述在贵州的生动实践。贵州省社会科学院作为省委、省政府的"思想库""智囊团"，致力于服务全省经济社会发展大局，为更好推动贵州省茶产业高质量发展，组建了贵州省茶产业发展研究院。在贵州省农村产业革命茶产业发展领导小组直接领导下，贵州省社会科学院组织精干科研力量，聚焦茶产业发展相关问题，深入开展调查研究。一方面，做好基础工作，着力于茶历史茶文化研究，挖掘贵州厚重的茶历史文化资源；另一方面，做好应用对策研究，着力开展茶产业发展研究，服务政府决策和企业参考，取得了阶段性成果，形成了一定的学术影响力和社会影响力。

《贵州省社会科学院智库·茶产业系列丛书》第一辑推出3本：《贵州茶文献辑录》《贵州茶产业转型升级推动经济高质量发展研究》《贵州省茶产业发展报告（2020）》。《贵州茶产业转型升级推动经济高质量发展研究》是贵州省茶产业发展研究院2020年重点的基础性研究成果之一，是贵州省哲学社会科学创新工程的重大项目。该书对黔茶产业转型升级高质量发展问题予以较深入的研究。课题研究的主要任务是，研究贵州作为世界茶树原产地中心及茶叶故乡的理论根源，研究贵州茶产业结构调整高质量发展的理论基础，摸清贵州省茶产业发展的现状，从消费者视角分析贵州茶产业的竞争优势和贵州茶产业发展环境、存在问题，提出加快贵州省茶产业转型升级高质量发展的重点任务与实现路径，提出茶产业高质量发展中完善政府职能、提升要素保障的措施建议等。

《贵州省社会科学院智库·茶产业系列丛书》编委会
2020年12月18日

前　言

近年来，在贵州省委、省政府坚强领导下，贵州省农村产业革命茶产业发展领导小组提出"守正创新、正本清源、确立地位"战略思路，高起点谋划全省茶产业发展布局，将茶产业打造成为脱贫攻坚的支撑力量，乡村振兴的产业基础，优势产业的发展龙头，生态产业的重要抓手。贵州省茶产业发展取得历史性突破，茶品质臻于全国上乘，品牌名扬天下，贵州作为茶的起源地正日益得到普遍认同，茶产业已成为助推贵州融入"一带一路"的亮丽名片，为贵州建成茶叶强省打下了坚实基础，正蓄积起贵州省茶产业发展新腾飞的磅礴力量和雄厚势能。

当前贵州省茶产业发展处于历史最好时期，黔茶在全国综合地位显著提高，基地规模及质量进一步提升，茶加工业实现快速升级，品牌建设取得显著成就。一是贵州省茶园面积全国第一。截至2019年年底，贵州省茶园面积700万亩（其中投产面积601.7万亩），已连续七年居全国第一位。二是茶叶产量全国增长最大。改革开放以来，贵州省茶叶产量从1978年的0.66万吨增加到2019年的28.6万吨，41年间年均增长9.63%，贵州省茶叶产量占全国的比重从1978年的2.46%上升到2019年的10.24%，增长了7.78个百分点。三是区域公共品牌影响力大幅度提升。2010年以来，贵州省在国内各种传媒宣传黔茶的产业发展动态，采取多种措施，使贵州省茶叶的品牌影响力得到较大提升。在2020年浙江大学中国茶叶区域公用品牌价值评估中，都匀毛尖品牌价值为35.28亿元，品牌影响力为全国第10位，湄潭翠芽品牌价值排第24名（2019年），梵净山茶全国第29名，凤冈锌硒茶品牌价值排第39名，遵义红品牌价值排第80名（2018年），余庆苦丁茶品牌价值排第88名。

尽管贵州省茶产业发展取得了显著成效，但贵州省茶叶也面临规划布局有待进一步优化、黔茶品牌综合竞争力仍需进一步提升、贵州作为世界茶源仍需进一步说清、茶产品市场化建设需进一步深化、茶产业发展机制需进一步健全等问题。针对黔茶产业转型升级及高质量发展中存在的问题，有必要研究贵州如何充分依托生态优势和综合发展优势，构建以品牌建设、现代茶叶园区建设、茶叶精深加工、优势产业带培育为重要内容的黔茶产业，实现黔茶产业结构调整和转型升级，将贵州打造成为世界绿茶生产、加工、贸易和文化中心，实现贵州茶产业的跨越式发展。本研究的主要任务是，研究贵州作为世界茶树原产地中心及茶叶故乡的理论根源，研究贵州茶产业结构调整高质量发展的理论基础，摸清贵州省茶产业发展的现状，从消费者视角分析贵州茶产业的竞争优势和贵州茶产业发展环境、存在问题，提出加快贵州省茶产业转型升级高质量的重点任务与实现路径，提出茶产业高质量发展中完善政府职能、提升要素保障的措施建议等。

针对黔茶产业转型升级中存在的关键性问题，提出如下建议作为"十四五"及未来较长时间内贵州省茶产业转型升级高质量发展的决策参考：一是促进体制机制的转型升级。强化组织领导机制，健全茶产业管理机构。二是促进茶叶基地的转型升级。科学布局贵州省茶叶基地，高标准建设茶园，抓好良种体系建设。三是促进茶生产加工转型升级。推进加工企业向质量效益型转变，建设产业园区培育龙头企业发展。四是促进市场建设转型升级。提升黔茶品牌知名度，加大品牌管理力度，促进市场营销网络转型，建议在贵州省建立全国茶叶大数据中心和贵州绿茶官网，积极开拓国外市场，使黔茶走向全国、走向世界。五是促进质量安全管理转型升级。提升质量安全意识，加强质量安全管理，加大对质量安全违法处罚力度。

开展本研究是一项涉及地方较多、工作量较大、时效较紧、要求较高的工作。由于研究水平有限，错漏在所难免，还望各位领导和专家予以批评指正。在此，也对本次研究予以大力支持的省茶办、省农业农村厅、省统计局、省发改委，各市州、县市茶办及相关部门，茶产业基地、茶生产企业、茶交易市场的领导、专家、企业负责人、技术人员、销售人员、茶农等表示深深的感谢！

罗以洪　谢孝明

2020 年 12 月 18 日

目 录

第一章 概述 ··· 1
第一节 研究背景及意义 ··· 2
（一）研究背景 ·· 2
（二）研究目标 ·· 2
（三）研究意义 ·· 2
第二节 国内外研究综述 ··· 3
（一）概念界定 ·· 3
（二）研究评述 ·· 4
第三节 主要研究内容及创新之处 ··· 5
（一）主要观点及研究内容 ··· 5
（二）研究方法及创新之处 ··· 6

第二章 中国茶产业发展现状及趋势 ··· 7
第一节 我国茶产业发展现状 ··· 8
（一）生产及贸易平稳发展 ··· 8
（二）茶叶内销实现稳中发展 ·· 14
（三）茶叶出口创新高 ·· 20
（四）产品质量及安全明显提高 ··· 29
（五）茶产业化发展进程加快 ·· 29
第二节 我国茶产业发展趋势 ··· 30
（一）多元化挖掘茶叶资源成为趋势 ··· 30

（二）"一带一路"为茶产业发展带来机遇 ······················· 31
（三）大数据、人工智能发展为茶产业发展带来新机遇 ··········· 32
（四）茶产业发展的市场前景广阔 ····························· 33
（五）茶产业国际化发展能力增强 ····························· 35

第三章 贵州是世界茶源中心综合考述 ······························· 37

第一节 中国是世界茶树原产地和茶叶的祖国 ······················· 38
（一）考古发现证明中国是茶树的原产地 ······················· 38
（二）西南地区是中国茶树原产地和茶叶故乡 ··················· 40
（三）云贵高原为世界茶树原产地 ····························· 40

第二节 贵州是中国茶树起源中心和茶叶故乡 ······················· 42
（一）深化历史解读，证实茶的源头在贵州 ····················· 44
（二）考察茶种起源，证实茶的源头在贵州 ····················· 45
（三）实物发现与文化语言发掘，证实茶的源头在贵州 ··········· 47

第三节 贵州茶历史源远流长 ····································· 52
（一）唐代以前的萌芽期 ····································· 52
（二）唐宋时的发展期 ······································· 54
（三）明清时的繁荣期 ······································· 57
（四）民国时的起伏期 ······································· 61
（五）中华人民共和国成立后的恢复期 ························· 63

第四节 丰富多彩的贵州茶文化 ··································· 65
（一）历史悠久的贡茶文化 ··································· 65
（二）岁月有情的名人文化 ··································· 70

第四章 贵州茶产业发展现状与问题分析 ····························· 103

第一节 贵州茶产业发展现状 ···································· 104
（一）黔茶产业全国综合地位大幅度提升 ······················ 104
（二）基地规模质量进一步提升 ······························ 107

（三）推动实现黔茶加工业快速升级 ………………………………………… 109
（四）加强以"三绿一红"为主的品牌建设 ……………………………… 111
（五）抓好市场拓展和渠道建设 …………………………………………… 113
（六）高品质严守质量安全，推动黔茶品质新提升 ……………………… 115
（七）谋定发展战略助推脱贫攻坚 ………………………………………… 117
（八）打好两场战役构筑世界茶源新共识 ………………………………… 118

第二节　消费者视角下的贵州茶产业竞争优势分析 ………………………… 118
（一）调查基本情况 ………………………………………………………… 118
（二）茶消费情况调查分析 ………………………………………………… 121
（三）贵州茶品牌竞争力分析 ……………………………………………… 138
（二）波特五力模型分析 …………………………………………………… 147
（三）SWOT 分析 …………………………………………………………… 151

第四节　急需突破的瓶颈问题及原因分析 …………………………………… 160
（一）品牌综合竞争力仍需进一步加强 …………………………………… 160
（二）茶资源综合利用率有待进一步提高 ………………………………… 161
（三）生产加工方式有待进一步优化 ……………………………………… 162
（四）产品质量及安全有待进一步提升 …………………………………… 163
（五）茶产品市场化建设仍需进一步深化 ………………………………… 164
（六）资金、人才及基础设施投入有待进一步增加 ……………………… 165
（七）政府职能及政策环境有待进一步完善 ……………………………… 168

第五章　转型升级推动茶产业提质增效 …………………………………… 171

第一节　茶叶基地转型 …………………………………………………………… 172
（一）科学布局茶叶基地 …………………………………………………… 172
（二）高标准建设茶园 ……………………………………………………… 174
（三）抓好良种体系建设 …………………………………………………… 175

第二节　生产加工转型 …………………………………………………………… 176
（一）加工企业转型升级 …………………………………………………… 176

（二）建设园区培育龙头 …………………………………………… 177

第三节　质量安全管理转型 ………………………………………………… 178
　　（一）提升质量安全意识 …………………………………………… 178
　　（二）提升质量安全管理 …………………………………………… 178
　　（三）实现质量安全追溯体系全覆盖 ……………………………… 178
　　（四）加大质量安全违法处罚力度 ………………………………… 179

第四节　市场建设转型 ……………………………………………………… 179
　　（一）转型提升黔茶品牌 …………………………………………… 179
　　（二）加强黔茶市场建设 …………………………………………… 181
　　（三）转型市场营销网络 …………………………………………… 182
　　（四）推进大数据茶产业融合 ……………………………………… 183

第五节　综合产业竞争力提升 ……………………………………………… 185
　　（一）培育黔茶龙头企业 …………………………………………… 185
　　（二）优化产品结构，延伸黔茶产业链 …………………………… 186
　　（三）构建茶产业标准化体系 ……………………………………… 186
　　（四）提升文化软实力 ……………………………………………… 187
　　（五）加强茶产业科技创新及人才培养 …………………………… 188

第六章　完善政府职能提升要素保障 …………………………………… 191

第一节　完善组织领导机制 ………………………………………………… 192
　　（一）强化组织领导机制 …………………………………………… 192
　　（二）做好发展规划 ………………………………………………… 192
　　（三）健全茶产业管理机构 ………………………………………… 192

第二节　加大政策扶持力度 ………………………………………………… 194
　　（一）完善茶园的政策性支持 ……………………………………… 194
　　（二）完善加工企业的政策性支持 ………………………………… 194
　　（三）建立激励及风险预警机制 …………………………………… 195

第三节　建立健全投入机制 ………………………………………………… 195

（一）完善现行投入管理机制 …………………………………… 195
　　（二）提升资金保障能力 …………………………………………… 196
　　（三）强化招商引资 ………………………………………………… 197
　第四节　扩大合作 ……………………………………………………… 197
　　（一）强化部门合作 ………………………………………………… 197
　　（二）强化区域间协作 ……………………………………………… 198

参考文献 ………………………………………………………………… 199

第一章　概述

第一节 研究背景及意义

（一）研究背景

我国是茶树生长的原产地国家，也是全球发现、利用茶树最早的国家。自1978年改革开放以来，我国茶产业得到突飞猛进的发展。全国有20个省（自治区、直辖市）生产茶叶，其中茶叶主产区有18个，涉茶人员约0.8亿人。茶产业成为我国主要茶叶产区农村经济发展的支柱产业，也是我国出口收入的主导农业产业。茶产业的快速发展，促进了我国农业结构调整，增加了农民收入，扩大了就业，促进了全面建设小康社会的建成。

我国茶产业发展迅猛，但区域间、国际间茶产业竞争日趋激烈。各个地区只要气候适宜，各级地方政府几乎将茶产业作为推动农村经济社会发展的重点产业加以扶持发展。在全国的茶业市场上，贵州茶业占据了的市场份额逐渐上升，但由于经营理念滞后、产业化水平低、区域品牌影响力弱、相关企业竞争力不强等因素，贵州茶至今在国内市场占有率不高。贵州茶产业已进入加速发展的关键时期，要尽快从茶产业大省向以规模、品质和品牌上引领全国的茶产业强省转变。要实现这一目标，就需要在新的形势下抓住战略机遇，实现贵州茶产业尽快完成产业转型升级。

（二）研究目标

以贵州茶产业为研究对象，加强对贵州茶产业的转型与升级深入研究，对促进贵州省现代生态农业快速高效发展、茶产业转型升级高质量发展提供理论及实践借鉴。

（三）研究意义

实践应用价值：在省级政府决策层面上，为贵州省茶产业发展提供实践指导参考，为相关部门决策提供参考依据；从产业层面上看，茶产业是贵州省"五大名片"之一，通过本研究深化茶产业在贵州省特色产业中的地位，为贵州省特色产业发展提供借鉴；在企业层面上看，通过消费者市场分析、品牌价值链分析等，加大贵州省茶产业基地建设、技术引进、品牌创建、市场拓展、人才引进、投资创新等力度，为茶生产及加工企业经营决策提供支持。

学术价值：通过对黔茶产业转型的综合研究，结合贵州茶在全国农业产业发展中的特殊地位，积极挖掘潜力，实现茶产业的跨越式发展。进一步丰富后发地区产业发展相关理论，对茶产业转型升级相关理论研究的不足予以有益补充。

第二节 国内外研究综述

（一）概念界定

1. 产业结构

产业结构是指各生产要素在不同的产业部门之间资源配置构成的方式，主要包括劳动力资源、资本以及中间要素、技术要素等在各个产业部门间的资源配置和构成方式。

2. 产业结构转型

产业结构转型是指为适应区域经济的良好和健康发展，一些较为原始、落后、低效率的产业从低级、原始、不发达阶段逐步向技术含量高、核心竞争力强、效益效率高，物耗污染低的高级发达阶段演变的产业发展方式。

3. 茶产业的转型升级

针对茶产业的基本特点，使茶产业从传统的农业产品向一、二、三产业并重的结构方式调整，实现产业从原始、落后、低效率、不发达的手工产业阶段向技术含量高、核心竞争力强、资源利用效益效率高，物耗污染低的高级发达产业阶段演变的茶产业发展新模式。

（二）研究评述

斯坦福大学经济学教授、胡佛研究所高级研究员罗默（Paul M. Romer）认为在有限的经济资源情况下，国家需要集中有限资源，集中发展有竞争力的产业，利用优势产业推动其他产业发展。政府部门要根据企业发展的具体条件制定有倾向性的投资环境及投资策略，对重点优势产业投资，扶持优势产业做大做强，提高产业竞争力，实现产业的经济结构优化升级和全面发展。哈佛大学商学院著名教授迈克尔·波特（Michael E.Porter）通过对经济发展不同阶段经济发达的国家或对发达地区的政府角色的详细分析，提出了产业结构的概念，系统阐述了产业结构的特征和规律，研究指出需要通过产业结构的转型升级，实现经济的全面、可持续、健康、快速的发展。对产业结构转型升级的研究促进了政府部门积极着手制定相关调整政策，促进政府的宏观经济管理。Franklyn，Aaker David，Ravald Annika，Webster 分别从世界茶产业发展与科技发展之间的关系、茶产业转型升级基本思路与战略对策、茶产业健康、可持续发展等角度对茶产业发展做了深入的研究和探讨。

虽然产业结构转型与优化是区域经济研究中的热点，但如何通过产业结构调整与优化升级，提高资源配置效率，推动区域经济又好又快发展又是各级政府在经济新常态下以创新为驱动、实现经济平稳发展的重大战略选择。从区域经济发展理论的视角看，非均衡发展理论通过优势产业带动区域经济发展成为区域发展的重要战略，是经济新常态下各级政府采取龙头企业、龙头产业带动区域经济快速发展的重要理论依据。

不少国家、地区、企业通过产业的价值链分析，找到了产业内企业与产业本身的价值存在，明确了区域发展中参与主体的竞争力所在。因此，将区域经济和产业发展相关理论相结合并应用于茶产业结构转型与优化升级研究，有效地促进了茶产业的持续健康发展。

虽然贵州省有都匀毛尖等"全国十大名茶"，但相比较同为中国十大名茶的西湖龙井、福建铁观音等名茶，黔茶综合市场占有率和产业竞争力远远不足，贵州省茶产业发展与全国发达地区相比还有距离，茶产业科技化水平低、品牌知名度不高、市场占有率不高、产量较低，全省茶产业发展面临转型升级的关键时期。

针对茶产业面临的新形势，有必要研究贵州如何充分依托生态优势和综合发展优势，构建以品牌建设、现代茶叶园区建设、茶叶精深加工、优势产业带培育为重要内容的黔茶产业，以黔茶产业的产业结构调整和转型升级，将贵州打造成为世界绿茶生产、加工、贸易和文化中心，实现贵州茶产业的高质量跨越式发展。

第三节 主要研究内容及创新之处

（一）主要观点及研究内容

1. 主要观点

贵州茶产业需要向品牌化、规模化、集约化、生态化的现代化方向转型升级发展，贵州茶产业在国际及国内茶市场中有较大提升和发展空间，通过产业结构的调整优化和转型升级，贵州省的茶产业完全可能成为促进贵州经济发展的支柱型产业，成为推动贵州生态经济发展的新引擎。

2. 研究内容

在对国内外茶产业发展综合研究的基础上，以都匀毛尖、湄潭翠芽、凤冈锌硒茶、梵净山茶等贵州十大名茶为主要研究对象，对贵州茶产业转型升级高质量发展的现状与问题予以分析，提出贵州茶产业转型升级高质量发展的对策建议，对促进贵州省茶产业高质量发展中完善政府职能、提升要素保障的措施建议。

本报告主要包括六部分内容：第一章为概述。主要提出研究背景及意义，概念界定，文献梳理及研究方法等。第二章为中国茶产业发展现状及趋势。根据国内外茶产业发展状况，对我国茶产业取得的成效和经验做了梳理，并对未来茶产业的趋势做预测判断。第三章为贵州是世界茶源中心综合考述。分别从中国是世界茶树原产地和茶叶的祖国，贵州是中国茶树起源中心和茶叶故乡，贵州茶历史源远流长，丰富多彩的贵州茶文化等几个部分来考述。第四章为贵州茶产业发展现状与问题分析。分析贵州茶产业发展的现状，对消费者视角下贵州茶产业的竞争优势做了调研及实证研究，通过PEST、波特五力模型、SWOT工具对贵州茶产业发展环境予以分析，发现亟须突破的瓶颈问题及原因分析。第五章为转型升级推动茶产业提质增效。分别从茶叶基地转型、生产加工转型、质量安全管理转型、市场建设转型、综合产业竞争力提升五大方面提出贵州茶产业高质量发展的对策建议。第六章为完善政府职能提升要素保障。分别从完善组织领导机制、加大政策扶持力度、建立健全投入机制、扩大合作四个方面提出建议。

（二）研究方法及创新之处

1. 主要研究方法

主要采用文献分析法、理论分析法、实证分析、比较研究分析法等对国内外茶产业发展情况予以研究分析。

文献分析法：对国内外产业转移相关文献进行梳理及分析，为贵州茶产业转型升级提供有益的经验借鉴。

理论研究法：应用非均衡发展理论、竞争力理论、产业集群理论、品牌战略理论等，提出贵州茶产业转型升级的理论框架和应用策略。

比较研究法：通过网络调查，实地调研等，对省内外茶产业发展比较研究及实证研究，对比分析研究贵州茶产业发展的优势和存在短板。

2. 主要创新之处

组合研究方法创新。对贵州茶产业的比较优势做了对比分析，从消费者的角度对黔茶产业竞争优势分析，利用PEST模型、波特五力分析模型、SWOT分析方法对贵州茶产业的竞争力做了深入分析。

解决路径创新。结合贵州实际，分别从茶叶基地、加工方式、茶产品模式、市场化建设、产业竞争力提升等方面，抓住全省大数据战略、大扶贫战略、大旅游战略机遇，提出贵州茶产业转型升级高质量发展的对策建议。

第二章 中国茶产业发展现状及趋势

第一节　我国茶产业发展现状

我国是茶叶资源十分丰富的国家，也是世界最大的茶叶生产和消费国，自古以来茶叶就是中国对外出口的重要商品，是中国文化的标志之一，茶叶从中国走向世界，早已成为世界饮料市场三分天下有其一的重要品种。茶产业在我国国民经济中发挥着不可替代的重要作用，通过扩大出口、发展茶叶经济，促进茶叶地区经济快速发展，提高茶区茶农生活质量，增强茶区农村发展活力，缩小城乡发展差距，促进城乡共同繁荣发挥了重要作用。

（一）生产及贸易平稳发展

1. 茶园面积稳中略增

截至 2019 年年底，我国 18 个主要产茶省（自治区，直辖市）的茶园面积总和达到了 4598 万亩，同比增加了 202.30 万亩，其中，可采摘面积 3690.77 万亩。全国茶园面积超过 300 万亩的省份有 5 个，分别为云南省、贵州省、四川省、湖北省、福建省，开采面积未超过 100 万亩的省份是贵州、四川、湖北。江西省、湖北省、湖南省、四川省、云南省、陕西省等将茶产业与精准扶贫有机结合。我国茶叶产销量提升，促进了我国茶叶经营连锁市场的产品供应，中国茶叶市场逐渐走向成熟。2017—2019 年中国主要产茶省茶园面积如表 2-1 所示。

表 2-1　2017—2019 年中国主要产茶省茶园面积

省份	2017 年（万亩）	2018 年（万亩）	2019 年（万亩）	2019 年同比增减数（万亩）	2019 年同比增减率（%）
江苏	50.6	50.6	50.8	0.20	0.40
浙江	297.8	298.8	306	7.20	2.41
安徽	248.2	254.6	280.3	25.80	10.14
福建	310.7	310.8	327.8	17.00	5.47
江西	156.6	171.3	164.9	−6.40	−3.74

续表

省份	2017年（万亩）	2018年（万亩）	2019年（万亩）	2019年同比增减数（万亩）	2019年同比增减率（%）
山东	31	33	35.6	2.60	7.88
河南	173.7	174.5	174.5	0.00	0.00
湖北	425	449	495	46.00	10.24
湖南	233.7	253.3	266.3	13.00	5.13
广东	87.6	93	100.1	7.10	7.63
广西	112	115.6	115.6	0.00	0.00
海南	3.1	3.6	3.6	0.00	0.00
重庆	59.9	67.3	70.3	3.00	4.46
四川	534.4	545.1	575	29.90	5.49
贵州	684.3	684.3	698.7	14.40	2.10
云南	656.8	666.8	699.9	33.10	4.96
陕西	189.9	207	215.4	8.40	4.06
甘肃	17.6	17.2	18.2	1.00	5.81
总计	4272.9	4395.8	4598	202.30	4.60

数据来源：2017—2019年中国茶叶流通协会数据综合整理。

2. 茶叶产量持续增加

全国干毛茶产量2019年达到2793382吨，比上年增加177380吨，增长6.78%。其中，产量超过20万吨的省区是福建省、云南省、湖北省、四川省、贵州省、湖南省。四川省首度突破了30万吨，居全国第四位。贵州省增加了86719吨，取代湖南省，居全国第五位。表2-2所示为2018—2019年中国主要产茶省干毛茶产量。

表2-2　2018—2019年中国主要产茶省干毛茶产量　　　　单位：吨

省份	2019年	2018年	增减数	增长率（%）	2019年排名
江苏	15352	14558	794	5.45	16
浙江	181096	186000	-4904	-2.64	7
安徽	137094	134922	2172	1.61	8
福建	412000	401620	10380	2.58	1

续表

省份	2019年	2018年	增减数	增长率（%）	2019年排名
江西	73403	70900	2503	3.53	13
山东	26620	28848	−2228	−7.72	15
河南	75303	74029	1274	1.72	12
湖北	335400	314453	20947	6.66	3
湖南	223111	213626	9485	4.44	6
广东	103496	96459	7037	7.30	9
广西	88312	73000	15312	20.98	11
海南	920	632	288	45.57	18
重庆	41241	39593	1648	4.16	14
四川	300951	295000	5951	2.02	4
贵州	286046	199327	86719	43.51	5
云南	399957	398100	1857	0.47	2
陕西	91683	73547	18136	24.66	10
甘肃	1397	1388	9	0.63	17
合计	2793382	2616002	177380	6.78	

数据来源：中国茶叶流通协会。

3. 干毛茶产值稳步提升

全国干毛茶总产值2019年达到了2396.00亿元，增幅11.06%。其中干毛茶产值最高的省分别是贵州省、福建省、四川省、浙江省，产值增长排名前五位的省是广东省、福建省、贵州省、四川省、云南省，而贵州省、福建省、四川省、浙江省干毛茶产值超过200亿元，广东、贵州、云南、福建、四川产值增长均超过了30亿元。表2-3所示为2018—2019年中国主要产茶省毛茶产值。

表2-3　2018—2019年中国主要产茶省毛茶产值　　　　　　　单位：亿元

省份	2019年	2018年	增长数量	增长率（%）	2019年排名
江苏	27.66	26.22	1.44	5.49	16
浙江	224.74	206.25	18.49	8.96	4

续表

省份	2019年	2018年	增长数量	增长率（%）	2019年排名
安徽	145.50	118.02	27.48	23.28	9
福建	297.27	257.36	39.91	15.51	2
江西	66.39	64.88	1.51	2.33	13
山东	33.10	62.85	-29.75	-47.33	15
河南	122.36	126.32	-3.96	-3.13	10
湖北	157.49	145.96	11.53	7.90	7
湖南	146.85	186.17	-39.32	-21.12	8
广东	105.00	44.34	60.66	136.81	11
广西	68.33	56.97	11.36	19.94	12
海南	1.01	0.49	0.52	106.12	18
重庆	34.97	26.49	8.48	32.01	14
四川	279.69	246.04	33.65	13.68	3
贵州	321.86	281.00	40.86	14.54	1
云南	198.17	164.61	33.56	20.39	5
陕西	162.96	140.55	22.41	15.94	6
甘肃	2.65	2.82	-0.17	-6.03	17
合计	2396.00	2157.34	238.66	11.06	

数据来源：中国茶叶流通协会数据整理。

4. 茶类结构更趋优化

通过十多年的不断发展，我国茶产业通过坚持以市场为导向，不断调整优化产品结构，优化产品结构，其茶产品更加适应了市场的需要，资源比较优势和市场竞争力不断增强。2019年，全国六大茶类产量均有不同程度增长，增长幅度最大的是白茶，增长率达到了47.18%。从产量占比看，2019年绿茶63.5%、黑茶13.5%、乌龙茶9.9%、红茶11%、白茶1.8%、黄茶0.3%；其中，绿茶、乌龙茶产量比重持续下降，白茶、黄茶较上年分别增加了47.18%、22.56%。第一，绿茶生产规模不断扩大。绿茶产量从1990年的33.3万吨增加到2019年的177.28万吨，占茶叶总产量比重由62%提高到63.5%。第二，乌龙茶产量上升。乌龙茶产量由1990年的3.3万吨，增加到2019年的27.58万吨，占茶叶总产量比重由6%提高到9.9%。第三，红茶生产增长缓慢。产量从1990年的11万吨，增加到2019年的30.72万吨，占茶叶总产量比重由20%下降到11%。表2-4所示为2018—2019年中国六大茶类产量统计表。图2-1所示为2018—2019年全国分茶类产量占比图。

表2-4 2018—2019年中国六大茶类产量统计 单位：万吨

茶类	2019年	2018年	增减数	增长率（%）
绿茶	177.28	172.24	5.04	2.93
黑茶	37.81	31.89	5.92	18.56
红茶	30.72	26.19	4.53	17.29
乌龙茶	27.58	27.12	0.46	1.70
白茶	4.96	3.37	1.59	47.18
黄茶	0.97	0.80	0.17	21.25

数据来源：中国茶叶流通协会。

5. 绿色模式加快应用

在每个茶产区，实施绿茶优质高效生产行动，建立有机化肥替代化肥试点，加快病虫害防治的绿色防治，整合和推广农药减量化和高效技术应用，高标准建设生态茶园，巩固绿色发展基础，有机茶等认证产品供应充足，数量上升。

6. 优势品牌加快形成

各省采取不同措施，推动了多层次、多角度、多形式的茶叶品牌宣传推广，加快各个地区特色茶公共品牌、企业品牌的创建。湖南省创建"五彩湘茶"，江西省整合"四绿一红"区域品牌，贵州省打造了"贵州绿茶""贵州红茶"等核心品牌，为贵州茶业发展注入了新动能。

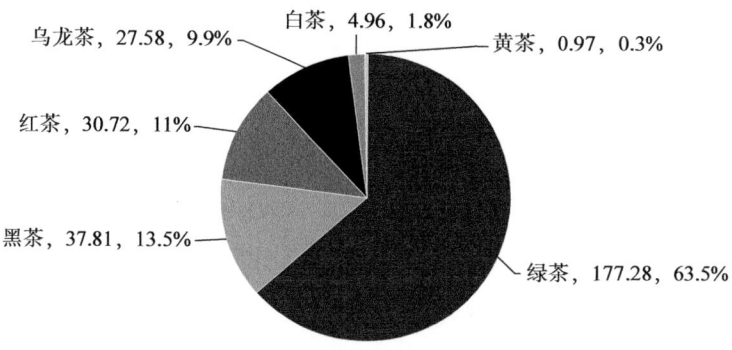

2019年六大茶类分布

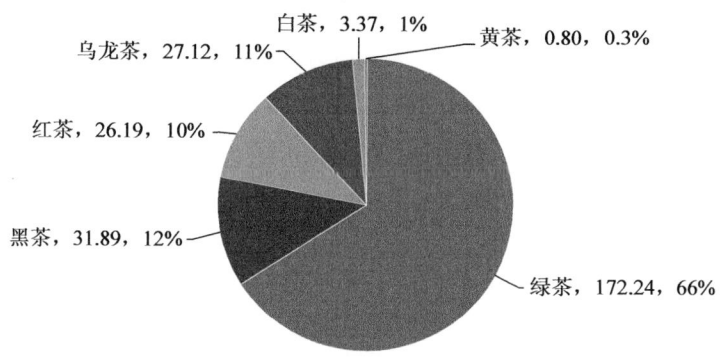

2018年六大茶类分布

图 2-1　2018—2019 年全国分茶类产量占比

7. 茶供给调整压力大

从茶产品的供给侧来看，我国茶园面积，尤其是全国可开采茶园面积近年来持续增加，使我国茶叶产量已经达到了近 280 万吨，持续上升的茶园的成本使我国农业产值实现了继续提升趋势，茶产品的供给增加。全国茶园的结构呈现持续优化，全国无性系的良种茶园面积比例已经达到了 68.2%。通过对绿色优质茶产品生产基地的建设，茶区域公用品牌、集群品牌、知名企业品牌等的持续打造，使我国茶叶的绿色安全稳定生产呈现向好趋势，茶产品的质量效益得到了显著提升。从全国各种茶类的产量分析来看，白茶的增速比较快、占比提升较大，黑茶、红茶的占比增速基本不变，乌龙茶下调的幅度减弱，绿茶的占比实现了持续回调，我国名优茶产量的占比已经达到了 48.4%，与大宗茶基本持平。

但从需求侧反馈分析看,我国当前茶产业的供给侧主要存在以下四大隐性忧患问题:

(1)供过于求现象严重。主要表现在茶产品的产销脱节、产大于销、茶产品库存持续增加。

(2)产业发展不平衡。突出表现在区域品牌与茶产品的企业品牌,茶生产的传统产区与茶产品的新兴产区,干毛茶加工与茶产品的精制茶加工发展不均衡,由于发展不平衡使茶产业提质增效比较困难。

(3)茶产业智能化发展进展缓慢。尽管到处都在呼吁大数据与茶产业深度融合,但是智慧茶业的进展仍然缓慢,很多地区的茶园管护不到位,茶产业的绿色发展短板非常明显,茶季节性采工短缺等痼疾仍然对茶生产有很大困扰。

(4)茶产业精准扶贫压力较大。茶产业是很多地区扶贫的重要产业,但恰好在贫困地区茶产业的基地、生产加工、市场营销网络均是薄弱环节,加之农民种茶的科技程度不高,严重影响产品的市场话竞争,完全靠政策带动的茶茶产品市场竞争力小。

(二)茶叶内销实现稳中发展

1. 国内市场量价稳增

2019年,中国茶叶在国内的销售总量为202.56万吨,同比增长6.02%;茶叶市场内销总额为2739.50亿元,增幅2.95%,平均价格135.25元/千克,同比减少2.9%。如图2-2所示为2010—2019年不含进口茶叶的中国茶叶内销总量变化情况。

2. 内销产品结构微调

2019年,在我国茶叶内销市场中,各种茶类局面有一定改变。绿茶仍是我国销售的主导茶类,内销量121.42万吨,绿茶占比60.0%,黑茶、红茶、乌龙茶销售也得到了迅速发展,其中黑茶的占比已达到了15.6%,红茶占比接近11.2%,白茶的占比仅为2.1%,但白茶占比在成增长趋势,从2018年的1.5%增加到了2019年的2.1%,有占据更大茶叶市场份额趋势。图2-3所示为2018—2019年中国六大茶类内销量统计。图2-4为2019年中国茶叶内销额占比及六大茶类内销均价比较。

图 2-2　2010—2019 年中国茶叶不含进口茶叶内销总量

数据来源：中国茶叶流通协会。

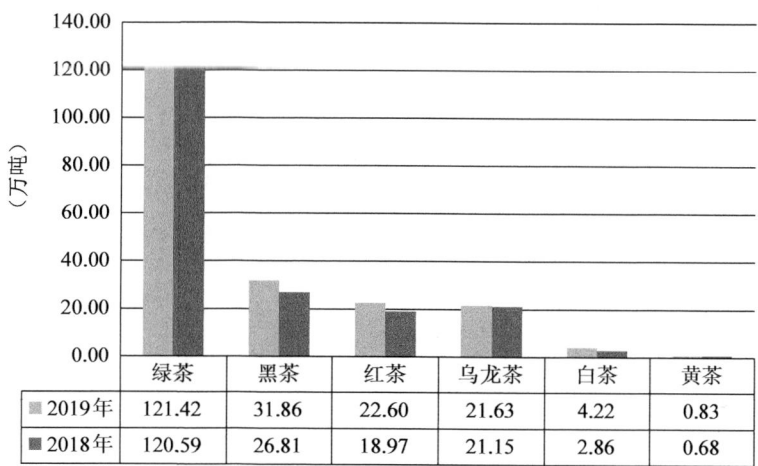

图 2-3　2018—2019 年中国六大茶类内销量统计

数据来源：中国茶叶流通协会。

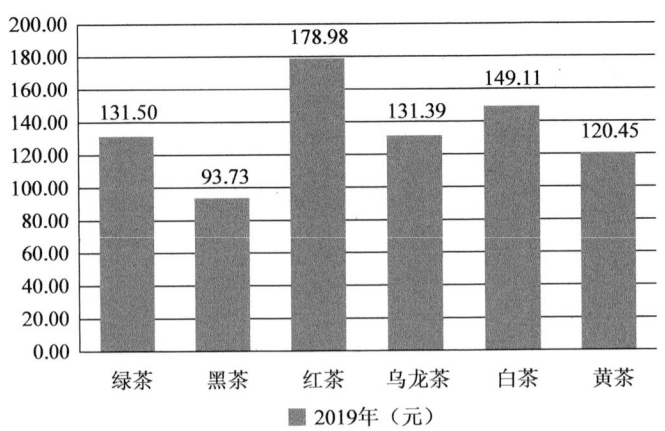

图 2-4 2019 年中国茶叶六大茶类内销均价比较

数据来源：中国茶叶流通协会。

从销售数据分析看，扩大内销市场仍然是拉动我国茶产业经济快速增长的主动力源；但内销量额持续缓增，均价出现回调，反映出供大于求的压力不断增大。从茶类结构看，总体格局保持稳定，但产销量占比持续变化显示流转速度趋缓；名优茶仍是创造茶产业价值的主力军。从销售通路看，线上销售份额继续扩大，连锁渠道逐步化身新零售，批发市场功能弱化、转型在即，商超卖场辅助功能有待提升；传统茶馆发展定位不清、路径不明，有待破茧重生；新中式茶饮延续产业创新担当，但已出现明显分化迹象。从消费市场看，饮茶人口数量与消费需求量的增速远低于供给侧增速，消费宣传不足、引导不力、内容浮浅、包装过度，使消费提振、产业营销成为大势所趋。

3. 继续增加进口茶叶

据中国海关统计数据显示，2019 年，我国茶叶进口 4.34 万吨，增长 22.25%，进口额 1.87 亿美元，增长 5.06%。主要进口茶类为红茶，占茶叶进口总量的 83.9%，其次是绿茶占 9.3% 和乌龙茶占 6.1%。进口茶叶整体均价 4.31 美元/千克，同比下降 13.97%，其中乌龙茶、花茶均价均超过了 13 美元/千克。

（1）中国茶叶进口分茶类分析

2019 年，全国红茶进口量 3.64 万吨，占总量的 83.9%；绿茶进口量 0.41 万吨，占比 9.3%；乌龙茶进口量 0.26 万吨，占比 6.1%；花茶进口量 0.03 万吨，占比 0.6%；普洱茶进口量 0.005 万吨，占比 0.1%。表 2-5 为 2019 年中国茶叶量价额统计表，图 2-5 所示为 2018—2019 年进口茶叶进口量分类占比。

表 2-5　2019 年中国茶叶量价额统计

茶类	进口量（万吨）	进口额（亿美元）	进口均价（美元/千克）	进口量同比增长（%）	进口额同比增长（%）	进口均价同比增长（%）
花茶	0.03	0.03	13.65	-10.06	-7.79	2.52
绿茶	0.41	0.18	4.35	29.12	0.82	21.92
乌龙茶	0.26	0.39	14.67	14.48	-0.02	-12.67
普洱茶	0.005	0.01	27.43	-76.29	101.1	748.16
红茶	3.64	1.26	3.46	23.33	7.07	-13.18
合计	4.34	1.87	4.31	22.47	4.93	-14.32

数据来源：中国海关。

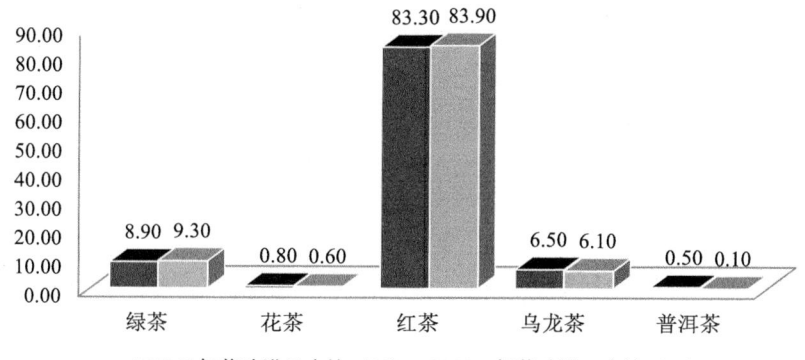

图 2-5　2018—2019 年中国进口茶叶进口量分类占比

数据来源：中国海关。

2019 年，全国红茶进口额 1.26 亿美元，占总额的 67.3%；绿茶 0.18 亿美元，占比 9.4%；乌龙茶 0.39 亿美元，占比 20.7%；花茶 0.03 亿美元，占比 1.9%；普洱茶 0.01 亿美元，占比 0.7%。图 2-6 所示为 2018—2019 年中国茶叶进口额分类占比。

2019 年，中国红茶进口均价 3.46 美元/千克，比减 13.18%；绿茶均价 4.35

美元 / 千克，比减 21.92%；乌龙茶均价 14.68 美元 / 千克，比减 12.67%；花茶均价 13.65 美元 / 千克，比增 2.52%；普洱茶均价 27.43 美元 / 千克，同比激增 748.16%。图 2-7 所示为 2018 年与 2019 年中国进口茶类均价对比图。

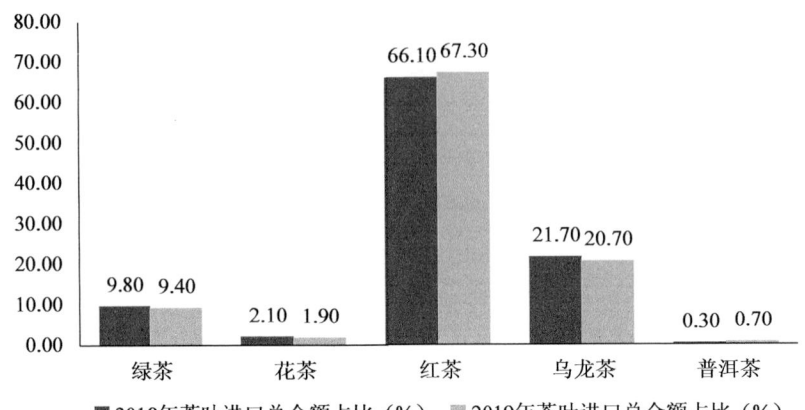

图 2-6　2018—2019 年中国茶叶进口额分类占比

数据来源：中国海关。

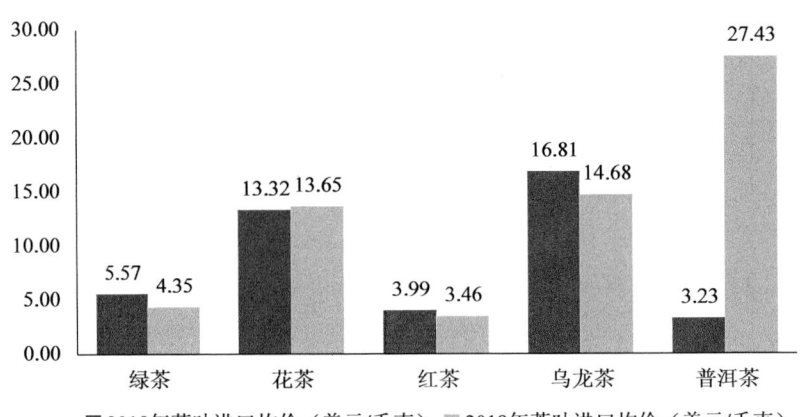

图 2-7　2018 年与 2019 年中国进口茶类均价对比

数据来源：中国海关。

（2）中国茶叶进口分省区分析

从进口量分析看，2019 年，中国进口茶叶逾千吨以上的省（自治区、直辖市）共计 8 个，依次是浙江、福建、江苏、广东、上海、北京、广西、安徽。表 2-6 所示为 2019 年中国进口茶叶数量分省统计表。

但从茶叶进口金额看，2019 年，中国进口茶叶金额最大的 8 个省分别是上海、福建、广东、浙江、江苏、广西、北京、安徽。表 2-7 所示为 2019 年中国进口茶叶金额分省统计。

表 2-6 2019 年中国进口茶叶数量分省统计   单位：吨

企业注册地	花茶	绿茶	乌龙茶	红茶	普洱茶	合计
浙江	5.8	1001.4	35.4	8195.4	22.5	9260.5
福建	82.5	149.4	1215.9	7476.1	0.3	8924.2
江苏	2.1	1866.1	5.4	5680.1	0.1	7553.8
广东	78.9	85.8	77.9	5233.9	21.6	5498.1
上海	43.9	775.8	1129.7	2849.6	0.4	4799.4
北京	1	11.3	3.5	2831.2	0	2847
广西	0.04	3.7	127.6	2440.7	0	2572.04
安徽	39.8	0	0.2	1124.4	0	1164.4

数据来源：中国海关。

表 2-7 2019 年中国进口茶叶金额分省统计   单位：万元

企业注册地	花茶	绿茶	乌龙茶	红茶	普洱茶	合计
浙江	61.72	1010.53	1653.68	2344.59	4.18	5074.70
福建	130.69	157.35	1432.47	2432.66	0.38	4153.55
江苏	119.16	102.49	157.94	1962.52	109.42	2451.53
广东	22.76	198.98	46.77	1924.35	9.05	2201.91
上海	1.90	195.89	41.95	1723.21	0.24	1963.19
北京	0.05	4.64	298.79	660.53	0	964.01
广西	4.69	29.40	18.01	878.21	0.16	930.47
安徽	4.54	0.03	15.14	402.53	0	422.24

数据来源：中国海关。

(三)茶叶出口创新高

2019年,中国茶叶出口总量达36.65万吨,同比增长0.52%;出口均价5.51美元/千克,同比增长13.61%;由于受出口均价普遍大幅度上涨的响,2019年中国茶叶出口总额出口金额20.20亿美元,同比上升13.61%。

1.传统市场面临调整,战略转移初见成效

从国别分析看,茶叶出口中传统市场面临调整,战略转移取得了初步成效。

(1)传统市场面临严峻挑战

2019年,中国茶叶在传统市场面临了严峻挑战。制约出口在局部市场出现下降的两大因素是技术壁垒和关税壁垒。①在技术壁垒方面。一是中国茶叶对摩洛哥这一最大传统市场的出口量仅为7.43万吨,同比下降4.2%;主要原因是该国于2019年10月1日起正式实施进口茶叶农残限量新标准。二是欧盟不断增加农残检测项目,提高农残限量标准,使中国茶叶对欧盟出口量仅为2.8万吨,出口金额1.2亿美元,同比分别下降1.5%和12.1%。②在关税壁垒方面。2018年,美国是中国茶叶出口(量、额)的第四大贸易国。受中美贸易战影响,2019年9月1日起,美国对中国茶叶征收15%的关税,致使2019年中国对美国出口茶叶1.47万吨、出口额0.70亿美元,同比分别下滑5.2%和21.35%。表2-8所示为中国出口茶叶量及金额排名前20的国家或地区。图2-8为中国茶叶2018年、2019年出口摩洛哥、美国、欧盟(量、额)分析。

表2-8 中国出口茶叶量及金额排名前20的国家或地区

序号	国家或地区	总量(千克)	序号	国家或地区	总额(美元)
1	摩洛哥	74283597	1	中国香港	506171883
2	乌兹别克斯坦	20488368	2	摩洛哥	225323016
3	中国香港	17444273	3	越南	151856211
4	加纳	16462112	4	马来西亚	131245443
5	塞内加尔	15130886	5	加纳	71788345
6	多哥	15072746	6	美国	70053560
7	阿尔及利亚	15010955	7	多哥	65649565

续表

序号	国家或地区	总量（千克）	序号	国家或地区	总额（美元）
8	美国	14731516	8	毛里塔尼亚	63611820
9	毛里塔尼亚	14516710	9	塞内加尔	62033743
10	俄罗斯	13931849	10	日本	54476195
11	日本	12008898	11	阿尔及利亚	50197940
12	德国	10792000	12	缅甸	45209223
13	贝宁	10458744	13	泰国	45102066
14	喀麦隆	10390409	14	俄罗斯	44594282
15	巴基斯坦	8097622	15	德国	44337574
16	泰国	6834958	16	乌兹别克斯坦	36163236
17	冈比亚	6167245	17	冈比亚	22855819
18	越南	6156238	18	西班牙	19950107
19	利比亚	5137706	19	贝宁	17785732
20	阿富汗	5014430	20	韩国	17149545

数据来源：中国海关。

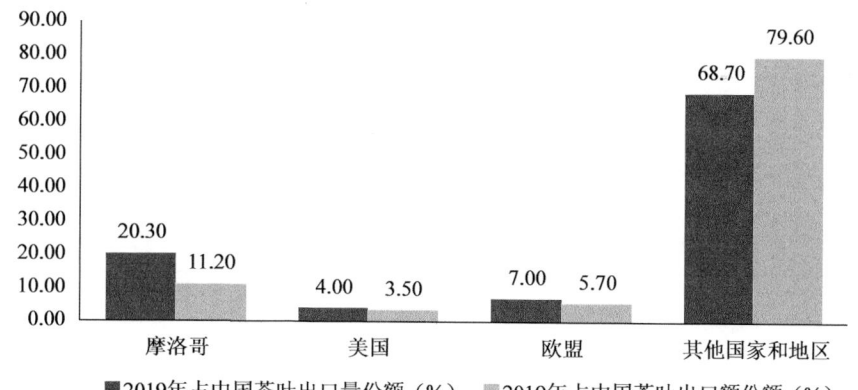

图 2-8　中国茶叶 2018 年、2019 年出口摩洛哥、美国、欧盟（量、额）分析

数据来源：中国海关。

（2）新兴市场贸易成为新亮点

面对传统市场出现的变化，2019年度中国茶叶对东盟及"一带一路"沿线国家和地区的贸易成为新亮点。据中国海关数据统计，2019年对东盟出口茶叶23003876千克，同比增长25.6%，出口金额397131437美元，同比增55.7%。图2-9为2019年东盟十国占中国茶叶出口量、额分布。图2-10为2019年"一带一路"沿线国家和地区占中国茶叶出口量份额分布。

表2-9 2018—2019年中国茶叶出口东盟十国量额统计

国别	2019年出口量（千克）	2018年出口量（千克）	2019年出口额（美元）	2018年出口额（美元）
泰国	6834958	5757117	45102066	29002899
越南	6156238	4341746	151856211	101379972
马来西亚	4910256	3488196	131245443	77008552
缅甸	3513935	3267135	45209223	33901324
新加坡	942026	1101391	9483910	7392258
菲律宾	428378	121417	9131875	3805921
印度尼西亚	128940	226372	940387	1575313
柬埔寨	88283	16630	4155266	1028284
文莱	862	1547	7056	12264
老挝	0	0	0	0
合计	23003876	18321551	397131437	255106787

数据来源：中国海关。

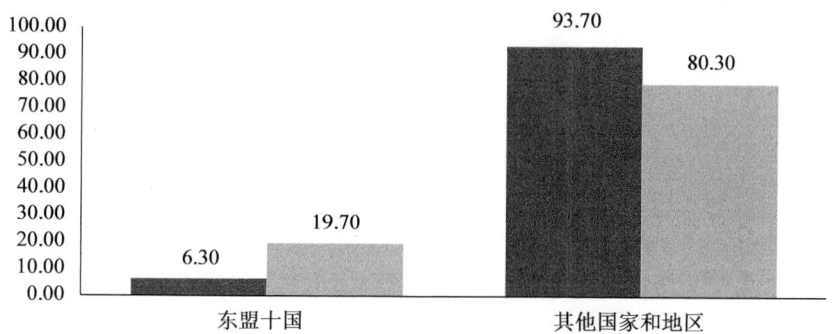

图 2-9　2019 年东盟十国占中国茶叶出口量、额分布

数据来源：中国海关。

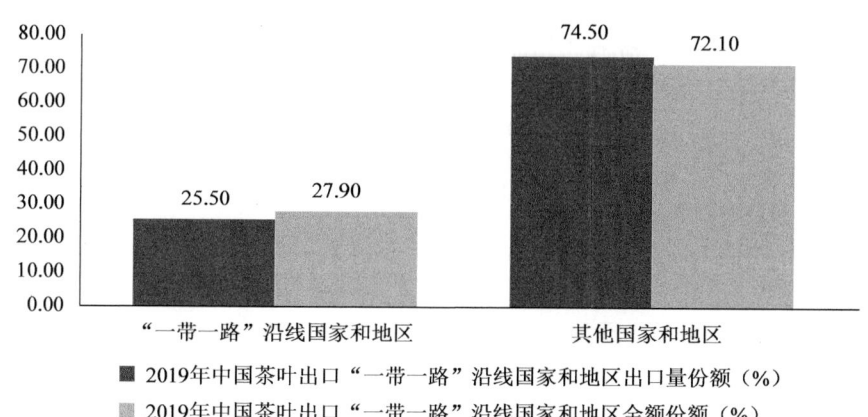

图 2-10　2019 年"一带一路"沿线国家和地区占中国茶叶出口量份额分布

数据来源：中国海关。

2. 绿茶仍是中流砥柱，出口品种有待丰富

（1）出口量分析

从出口总量分析看，绿茶保持优势，红茶稳中趋升，其他茶类下降。绿茶出口量 30.39 万吨，占总量的 82.90%；红茶 3.52 万吨，占比 9.60%；乌龙茶 1.81 万吨，占比 4.90%；花茶 0.65 万吨，占比 1.80%；普洱茶 0.28 万吨，占比 0.80%。图 2-11 为 2018—2019 年中国茶叶分类出口量占比，表 2-10 所示为 2018—

2019年中国茶叶分茶类出口量价额统计。

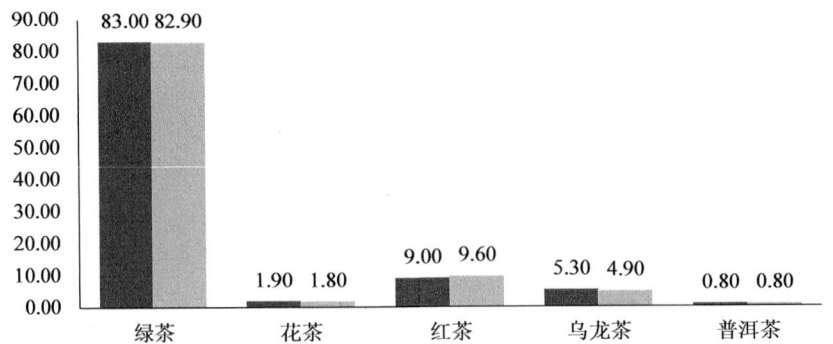

图 2-11　2018—2019 年中国茶叶分类出口量占比

数据来源：中国海关。

表 2-10　2018—2019 年中国茶叶分茶类出口量价额统计

茶类	2018年出口量（万吨）	2019年出口量（万吨）	2019年出口量同比增长（%）	2018年出口额（亿美元）	2019年出口额（亿美元）	2019年出口额同比增长（%）	2018年出口均价（美元/千克）	2019年出口均价（美元/千克）	2019年出口均价同比增长（%）
花茶	0.69	0.65	−6.18	0.66	0.65	−2.39	9.57	9.96	4.05
绿茶	30.29	30.39	0.34	12.23	13.18	7.80	4.04	4.34	7.43
乌龙茶	1.90	1.81	−4.31	1.80	2.36	30.83	9.52	13.01	36.73
普洱茶	0.30	0.28	−5.91	0.28	0.52	88.11	9.44	18.54	99.92
红茶	3.30	3.52	6.62	2.81	3.49	24.23	8.50	9.92	16.52
总量	36.47	36.66	0.50	17.78	20.20	13.60	4.87	5.51	13.04

数据来源：中国海关

（2）出口额分析

从出口额分析看，出口绿茶地位稳固，各茶类占比变化不大。2019年绿茶出口额13.18亿美元，占总额的65.30%；红茶3.49亿美元，占比17.30%；乌龙茶2.36亿美元，占比11.60%；花茶0.65亿美元，占比3.20%；普洱茶0.52亿美元，占总额的2.60%。图2-12为2018—2019年中国茶叶分类出口额占比。

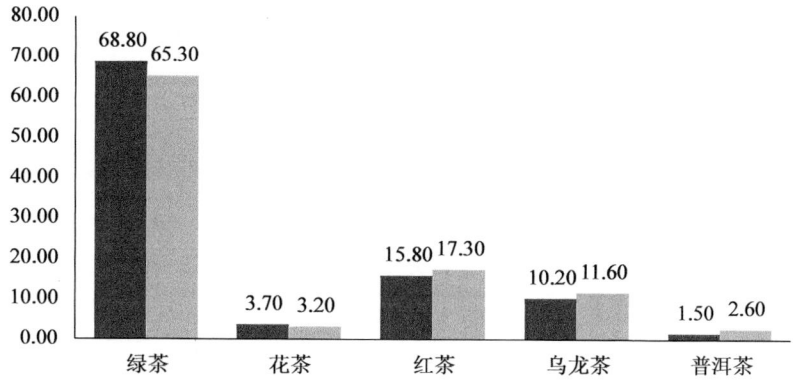

图 2-12　2018—2019 年中国茶叶分类出口额占比

数据来源：中国海关。

（3）出口均价分析

从出口均价分析看，2019 年各茶类均价不同程度上涨。绿茶出口均价 4.34 美元/千克，同比上涨 7.43%；红茶均价 9.92 美元/千克，同比上涨 16.59%；乌龙茶均价 13.10 美元/千克，同比大幅上涨 36.97%；花茶均价 9.96 美元/千克，同比上涨 4.49%；普洱茶均价 18.54 美元/千克，同比激增 96.72%。图 2-13 为 2018—2019 年中国茶叶分类出口均价对比。

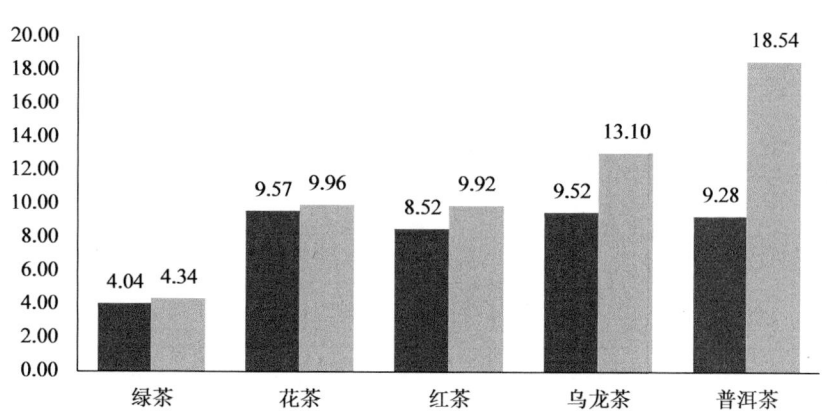

图 2-13　2018—2019 年中国茶叶分类出口均价占比

数据来源：中国海关。

3. 格局大体不变，中西部正在崛起

从各个省出口对比分析看，基本格局没有太大的变化，但是中西部正在崛起。

（1）出口量上浙江继续领先

浙江继续保持领先，四川首度突破万吨。2019年，中国茶叶出口量突破万吨的省份共有七个，依次是：浙江省，158778596千克，占前20名总量的43.46%；安徽省，60022379千克，占前20名比16.43%；湖南省，39031215千克，占前20名比10.68%；福建省，23993995千克，占前20名比6.57%；湖北省，17417182千克，占前20名比4.77%；江西省，14546473千克，占前20名比3.98%；四川省，10791036千克，占前20名比2.95%。贵州省出口2334299千克，全国排名13位，占前20名比0.64%。图2-14为2019年中国茶叶出口量破万吨省份占总出口比重，表2-11所示为2018—2019年中国各省茶叶出口量统计（前20位）。

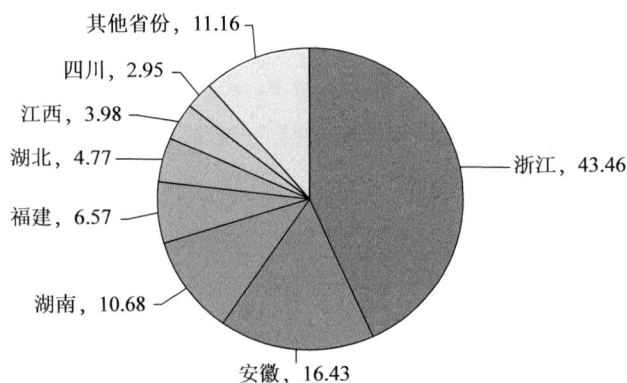

图2-14　2019年中国茶叶出口量破万吨省份占总出口比重（%）

数据来源：中国海关。

表2-11　2018—2019年中国各省茶叶出口量统计（前20位）

省市	2018年出口量（千克）	2019年出口量（千克）	增加量（千克）	增长率（%）	出口量排名	排名升降	2019年出口量占前20位中比（%）
浙江	168469098	158778596	-9690502	-5.75	1	—	43.46
安徽	59172003	60022379	850376	1.44	2	—	16.43

续表

省市	2018年出口量（千克）	2019年出口量（千克）	增加量（千克）	增长率（%）	出口量排名	排名升降	2019年出口量占前20位中比（%）
湖南	36350653	39031215	2680562	7.37	3	—	10.68
福建	24098107	23993995	-104112	-0.43	4	—	6.57
湖北	12167674	17417182	5249508	43.14	5	▲	4.77
江西	13431861	14546473	1114612	8.30	6	▼	3.98
四川	9366522	10791036	1424514	15.21	7	▲	2.95
云南	7108184	7958573	850389	11.96	8	▲	2.18
河南	7547549	7791800	244251	3.24	9	—	2.13
上海	10507725	7756132	-2751593	-26.19	10	▼	2.12
广东	6664514	6874466	209952	3.15	11	—	1.88
重庆	4466359	5120589	654230	14.65	12	—	1.40
贵州	1597016	2334299	737283	46.17	13	—	0.64
江苏	959127	1336789	377662	39.38	14	—	0.37
山东	488226	667467	179241	36.71	15	—	0.18
天津	310097	420985	110888	35.76	16	▲	0.12
陕西	233450	223672	-9778	-4.19	17	▲	0.06
北京	71167	93530	22363	31.42	18	▲	0.03
山西	48366	92443	44077	91.13	19	▲	0.03
海南	440350	57550	-3S2800	-86.93	20	▼	0.02

数据来源：中国海关数据整理。

（2）出口额上福建持续大幅攀升

在茶叶出口总额上，福建省持续实现大幅上升，同比增加47.62%，出口额排名第6名，进入了前十名。2019年，中国茶叶出口额达到1亿美元以上的省份分别是：浙江省，483688752美元，占前20名总额的23.97%；福建省，455253106美元，占前20名比22.56%；安徽省，248077041美元，占前20名比12.29%；湖北省，214353781美元，同比增长47.62%，占前20名比10.62%；湖南省，103351426美元，占前20名比5.12%。贵州省出口47992868美元，同比增长101.56%，占前20名比2.38%，全国排名第10。表2-12所示为2018—2019年中国各省茶叶出口额统计（前20位）。

表2-12 2018—2019年中国各省茶叶出口额统计（前20位）

省市	2018年出口额（美元）	2019年出口额（美元）	增加额（美元）	增长率（%）	2019年出口额排名	排名升降	2019年出口额前20位中占比（%）
浙江	523136694	483688752	−39447942	−7.54	1	—	23.97
福建	345984906	455253106	109268200	31.58	2	—	22.56
安徽	246609229	248077041	1467812	0.60	3	—	12.29
湖北	145205111	214353781	69148670	47.62	4	—	10.62
湖南	95337311	103351426	8014115	8.41	5	—	5.12
广东	80958675	95053113	14094438	17.41	6	—	4.71
江西	68417254	87612884	−573108	−0.78	7	▲	4.34
河南	73364592	72791484	19195630	28.06	8	▼	3.61
云南	33099638	66714959	−30703900	−50.20	9	▲	3.31
贵州	23670007	47992868	33615321	101.56	10	▲	2.38
上海	61168458	30464558	−390307	−1.35	11	▼	1.51
四川	28931856	28541549	24322861	102.76	12	▼	1.41
广西	12638820	22390627	9751807	77.16	13	—	1.11
江苏	5306303	19051592	4092495	41.09	14	▲	0.94
天津	9954566	14106891	4152325	41.71	15	—	0.70
山东	9958897	14051392	−2910667	−51.88	16	▼	0.70
重庆	3541163	8518054	13745289	259.04	17	▲	0.42

续表

省市	2018年出口额（美元）	2019年出口额（美元）	增加额（美元）	增长率（%）	2019年出口额排名	排名升降	2019年出口额前20位中占比（%）
陕西	5610233	2699566	4976891	140.54	18	▼	0.13
山西	977432	2236620	1259188	128.83	19	▲	0.11
宁夏	19713	1162002	1142289	5794.60	20	▲	0.06

数据来源：中国海关数据整理。

（四）产品质量及安全明显提高

通过推广无性系良种栽培、优化栽培等先进技术及无公害茶叶示范基地建设，我国茶叶整体质量不断提升，无公害茶叶生产快速增长，茶叶安全水平显著提高。茶叶安全质量的提高，提升了我国茶产品国际市场的竞争力。据农业部抽检结果，我国茶产品质量及安全水平已达到或超过了中华人民共和国农业行业标准《无公害食品 茶叶》（NY 5244-2004）标准要求，我国绿色食品茶和有机茶的发展势头良好。

（五）茶产业化发展进程加快

在市场机制及国家茶产业发展政策等引导扶持下，我国各级政府和茶叶相关行业逐步提高了对茶产业发展的认识水平。以创新驱动促进茶产业发展，加紧科研机构、茶园、加工基地、行业协会、流通领域等方面的资源整合，推进茶叶产业化经营步伐，逐步探索出了一大批如"基地＋龙头＋农户""专业合作社＋行业协会＋农户"等模式的茶产业新型生产经营组织，提高了茶产业的现代化生产营销组织化程度，促进了产销衔接，延长和完善了茶产业链，提高了我国茶产业化水平与国际国内市场竞争力。

第二节 我国茶产业发展趋势

（一）多元化挖掘茶叶资源成为趋势

自唐代以来，茶叶就已从单纯的植物发展成为了人们生活的重要组成部分。特别是茶叶生产加工能力的突破性发展，不仅创造了茶文化，而且形成了以大众饮茶为基础，在茶业中包含了多种文化内涵和精神观念的茶文化产业。随着现代社会文化交流体系建设的发展，整个茶产业发展也突破了地域性的限制，发展成为了世界性的茶文化，这些不仅大大地提高了茶叶资源的应用价值，更是丰富了茶文化资源的内涵。

1. 茶销售渠道多样化

随着互联网的发展，许多新的销售模式涌现，茶叶的销售渠道越来越多样化。不同类别的销售渠道因其与消费者接触方式和场景差异，针对着不同的消费人群；而线上线下，直营加盟渠道有着不同的经营侧重点，销售网点的布局或是更大的品牌占有率。

2. 茶消费多元化发展

随着人们生活水平的提高，茶叶天然、健康的特点以及对茶文化的推广，茶叶为越来越多的人所接受。茶叶的主要消费人群也从中老年为主向各类年轻人群扩散，不同类别的消费者对茶叶的消费需求也存在较大差异。同时，茶叶消费从最初的"礼品""自饮"不断地延伸和细化，由此衍生出多元化的新需求，新模式。

3. 茶文化显得越来越重要

随着生活方式的节奏加快，人们非常渴望找到一种安静和休闲的生活方式，而茶文化就成为人们生活中不可或缺的一部分。茶资源的开发应用突破了局限，发展成为综合性的产业。当茶叶资源被挖掘和应用时，就超越了传统茶产品的应用，其中茶舞、茶艺表演等就成为茶资源开发中的重要内容。

4. 茶叶保健市场有了新的定位

在现代茶科学的发展下，将茶叶中各种有益成分提取和提炼的茶保健品、茶食品，实现了对茶叶资源价值链的有效延伸和应用价值最大化。在应用茶叶资源并探索其价值时，也必须多样化开发整个行业的价值。

5. 呈现品牌化趋势发展

在现代生活中，人们越来越注重品牌化商品的选择，"品牌"成为消费者选购茶叶时的首要关注因素。同时，对于企业来说，品牌内涵与消费者感知高度匹配预示着企业的品牌化道路相比竞争对手走得更远。企业以后必将更注重品质的追求，改变以往粗放式以量取胜的模式，将自身品牌做大做强，让消费者对茶叶品牌有更深认识，提升品牌的附加值。

（二）"一带一路"为茶产业发展带来机遇

茶叶自古以来就是中国与"一带一路"国家和地区经贸往来的重要商品，茶文化也一直是中华文明传播于全世界的重要象征。"一带一路"涵盖全球44亿人口，该区域又是全球最重要的茶叶生产和消费地，其中蕴藏着巨大的市场潜力和人口红利。在"一带一路"建设进程中，中国茶行业也迎来了新的发展机遇。我国"一带一路"倡议的实施，为我国茶产业的发展走向世界带来了新的历史机遇。

1. 市场空间更加巨大

"一带一路"倡议覆盖了全球近44亿人口，"一带一路"地区是世界上最重要的茶叶生产和消费地区，为我国饮用茶叶带来了巨大的发展红利和人口红利，其中摩洛哥、乌兹别克斯坦、美国、日本和俄罗斯等中国茶叶出口量较大的国家都在"一带一路"沿线。

2. 硬件条件逐步改善

为了支持"一带一路"沿线国家基础设施建设，由中国领导并成立了金砖国家开发银行和亚投行，这两个区域金融机构相互协作、相辅相成，共同推动了相关国家和地区的基础设施建设，从而加快推进了亚太地区道路交通等一体化发展进程，特别是位于内陆丝绸之路沿线的中西部地区，由于交通条件大大改善，使东部地区中国的茶叶产品和人员能够更加便利地进入中西部地区的"一带一路"沿线国家。

3. 出口通关更加快捷

随着国家围绕"一带一路"不断推出措施消除投资贸易壁垒、提升通关便利化,"一带一路"区域内开展茶叶贸易将持续获得政策利好。沿线各国签署合作备忘录,简化人民往来的签证手续,将极大方便人员和茶叶产品出入,"一带一路"国家发展战略是我国茶叶产业带来战略机遇。

随着我国对"一带一路"退出的各项支持措施,消除了沿线国家的投资和贸易壁垒,改善了通关条件,"一带一路"沿线地区的茶叶贸易继续享受了更加优惠的政策。中国和"一带一路"沿线国家签署了合作备忘录,简化了签证流程,极大地方便了沿线国家人员和茶产品的贸易,"一带一路"沿线国家的快速发展为中国茶产业的发展带来了发展机遇。

(三)大数据、人工智能发展为茶产业发展带来新机遇

大数据、人工智能的发展也推动了茶叶流通方式的变革,茶叶流通经营和流通组织发生了重大改变。随着"互联网+"、大数据、人工智能、5G等战略行动的推进,不断颠覆着传统茶产业的发展与组织形式、商业规则、产业链条、竞争格局等,对深度调整的中国茶叶产业而言,又面临新的发展机遇,将不断延伸出出更多新的商业模式和销售模式。

1. 颠覆传统思维

在互联网条件下,企业充分利用互联网和大数据渠道对消费者的需求变化予以研究,特别是对新一代消费者的需求偏好的研究,通过这些研究来调整规模、产品方向及创新内容

2. 更趋精细的茶叶市场

大数据、人工智改变了对传统茶营销的方式和理念,更加细分了茶叶市场。茶叶企业通过数据精准定位客户,为客户提供精准服务,与客户实现密切互动,不断改进其产品质量、推动产品创新。

3. 电商改变茶销售模式

互联网及电子商务的发展对传统茶叶销售提出了挑战,产品分销渠道发生了

改变。通过电子商务促进了商品流、物流、信息流及资金流的融合,压缩了中间环节、提高流通效率,降低运营成本,对传统分销渠道、组织和环节造成重大影响,电子商务创新出了新的茶叶流通渠道和方式。

4. 对茶叶传统品牌提出挑战

在互联网尤其是移动互联网时代,人们的通信方式发生了改变,微信营销、微博营销对人们的购买决策和方式也产生了重大影响,"互联网+"将重塑茶业的竞争格局,互联网的发展将开创茶业发展的新纪元。

(四)茶产业发展的市场前景广阔

1. 全球茶叶生产、贸易、消费的持续增长

全球茶产业的发展态势为我国茶产业快速发展提供了广阔的国际国内市场需求。20多年来,全世界茶叶生产发展迅速,全球茶产量从1990年的252.3万吨增长到2018年的261.6万吨。近年来中国茶叶出口特别是绿茶出口逐年增长,中国、肯尼亚、斯里兰卡等国家茶叶出口仍在继续扩大,中国作为全球茶叶生产第一大国面临较好的发展机遇。全球茶叶消费以每年3%~5%的速度递增,茶叶消费量一直呈增长趋势,已逐渐成为全球性的纯天然饮料。即使国际市场中红茶占据了85%以上,但由于人们保健意识的不断增强,以及人们对绿茶保健作用认识的不断深入,国际市场对绿茶需求增长较快,为中国绿茶产业在国际化市场空间的拓展提供了较好的基础。

2. 国内市场需求旺盛,市场潜力大

在我国茶叶国外出口不断巩固和出口量不断增加的情况下,国内茶叶市场需求也迅速增加。但我国人均茶叶消费量只有世界人均年消费量的27.6%,与消费水平较高的俄罗斯、巴基斯坦、爱尔兰、土耳其、英国、科威特等国差距更大。随着我国经济的不断增长和人们对健康意识、康体养生认识水平的不断提高,未来国内茶产业消费市场增长潜力将更加巨大。茶叶保健功能产品的不断开发和完善,茶文化、茶旅游综合体的不断融合发展与壮大,国内茶叶消费量必将迅猛增加,国内茶产品的市场潜力巨大。

3. 消费人群及消费结构发生变化

通过市场调研的实证研究分析发现,茶产品的消费群体在不同的年龄、收

入、职业、文化程度及区域之间存在一定的差异,随着时代的发展,茶产品的市场消费结构也发生了变化。

(1)对茶产品的功能偏好发生了变化

将茶产品的功能特征主要体现在饮用解渴、营养保健、礼品馈送、文化传承、时尚、使用方便、性价比高、其他特征8个方面,在对茶产品的功能特征选择研究分析中发现,消费者最看重的是茶产品的营养保健(79.52%)、文化传承(68.33%)、饮用解渴(65.71%)、礼品馈送(51.67%)功能。这说明随着时代的发展,消费者已经不是将喝茶只作为一种解渴的饮料来对待,而是将茶产品作为养生保健、文化修养、社会交往等的重要手段。消费者在选择茶产品时,已经不再将价格作为主要的考虑要件(性价比高,29.17%),且茶产品的使用方便(25.12%)、时尚(22.14%)特征也不再是茶产品消费者追求的主要目标,喝茶已经逐渐成为人们生活中的一部分,养生保健、社会交往、文化内涵的提升是生活品质提高的重要体现。

(2)国内以绿茶消费及红茶消费占据主流

将我国的茶叶种类分为绿茶、红茶、黄茶、黑茶、白茶、乌龙茶、花茶共7种,以平时最喜欢喝哪类茶叶作为问题选项,调查结果是:喝绿茶及红茶的比例分别达到了81.55%、54.05%,而喝黄茶、黑茶、白茶、乌龙茶、花茶的比例分别只有4.4%、14.17%、13.69%、31.19%、36.07%,这说明我国茶产品消费群体中主要还是以绿茶及红茶消费者为主。

(3)茶叶消费以中低档茶消费为主

将茶产品按照价格区间分为5种,低档茶(价格＜200元/500克)、中档茶(200~500元/500克)、中高档茶(500~1000元/500克)、高档茶(1000~2000元/500克)、极品茶(价格≥2000元/500克),通过对消费者可接受价格区间的调查发现,有50.71%的用户选择中档茶,有21.19%的用户选择中高档茶,也就是说有71.9的消费者可接受的茶产品价格区间为200~1000元/500克,消费200元/500克以内的低档茶用户只占19.64%,消费1000~2000元/500克的高档茶用户只占6.55%,消费2000元/500克以上的极品档茶用户只占1.9%。

4.茶叶消费领域不断扩大

研究表明,茶树的综合利用程度将不断增加,茶产业链将延长,今后10~20

年将是我国茶饮料市场发展较快的时期，茶延伸产品消费年增长在10%以上。随着消费结构的改变，茶产业结构也将呈现"一产基础，接二连三"（以发展茶园种植的第一产业为基础，加快发展茶资源深加工为主的第二产业，茶商贸、茶旅游等为主的第三产业）的结构性转型变化。

（五）茶产业国际化发展能力增强

1. 茶产业可持续发展能力将不断加强

随着改革开放的不断深入及我国融入经济全球化的程度不断加深，各级政府将会与时俱进地进一步从经济全球一体化高度不断完善和制定茶产业发展的相关法律、法规、政策、规定和措施，在进一步加强对"三农"扶持力度的同时，更需要充分利用WTO的"绿箱政策"、严格的产品质量、生产安全监控体系和国际贸易规则，以国际化的视野加强对茶园的改造、无性系良种推广、有机生态茶园建设和现代化机械设备投入、基础设施建设、现代茶产业生产环境改善等，加大在税收、资金、农残、质量管控、产业发展重点等方面的政府管控及支持，不断加大对茶叶科技研发投入，加大对品牌及市场建设，加大对科技培训、普及活动的推广，建立和完善茶叶科技推广体系建设，最终使我国茶产业国际竞争力不断提高，茶产业可持续发展能力不断加强。

2. 茶产业融入国际化步伐加快

基于我国茶产业所具有的独特优势，必将吸引大批国外先进茶产业企业的进入，国内茶产业企业在面临国外先进企业产业竞争压力的同时，企业自身融入国际化步伐也将加快。由于国内外先进企业及先进产品的进入，国内茶产品市场竞争将更加激烈，对我国茶叶种植基地、生产加工及销售销企业带来挑战和冲击，这些冲击又将有力地促进我国茶产业相关体制的改革，推动企业自我改革、创新发展，促进企业不断改进及完善现代营销管理机制、现代企业制度等。茶产业的国际化步伐，也将推动茶叶产销方式由传统粗放式向现代集约高效型发展，促进茶叶种植、生产加工技术创新，提升茶产品科技含量，提高茶叶资源综合利用率，使我国茶叶生产由低产、低质、低效、不安全向增产、高质、高效、安全格局转变，全面提高茶产业企业市场竞争力，增加茶农收入及城镇居民收入，促进茶区经济快速发展。

3. 绿色、生态、健康、智能成为茶产业发展主流

随着人们消费观念、消费习惯、生活环境、茶产品消费人群结构、消费偏好、生活方式等的变化，人们加大了对与大自然和谐融合的绿色、生态、健康茶产品的钟爱。这种求新、自然、健康的消费者心理需求将不断地促进茶产品的深度开发，使茶产品功能和产品形式朝多元化方向发展。科学技术的快速发展，以现代农业技术、现代生物技术、现代通信技术、物联网、互联网、大数据、智能化等为代表的科学技术的突飞猛进，为茶产业市场多样化需求和智能化发展提供了科技保证和技术支撑。茶产品的深度开发和综合利用程度不断提升，市场拓展力度不断加大，绿色、生态、健康、智能化将会成为我国今后茶业发展的主流发展目标和新趋势。

4. 茶产业竞争的品牌化、集群化、规模化特征更加明显

茶产业发展的国际化趋势是品牌化、集群化和规模化，传统经营模式如不能及时转型升级，其弊端将会一直困扰及束缚我国茶产业的健康、快速发展。

（1）品牌化发展。由于我国茶产业品牌繁多，各种不同品牌中其效益较低的企业，会按照市场优胜劣汰法则逐渐得以优化。各种不同企业之间、不同区域之间茶产业的竞争由产品竞争演化为品牌竞争。具有品牌优势的茶企，其名优茶的市场份额比大众茶高，因此茶产业的品牌化竞争更大。

（2）集群化发展。我国茶产业品牌繁多，不同品牌中其效益较低的企业，将按照市场优胜劣汰法则组合。中国是茶叶生产大国，拥有西湖龙井、铁观音、信阳毛尖、都匀毛尖、普洱等种类繁多的茶叶品牌，从全球角度看，单品茶品牌却鲜为人知，没有一个茶企的市场份额能超过3%。造成这种现象的主要原因之一就是产业未形成集群式，在市场经济条件下没有较好地建立区域茶产业商业模式，国内茶产业需向深层次的结构性转变，加强区域间的分工与协作，逐渐形成规模化的产业集群、综合性的茶业交易平台，让我国名茶产业发展日臻成熟，国际竞争力显著提升。

（3）规模化发展。茶叶生产加工企业通过企业兼并、企业联合及收购，企业间优化组合等实现规模化经营，依靠整体的力量提升企业竞争力，获取规模化效益。

第三章 贵州是世界茶源中心综合考述

中国是世界茶树的原产地和茶叶的祖国,中国西南地区又是中国茶树的原产地和茶叶的故乡,在已有充足证据下,这一结论已逐渐成为世人共识。而历史上曾经是"蛮天羮雨,鸟道蚕丛"的"天末"贵州,是中国西南地区茶树原产地的中心,这一判断,随着科学的发现和更为合乎历史逻辑的推断,也在逐渐得到证实。

第一节 中国是世界茶树原产地和茶叶的祖国

中国是茶的故乡,也是世界茶文化的发祥地与传播中心。在人类历史的长河中,茶一直伴随着中华民族炎黄子孙从草昧走向文明,从原始社会走向现代社会。

(一)考古发现证明中国是茶树的原产地

考古与茶籽化石的发现最有力地证明了中国是茶树的原产地。1980年7月,在贵州省晴隆县笋家箐发现一块有三粒茶籽化石,经中科院地化所和南京地质古生物研究所鉴定,确认为茶籽化石。这是目前世界上发现最早的茶籽化石,也是迄今为止地球上发现的最古老的唯一茶籽化石,显示了贵州古老茶树的久远历史,是世界上无与伦比的。这标志着贵州的茶树起源至少在一亿年。晴隆茶籽化石的发现,使得全世界茶叶史学家不得不再度承认:中国的云贵高原是茶树的原生地,茶树是以这里为中心,从各个方向向适树区发展❶。

古老野生大茶树是考证茶树起源的活化石。中华人民共和国成立后,开展了比较系统的野生大茶树调查。调查发现,我国的许多地区仍然分布着古老的野生大茶树。云南南糯山、勐海巴达大黑山、景古振太、勐海苏湖、勐海曼宋、镇康岔路寨、大关县昭通、金平老寨、师宗五洛河等地;贵州黔北务川、赤水、黔

---

❶ 李应祥.都匀毛尖茶[M].北京:中国广播电视大学出版社,2013:11,15,19,20.按:关于发现晴隆茶籽化石的记述《都匀毛尖茶》第11、15、20页为1980年,第19页为1982年,二者似有舛误,需进一步查证,以辨正误。

南都匀、独山及贵定，黔西南，黔东南等地；四川崇庆、荥经、宜宾黄山、筠连、古蔺、雷波、南桐、南川金佛山等地都有古老大茶树。其中著名的古茶树有：1961年在云南省勐海县巴达区大黑山原始森林中发现的野生大茶树，主干高达32.12米，胸围2.9米，直径1.21米，树龄1700余年。1996年，在云南省镇沅县九甲乡千家寨发现的万亩古茶林是世界上面积最大的乔木型野生大茶树群落。其中最古老的两株树的树龄分别是2700年和2500年，树高分别是25.6米和19.5米。这是目前世界上已经发现的最大最古老的野生大茶树。2001年年初，千家寨树龄2700年的1号古茶树王获上海大世界吉尼斯总部授予的最大的古茶树"大世界吉尼斯之最"的称号。此外，广西大明山、桂北、凌云，广东从化、乐昌，湖南江华，福建安溪、福鼎太姥山，江西赣南的寻乌、安远、崇义、于都等地也都有古代大茶树。❶

中国是茶树的原产地也得到了反证。英国人布鲁斯妄言印度是茶树的原产地后，引起了世界茶界的骚动。为了证实布鲁斯所言是否真实，1835年，印度茶叶委员会派遣了一个由植物学家和地质学家组成的考察团到阿萨姆做实地考察。考察团最终得出的结论：阿萨姆的所谓野生茶树乃是中国茶树的变种，其中的某些变异是野生已久的缘故，而且品质劣于中国种。曾经甚嚣一时的印度是茶树原产地的说法，最终由印度人自己得出了否定的结论。❷

1892年，美国学者瓦尔茨和威尔逊先后撰文阐述茶树原产地在中国的理由。20世纪80年代，日本学者志村桥和桥本实，又从细胞遗传学和形态学角度对各国茶区茶树进行全面系统的比较，证实茶树原产地在中国云贵高原。❸ 1993年4月，在云南省思茅市（今普洱市）召开的中国古茶树保护研讨会上，来自日本、韩国、新加坡、马来西亚、美国、中国的100多位专家一致通过了《保护古茶树倡议书》，郑重宣布："中国是茶树的原产地，茶的故乡。中华茶文化传播于全世界。目前，云南、贵州、四川、广西、广东、湖南、江西、福建、海南、台湾等省生长着数百年至数千年的古茶树。有野生型的，也有栽培型的，也有过渡型

---

❶ 钟建安.中国茶文化史［M］.北京：中国文化出版社，2013：5-6.
❷ 钟建安.中国茶文化史［M］.北京：中国文化出版社，2013：6；李应祥.都匀毛尖茶［M］.北京：中国广播电视大学出版社，2013：12.
❸ 李应祥.都匀毛尖茶［M］.北京：中国广播电视大学出版社，2013：12-13.

的，其中部分珍稀大茶树为世界所罕见。它们是茶树原产地的活见证，是茶文化的宝贵遗产，是茶叶科学研究的重要资源。"❶

（二）西南地区是中国茶树原产地和茶叶故乡

我国的前辈学者在20世纪20年代就证明了中国是世界茶树的原产地。之后，经过数十年的研究，到六七十年代又进一步证明了我国西南地区是世界茶树的原产地。而论证西南地区是我国茶树的原产地，实际是要回答茶树原产于我国何地，其前提仍是必须先论证我国是世界茶树原产地。只有论证了我国是世界茶树的原产地和茶叶的祖国，才能在下一步论证西南地区是我国茶树的原产地和茶叶的故乡，前辈学者所走的研究路子基本如此。其中以吴觉农先生最具代表性。他在证明中国西南地区是世界茶树的原产地时，对外国的诸家异说再一次进行了总结性的——批驳，有理有据，有破有立，可谓深入其堂奥，令人信服。

其结论归于四点：

（1）从我国悠久的茶叶史料和广泛的茶树野生植被来看，可以初步证明茶树原产于中国西南地区。

（2）130多年来国际上有关茶树原产地的各种争议，归纳、梳理，并对此逐一加以分析、批判，发现他们所持的论点是不成立的，是完全错误的。

（3）从茶树的种外亲缘，证明茶树原产于中国西南地区。

（4）从茶树内变异的外因立论，只有通过"茶树原产于中国西南地区"才能得到充分的解释。同一时期，庄晚芳和陈椽两位先生也通过自己的研究，不仅明确西南地区是我国茶叶的原产地，而且认为横断山脉至大娄山脉的山区是茶树原产地的主要区域，其他可作为"演化地区"。❷

（三）云贵高原为世界茶树原产地

而关于茶树原产地，一般认为在中国的云贵高原。1753年，世界著名植物分类学家林奈就把茶的学名定为Thea sinensis，意思就是"原产于中国的茶树"。

---

❶ 钟建安.中国茶文化史［M］.北京：中国文化出版社，2013：6-7.
❷ 中国茶叶学会.吴觉农选集［M］.上海：上海科学技术出版社，1987：1-16；庄晚芳.庄晚芳茶学论文选集［M］.上海：上海科学技术出版社，1992：329-335；陈椽.茶叶通史［M］.北京：中国农业出版社，2008：23-39.

"世界的茶树源于中国，云贵高原是中国茶树的故乡"❶，似乎成为世界茶界的共识。然而，世上的事总不会是一帆风顺，总难免曲折。由于国外一些人不是出于无知妄断就是出于别有用心，原本不应该有怀疑或起争议的中国是茶树原产地的事实，却受到了怀疑，引起了争议。1824年，英国军人布鲁斯以他发现印度野生大茶树的事实断言，茶树的原产地在印度。英国学者贝尔登也随之在自己撰写的著作中肯定地认为世界茶树的原产地在印度。他的观点又得到了美国学者布莱克、布朗、伊伯逊、林德雷以及日本的加藤繁等人的呼应。他们武断地认为：只有印度有野生大茶树，中国没有！1911年《日本大词典》也指茶树产于印度。❷在这场争论闹得乌烟瘴气、尚无结论之时，美国学者乌克斯又提出茶叶原产地的"多源论"。他在自己的《茶叶全书》中提出，"凡自然条件有利于茶叶生产的地方都是原产地"，旨在模糊和否定中国是茶树原产国的事实。由此，关于世界茶树原产地的论争就形成了五种观点，即中国原产说，印度原产说，中国和印度原产说，东南亚原产说，印度、缅甸、中国交界的无名高地原产说。❸

茶树的原产地问题本是一个简单的学术问题，为什么会让许多别有用心的人如此费尽心机，大做文章？这背后隐藏的复杂问题令人费解，也令人深思。而在众说纷纭、争论不休之时，美国的茶商却揭开了谜底，给世人提供了答案。在争论中，美国的茶商提出：美国的茶叶贸易必须从中国转到印度，提倡繁殖印度的野生茶树。这让人恍然大悟，明白了真相，原来茶树原产国问题背后隐藏的是殖民主义者的经济利益！因为他们深知，要做到茶叶贸易转向，就必须确认野生茶树真的是印度原产，否则他们将遭受巨大的经济损失。

然而，客观的事实并不以某些西方人的主观意志为转移，真理是越辩越明，中国是茶树原产地的结论，在经过长时间的辩论与科学的考证，澄清了是非，纠正了错乱之后更加明确了。

作为茶树起源最重要的实物证据就是野生古茶树。布鲁斯之所以能够挑起西方对中国作为茶树原产地的质疑和否定，就在于他1824年在印、缅交界处的阿萨姆省沙地山区发现了一株高约13米，径围近1米，树龄不超过150年的大

---

❶ 李应祥.都匀毛尖茶［M］.北京：中国广播电视大学出版社，2013：11.
❷ 李应祥.都匀毛尖茶［M］.北京：中国广播电视大学出版社，2013：12，18.
❸ 钟建安.中国茶文化史［M］.北京：中国广播电视大学出版社，2013：4-6.

茶树后，以中国无大茶树而在印度发现大茶树为由，称印度是世界茶树的原产地的。事实上，布鲁斯的妄断既说明他对中国历史的无知，也说明他对中国缺少实地的考察研究。因为，从文献记载和全国普查情况来看，中国拥有许多古茶树。

我国历代文献都有古代南方地区分布着很多古茶树的记载。早在公元200年左右，我国最早的一部解释词义的专著《尔雅》就提到了中国的野生大茶树。[1] 南北朝之际的药物学著作《桐君录》载："西阳、武昌、庐江、晋陵好茗，皆东人作清茗……巴东别有真茗茶，煎饮令人不眠。"[2] 三国魏张揖所撰《广雅》云："荆、巴间采（茶）叶作饼……其饮醒酒，令人不眠。"[3] 唐代《坤元录》记述："云蛮俗当吉庆之时，亲族聚会歌舞于山上。山多茶树。"[4] 唐代《茶经》记载："茶者，南方之嘉木也。一尺、二尺乃至数十尺。其巴山峡川，有两人合抱者，伐而掇之。"[5] 上述的西阳、晋陵、荆巴、巴东、巴山、峡川等地，均属于秦岭终南山以南的鄂西地区，也就是古代的"南方"，今天的西南地区。[6]

第二节 贵州是中国茶树起源中心和茶叶故乡

经过中外学者长期的研究证明，茶树的原产地在中国西南，这是肯定无疑了，但是中国西南的茶树中心又在哪里？是"同源"还是"多源"？换言之，是云南的大叶种一脉相传，还是除云南以外，如四川、贵州、湖南、广西、广东等地也有它们自己生长的茶树呢？这一问题，因为不同学者考察侧重的对象和取材不一，研究所运用的方法有所不同，得出的结论自然也各有不同。吴觉农先生的结论是："茶树最早应为同源，原产地的中心地区，是在云贵高原及其边缘地区，由于大地环境的剧烈变化，造成同源茶种隔离分居，以后在各自不同的生存条件

---

[1] 李应祥. 都匀毛尖茶 [M]. 北京：中国广播电视大学出版社，2013：4-6.
[2] 陆羽著，沈冬梅编著. 茶经 [M]. 北京：中华书局，2010：145.
[3] 陆羽著，沈冬梅编著. 茶经 [M]. 北京：中华书局，2010：116.
[4] 陆羽著，沈冬梅编著. 茶经 [M]. 北京：中华书局，2010：148.
[5] 陆羽著，沈冬梅编著. 茶经 [M]. 北京：中华书局，2010：3.
[6] 钟建安. 中国茶文化史 [M]. 北京：中国文化出版社，2013：5.

下，向着不同的演化方向发展，具有各自的类型系统的这种设想，是基本上可以成立。"庄晚芳先生最初认为茶树原产地是以云南为中心的地带，后来他又自我否认这一观点。他最后的结论与吴觉农先生基本一致："茶树起源中心说在云贵高原及其邻近的川、桂、湘等边区，是比较合理的。至于茶树变异较多的其他地区，如南岭、武陵山、武夷山和大庾山的茶树，是否与西南地区同时存在，尚待进一步探讨。依照植物起源和分布有'连续分布'和'隔离分布'之说，这些地带似乎可另列为'隔离分布'的一种'演化区域'。"与吴觉农、庄晓芳两位先生不同，陈椽、陈震古、彭承鉴、虞富年诸先生则坚持中国云南是茶树原产地。他们的观点也得到了日本学者乔本实等人的支持。此外，苏联茶叶专家 K.M. 吉莫哈捷通过他的研究，也肯定了茶树原产地是我国的云南省。

对于茶树原产地中心的问题，贵州的专家学者在吸取吴觉农、庄晚芳等先生成果的基础上，进一步提出了自己的看法。从 20 世纪 50 年代到 80 年代，刘其志、邓乃朋、林蒙嘉等人通过系统深入的研究，提出了茶树起源于云贵高原，其中心地带在黔滇桂台向穴处的论点，并且认为云南西双版纳不是茶的主要原产地，因为它跟茶的起源时间与大地构造相矛盾。

以上是探讨中国西南茶树原产地中心所在的主要观点。在这些观点中，我们更倾向于吴觉农、庄晚芳、刘其志几位前辈学者的观点。吴觉农、庄晚芳、刘其志是我国著名的茶学家、茶学教育家和茶树栽培学科的奠基人，他们的茶学理论代表着中国茶学的最高水平和权威。但是，这些前辈学者提出或最后确定他们茶树原产地中心理论的时候，最迟已经到了 20 世纪 80 年代，距离现在已有 40 年了。在这 40 年当中，随着科学的发展和新材料的发现，他们的理论观点也需要进一步推进和完善，写作本文的最终目的也即在此。

吴觉农、庄晚芳、刘其志这些前辈，已经将茶树原产地中心确定在云贵高原及其邻近的川、桂、湘等边区，而 40 年来科学的发展和新材料的发现使我们可以将这一论断大胆地向前推进，将茶树原产地中心确定在更为精确的区域，即由云贵高原广大范围更集中于贵州省域。当然，我们的推论是建立在继承前辈学者理论成果的基础上，是"接着讲"，所以，我们无须重复使用前辈们从古地理、古历史、古气候、古生物学、民族迁移、茶树遗传性变异性等研究方法和研究路径。我们所要增加的方法是深化历史的解读、扩展观察的视野和提出新材料三个方面。

（一）深化历史解读，证实茶的源头在贵州

吴觉农先生在论证中国是茶树的原产地的时候，对中国古代茶史文献的运用和解读是非常详尽、透彻的，中国是世界茶树的原产地因此具有无可辩驳的历史依据。同样如此，吴先生在研究中国地方茶史的时候，也是非常娴熟地运用了相关的文献。吴先生将西南地区茶树原产地中心确定在云贵高原及其边缘地区，又将四川视为云贵高原这一大区域中心的中心，这种倾向在他的《四川茶业史话》一文中表现很明显。但是，吴先生在这里运用史料的时候也出现了一个问题，他将一些本属于西南地区共有的文献史料独自运用于四川而并没有作古史的分辨和说明，从而对滇黔两省的茶史真相有所遮蔽，也影响对贵州在西南茶树原产地中心地位的判断。例如，他在《四川茶业史话》中引用《史记·周本纪》和《华阳国志》："当武王出兵伐纣时，有许多友邦和庸、蜀、羌、髳（苗）、微、纑、彭、濮八个南方小国都率兵来会。另据晋常璩所撰的《华阳国志》说，这八个南方小国在参加这次战争的时候，有的曾从巴蜀（四川）把所产的茶叶，作为'贡品'送给武王。"吴先生以这些史料记载为据，说明"我国特别是四川的茶叶远在三千多年以前已有栽植了"。实际上，吴先生引用的这些史料，不只说明远在三千多年以前四川就已栽植茶叶了，同样也可以说明远在三千多年以前，古黔地也已栽植茶叶了。因为在当时，不仅跟随武王伐纣的巴蜀其辖地包括今贵州境内的道真、务川、德江、习水等地，就是跟随武王伐纣的庸、蜀、羌、髳（苗）、微、纑、彭、濮八个南方小国中，有的也是世居贵州的少数民族部落政权。吴先生引用这些史料，固然能够说明四川茶史的悠久，但又在不经意间遮蔽了贵州悠久的茶史。吴先生引用战国末年秦、楚两国争夺巴蜀，以及西汉初年汉、楚争霸的历史来说明川茶传播到长江两岸主要是南岸地区，对我国茶叶生产做出巨大贡献的情况。实际上，这时四川的管辖之地就包括古黔地的部分地区，川茶传播长江两岸之功，自然也包括黔茶的传播。

为什么会产生黔茶被川茶遮蔽的情况呢？主要原因是贵州建制较晚，开发落后，经济文化不及周边省份发达，历史叙事的话语权重偏向于四川。以汉代故事为论，此时的四川已是经济文化发达的文明奥区，古黔地却比较落后。夜郎王因为一句"汉孰与我大？"即招致了"夜郎自大"的千年笑谈。牂牁人盛览向司马

相如学习作赋，归以授其乡人，文教始盛。毋敛人尹珍，自以生于荒裔，不知礼义，乃从大儒许慎、应奉受学而成为贵州文教的先师。这些都说明贵州文化的落后和贵州先贤努力追赶的精神。但是，这种文化的落后却并不能说明贵州茶史的落后，只能说明贵州茶史叙事的话语权不强。吴先生引用西汉文学家王褒的《僮约》"武阳买茶"的故事，用以说明早在公元前60年左右，四川已有贩卖茶叶的市场了。而据《贵州古代史》一书记载有："汉武帝建元六年（公元前135年），派遣中郎将唐蒙通夷，发现在夜郎市场上，除了棘僮、筰马、髦牛之外，还有枸酱、荼（茶）、蜜、雄黄、丹砂等商品。"这说明，在夜郎时期，古黔地不仅已有明确的茶叶产地，且出现了中国历史上有文字记载的最早的茶市。

古黔地在不同的历史时期大多分属周边政权，也出现过短期的地方政权如且兰、夜郎和地方土司的统治。贵州建省始于明永乐十一年（1413年），建省之前分属于四川、云南、湖广三省，其茶史的真相往往容易被周边政权或省份所遮蔽，从而影响我们对于贵州作为茶树起源中心的判断。因此，在研究贵州茶史与茶文化的时候，我们必须注意文献的"解蔽"工作，深化对历史的解读，从而弄清贵州茶树的起源地和传播方向，将贵州不同的茶树品种资源加以系统化和科学利用。

（二）考察茶种起源，证实茶的源头在贵州

英国生物学家达尔文在探讨物种起源的时候，在经过无数次的观察实践后，得出结论："每一个种都有它的起源中心，这一规律是存在的"，"这一个中心，就是这一个物种分布区的起源中心。因为每个种最初都只出现于一个中心，然后从这里向四周迁移到分布环境和从前及目前的条件所允许的地方去"。中国西南茶树原产地的中心在云贵高原及其边缘地区，这在中国茶学界已经成为共识。但这是一个范围广及100多万平方千米的大致的区位，更精确、更核心的茶树原产地又在哪里，是云南，是四川，还是贵州？要做出这一判断，我们可以根据达尔文的物种起源中心论，反道而行，来考察西南茶树原产地的边界在哪里，再回溯它的中心。

根据吴觉农先生对湖南和四川茶史的考察，在湘西的苗属自治州、辰溪、溆浦、永顺、龙山等县的茶树，可能是自产的大叶种一类的原始茶种，或者是由四

川或贵州的茶树最早传播到这一地区的。鄂西山地的大巴山、武当山、荆山、巫山也是茶树原产地之一。贵州、四川与湘西、鄂西东邻，因此，西南原生茶树的边界可以延伸到这两个地区。四川西接西藏，北界陕西、甘肃、青海。青海、西藏的地理气候环境不宜种茶，历史上无产茶记录，直到20世纪60年代，在西藏察隅县试种茶叶成功，才开启了青藏地区的种茶史。陕西的商洛、安康、汉中和甘肃的陇南市康县、文县、武都区三县区交界处产茶，但茶种多从四川传入，没有本土茶种，因此西南原生茶树的北部边界并未跨出四川省域。云南省位于中国西南边陲，东部与贵州、广西为邻，北部与四川相连，西北部紧依西藏，西部与缅甸接壤，南部和老挝、越南毗邻。与云南比邻的川、黔、桂都在西南茶树原产地，滇藏交界处是茶树原产地的边缘。此外，虽然与云南为邻的缅甸、老挝、越南产茶，但这些国家的茶树多由云南传入，这些国家没有本土茶种，因此西南原生茶树的南部边界也未超出云南本境。贵州南邻广西，桂西北也是茶树原产地之一，西南茶树原产地的东南边界延伸至此。

由此我们可总结，整个西南原生茶树的边界所抵范围：东——湘西和鄂西，东南——桂西北，南——滇南，西——滇西川西，北——川北。鸟瞰这一分布范围图，贵州恰好在这一区域的中心。而考察贵州野生茶树的分布，在黔渝、黔滇、黔桂的交界地方尤多，与贵州中心非常一致。另外，吴觉农先生分别从茶树的种外亲缘和茶树的种内变异论证了中国西南地区是茶树的原产地。在西南内部，云南只有大叶种，而四川、贵州则小叶种和大叶种茶树同时分别存在，也说明贵州、四川比之云南的原生茶树资源更为丰富。

事实上，如果我们扩展观察的视野，将贵州纳入整个西南茶树的原产地这一广阔的视野做全景考察，而不限于贵州本土一域和已有的成见，就会发现，贵州作为中国西南地区的茶树原产地中心，就有更多的比较优势。贵州地处云贵高原，介于东经103°36′~109°35′、北纬24°37′~29°13′，处于地球最适宜植物生长的地带。贵州有广大肥沃的土地，复杂多样的地形，温暖湿润的气候，纵横交错的水系，具有生产茶叶的优越的地理生态环境。贵州地处中国西南内陆地区腹地，东靠湖南，南邻广西，西毗云南，北连四川和重庆，处在长江和珠江两大水系上游交错地带，是长江、珠江上游地区的重要生态屏障，具有天然的区位优势，有利于茶树资源向外传播。

（三）实物发现与文化语言发掘，证实茶的源头在贵州

中国历史研究，在近代之前，传统史家常常只是运用文献记载作为唯一的研究历史的证据材料。20世纪初，王国维先生提出了"二重证据法"并在汉简和甲骨文的综合整理考释和证史领域取得一系列成果。"二重证据法"就是将"地下发现之新材料"与"纸上之材料"二者互相释证，以达到考证古史的目的。"二重证据法"的提出和运用是中国史学研究一个重大的突破和变革。之后，20世纪80年代，中国史学界在"二重证据法"的基础上又发展出"三重证据法"，即文献、考古发现和民族学材料皆可作为史料证据。

三重证据法也非常适用于中国茶史和茶文化的研究。论证贵州是西南茶树原产地的中心，不仅需要理论的证实和学理的建构，更需要提出和展现考古发现和民族学材料这类"硬核"证据的证明。在这一点上，贵州恰恰具有云南和四川等省所不具备或不完备的条件和优势。这些证据材料就是有"活化石"之称的民族语言、古茶树、独特的饮茶习俗和考古发现的茶籽化石。

1. 民族语言

自从茶叶与国人结缘，就有了许多的正名和别号。杨雄《方言》记载"蜀西南人，谓荼曰蔎"；《三国志·吴书·韦曜传》"曜饮酒不过二升，皓初礼异，密赐荼荈以代酒"；史载南朝琅琊王肃喜茗，一饮一斗，人号为漏卮；陆羽《茶经·一之源》算是对这些茶的别名有个小结："其名一曰茶，二曰槚，三曰蔎，四曰茗，五曰荈。"可以说，如果从茶的别名演变过程，来考察茶的起源和历史的发展脉络，是可以理出一部中国茶史来的。此足见语言文字在研究中国茶史和中国茶文化方面的重要性。

贵州是一个多民族共居的省份，世居的少数民族即有17个，民族文化和民族语言丰富多彩。在丰富多彩的贵州民族语言中也保存了许多关于茶的古音和别名。这些古音和别名是证明贵州茶史和茶文化历史悠久的重要证据，也是贵州作为茶树原产地中心的重要佐证，所以受到茶学和茶史研究专家的高度重视。庄晚芳先生为了考证茶树的原产地，在他的《茶树原产于我国何地》这篇重要的茶学论文中，就对贵州称茶的民族方言写下了浓重的一笔。在贵州称茶方言：侗族称"蔎""腊"（syj），布依族称"荈"，苗族称"槚"（jia）或"将"，彝族称"巴

饦",还有称为"煲熬沏",其他如"荈","选"和"游",均与茶的古音有关。

实际上,贵州与茶相关联的民族语言远比庄先生文中列举的要丰富生动得多。今天黔南州的布依族方言中,普遍称茶为"荈""改",也有的称茶为"槚"。长顺、惠水一带的布依族称茶为"者",与两县接壤的安顺、紫云、镇宁一带的布依族称茶也叫"者"。黔西南州贞丰及周边县的布依族则称茶为"莎"。都匀市摆忙乡甲林寨的布依族称茶为"诘"。黔南的苗族方言中,茶有"吉""及"等称谓,贵定、龙里、惠水三县交界处云雾山海葩苗称茶为"几",瓮安、湄潭一带的苗族称茶为"刷",都匀、三都一带苗族称茶为"无及"。黔东南凯里、台江苗族称茶为"吉"。安顺苗族称茶为"及",字虽不同,发音与"吉"相同。黔西南州贞丰的苗族称茶为"将"。贵州西部织金的苗族或许受彝族语的影响,称茶为"阿沱"。罗甸边阳镇和罗沙乡周边村寨的布依族、苗族称茶为"蔎"。黔南的水族方言中,三都县东区水族称茶为"節",西南区水族称茶为"雜(杂)",北区水族称茶为"銀雞切",独山县水岩乡的水族称茶为"节"。茶在黔南、黔东南的侗族中被称为"谢"。都匀的瑶族分支绕家则把茶称为"檽记"。盘县彝族称茶为"爬拖"。将这些贵州少数民族的茶方言与专家研究结果对比,可以发现相同的"荈""蔎""槚"等称谓和贵州少数民族特有的"吉""几""及""诘""节""雞"等称谓之间是极具相似性与关联性的。

总之,贵州的民族语言与茶的称呼有着千丝万缕的联系。中外学者通过深入研究认为,荼、诧、苦荼、槚、蔎、茗、荈、皋芦等这些代表古代茶的汉字,与贵州山地少数民族的方言有关。这不仅说明了贵州茶的本土化及悠久的历史,同时对于中国的茶史和茶文化也是一个巨大的贡献。

2. 古茶树

古茶树与茶树原产地有着密切的关系,如果在一个自称为茶树原产地的地方竟然找不出一棵古茶树来,那是不可想象的。英国人贝尔登之所以敢于提出"茶树原产于印度"之说,就是因为他在印度北部发现了所谓的古茶树。而1939年我国茶叶专家李联标、叶知水在贵州婺川县(今务川县)老鹰岩发现比之印度更古老的大茶树,贝尔登的谬论便不攻自破了。另外,我们应该看到,古茶树并不是茶树原产地的铁定的证据,不能过分夸大其证明力。吴觉农先生认为:凡是发现野生茶树的地方,有可能是茶树的原产地,也可能是茶树原产地的边缘,但更有可能是在历史时期由外地传到这里安家落户,而不是原产。庄晚芳先生也说过:茶树起源已有几千万年的历史,当前所存在的变种,当然是由原种演变而来的,但不能说现在"无原种就无所谓变种",变种分类便无法研究。经过多少年代的变迁,原种已无处寻找,只有变种存在。所以,吴觉农、庄晚芳先生主张,对茶树原产地的研究,既要针对茶树本身的演化和变异,同时还要注意古地理、古气候、古历史的研究。

贵州古茶树的文献记载,最早见于唐代茶圣陆羽的《茶经》。《茶经·一之源》记载,在"巴山峡川"(即今重庆东部、贵州北部)已有"两人合抱者"野生大茶树。贵州最早发现古茶树,是1939年我国早期的茶叶专家李联标、叶知水在贵州婺川县老鹰岩发现的一株大茶树。这也是我国西南茶树原产地最先发现的大茶树,从此开启了中国古茶树研究的大门。之后到了1950年,苏正先生才在云南勐海糯山发现三株野生大茶树。时至今日,贵州境内发现体量巨大的古茶树群已非往昔同日而语了。我们仅从2018年5月中国农业出版社出版的《贵州古茶树》和2018年6月云南科技出版社出版的《贵州茶树种质资源》两书所载古茶树,即可见一斑。

贵州是我国野生古茶树保存最多的省份之一,贵州省88个县级行政区域中有52个县都有古茶树。全省已发现有500余万株(丛)古茶树,据不完全统计,贵州具有一定规模(1000亩以上)的连片古茶园达18处,树龄在200年以上的古茶树15万株以上,其中树龄在千年以上的古茶树上千余株,普安林场茶树王经中国农业科学院茶叶研究所专家虞富莲测定树龄在3000年以上,是目前全国发现的古茶树中树龄最长的古茶树。

贵州古茶树主要分布于黔滇、黔渝以及黔桂的交界地方,东至黎平老山界原始森林区,西至威宁县云贵乡,南至兴义七舍革上村,北至道真仡佬族苗族自治县棕坪乡。著名的古茶树分布区有贵阳市花溪区、贵安新区、习水县、道真县、沿河县、石阡县、普定县、兴义市、普安县、晴隆县、水城县、纳雍县、金沙县、大方县、惠水县、长顺县、贵定县、平塘县、七星关区、六枝特区等。贵州古茶树数量之多,体量之大,分布之广,树龄之长,在国内是极为罕见的。

野生茶树、古茶树不仅是茶树原产地、茶树规范化和规模化种植起源地的"活化石",也是未来茶业发展的重要资源库。贵州古茶树至今仍然具有较强的生产与生态功能,具有丰富的生物多样性和独特的生态系统,也是弥足珍贵的茶文化资源,应该倍加珍惜和爱护。

3. 独特的饮茶习俗

考察饮茶的习俗,也是中国茶学界论证茶树原产地一种重要的方法。庄晚芳先生甚至将云贵高原少数民族古老的"烤茶",视为茶的始用法的一种"活化石"。在贵州,这种"活化石"般的烤茶法的确是丰富多彩的。黔南的布依族用纸烤茶,水族将茶放入小土罐中直接烤,而安顺、平坝一带的屯堡人既用土砂罐烤茶,还用土陶碗烤茶。毕节地区的彝族则先将鹅蛋大小的砂罐烤烫,再放入一小撮茶慢慢烤。此外,贵州苗族的油茶汤、布依族的甜酒茶、侗家的油茶、土家的擂茶、彝族的罐罐茶、仡佬族的"三幺台"茶席、瑶族、藏族的咸油茶,都是名闻遐迩的茶饮。这些古老而独特的民族制茶饮茶习俗,是贵州的各族人民一代代传承下来的生活智慧,反映了多彩贵州的民族风情,沉积了悠久的民族历史和深厚的民族文化底蕴,是贵州茶史的"活化石"。

4. 茶籽化石

考古发现在历史研究中的意义是巨大的,甚至可以改写历史。历史研究的三重证据法,其重点实际是着落在第三重,即考古发现和民族学材料。

考古发现对于研究茶树原产地的巨大意义是毋庸置疑的。中国的茶学界在研究茶树原产地问题时,几乎都要强调茶化石的关键性作用。吴觉农先生在批驳英国人贝尔登"阿萨姆种长势很'野',所以是原种"的错误时说:"(茶树)这个共同的原种现在已经不存在,只有在化石中才能找到。"庄晚芳先生在谈的古茶树对于论证茶树原产地的局限性时也说到茶化石的重要性:"现存的野生大茶树,计算其年龄,最长也不过千年左右,与茶树在地质史上的年代相比,何止千百倍。要探求茶树原种,既无考古化石为依据,又无现存的'活化石'。从现存茶树来推测原种的真相,未免有点勉强。"刘其志先生在20世纪60年代讨论茶的起源、原产地和孰是比较原始的茶种问题时,认为"孰是比较原始的茶种,真正原始的茶种只能借供地质化石",而当时不能决疑的最大的问题就是"迄今未见有茶化石"。可见茶化石的发现,对于奠定茶树原产地的地位所具有的决定意义。

1980年7月,在贵州省晴隆县尹家箐发现茶籽化石,经中国科学院南京地质古生物研究所鉴定,确定为第三纪至第四纪四球茶茶籽化石,距今至少已有

100万年。这是迄今为止世界上发现的唯一最早的茶籽化石。这一发现不仅再次有力地证明了中国西南地区是世界茶树的原产地，还以最有力的证据证明了贵州是中国茶树原产地的核心，从而奠定了贵州在世界茶叶起源地的地位。

不过，也有人对晴隆茶籽化石的真实性提出质疑，这也很正常的。任何科学的发现，在最初的时候大都不免遭到质疑。在贵州的大山深处发掘出来世界级瑰宝的茶籽化石，这对于茶界和世人所产生的震撼和冲击也是很自然的事。但是，这块茶籽化石的科学性和权威性也是不容置疑的。首先，贵州的地质生态环境是具备茶树化石存在的可能性的。根据吴觉农先生研究，在远古的地理时代，我国西南是非常适宜于茶树类植物生长的，之后经历漫长的地球板块运动和地质变迁，在我国西南的地质构层中留下茶籽化石是完全可能的。刘其志先生则进一步通过对茶树品种资源的调查、搜集、整理工作，根据茶树在植物分类上的演化地位，结合古地理气候环境，推断茶树有可能起源于第三纪，原产地的中心在云贵高原。这些研究，为晴隆茶籽化石的发现提供了理论预设，而晴隆茶籽化石的发现也最终证明了这一理论推断和预设是极为正确的。其次，茶籽化石的确认是经过业界专家严格的考察、检测和鉴定的，其专业权威是值得信赖的。1980年7月13日，贵州省野生茶树资源调研组成员卢其明在晴隆县碧痕镇云头大山野生茶地，发现疑似"茶籽化石"后，先经贵州省茶叶研究所刘其志、林蒙嘉两位专家会同贵州省农业科学院、贵州省地质局等单位专家，联合对它进行了初步鉴定，一致认为它是距今百万年前的第三纪形成的四球茶籽化石。在作此鉴定前，他们专门亲临现场，对黔西州野生茶类植物生长的气候、土壤等自然环境，作过全面综合的考察。为了进一步确定鉴定的准确性和可靠性，他们还专程找到广州中山大学的茶类植物学家张宏达教授，张教授的看法与他们基本一致。1987年，他们又将茶籽化石送到中国科学院南京地质古生物研究所，找到了我国地质古生物学方面的权威专家郭双兴教授作更权威的鉴定。郭双兴教授接到任务后，便赶到贵州，会同贵州方面的专家，再度深入晴普两县深山，对当地的地质地理环境做了进一步的考察，取回了各方面的样本，进行了周密的分析、讨论和测定，定性结论与贵州方面和中山大学的略同，最终确认为第三纪末第四纪初距今200万~500万年的古生物四球茶茶籽化石，形成的地质年代是在2400万年前。可以说，对茶籽化石鉴定的整个过程，专家学者的态度都是严肃、审慎、认真的，使用的方法是科学、理性、实事求是的,故得出的结论是可靠的、权威的、值得信赖和能够作为坚实证明的。

尽管关于茶的起源时间、茶种的分布、茶树的故乡区位等学界仍然存在争议,但这种分歧随着科学的发现和新材料、新成果的不断出现,贵州作为茶树原产地的中心地位得到越来越多人们的认同。2019年6月27日,中国古茶树群高峰论坛在贵阳举行,中国农业科学院茶叶研究所致信称贺:中国是茶的故乡,贵州是中国茶树的起源中心。这是国家级研究茶叶机构对贵州茶树发源中心地位的承认和肯定,贵州作为茶树原产地的中心和茶叶故乡的地位将会不断更加巩固。

第三节 贵州茶历史源远流长

前已考述,中国是茶树的原产地,是茶的故乡,中国的西南地区的云南、贵州、四川则是茶树原产地的中心。这三个地区既是世界上最早发现、利用和栽培茶树的地方,也是世界上现存野生大茶树最多、最集中的地方。贵州不仅是茶树原产地的中心,同时,也是茶叶利用、栽培和商品化出现最早的地区之一。中国茶史大多以唐代划界进行分期记述,我们对贵州茶的历史考察也以此为例。

(一)唐代以前的萌芽期

贵州茶史始于何时呢?有人说:"据汉司马迁《史记·周本纪》记载,周武王伐纣时,参征之巴蜀等部落将茶叶作为贡品献上。此系目前可见之用茶的最早实例。"事实上,这一说法与《史记·周本纪》所述并不相符。《史记·周本纪》虽然记述了周武王在牧野盟誓,带领庸、蜀、羌、髳、微、纑、彭、濮人等西北与西南少数民族部落讨伐商纣王,但并没有叙述"参征之巴蜀等部落将茶叶作为贡品献上"之类的事。还有一说:"贵州茶叶很早便出现在中国历史中,在商周时期,巴人'前歌后舞'的队列里,贵州茶叶就走进了中原,作为祭品登上了西周王室的祭坛","当巴人'前歌后舞'的队列将茶叶贡献给周王朝,意味着贵州茶叶开始了挺进宫廷的步伐"。这些说法也不知依据何种史料立论。虽然,常璩《华阳国志·巴志》有这样的记载："周武王伐纣，实得巴蜀之师，著乎《尚书》。巴师勇锐，歌舞以凌殷人，前徒倒戈，故世称'武王伐纣，前歌后舞'"。这里所说的是巴师在跟随武王伐纣之时的勇敢乐观，虽有"武王伐纣，前歌后舞"之言，但并未提到"贵州茶叶就走进了中原，作为祭品登上了西周王室的祭坛"这样的内容，也不意味着"贵州茶叶开始了挺进宫廷的步伐"。

贵州茶在西周时代的确已有入贡的记载，但是，根据我们的考察，最先提到这一情况的历史文献，是常璩的《华阳国志》而非司马迁的《史记》。常璩是我国东晋著名的史学家，是我国历史地理学的开创者。他所著的《华阳国志》，是我国现存最早而又基本完整的一部地方志书，是研究我国西南地区山川、历史、人物、民俗的重要史料。《华阳国志》记载西周时巴国"东至鱼复，西至僰道，北接汉中，南极黔、涪"，包括贵州东北和东南各一部。那里"土植五谷，牲具六畜，桑、蚕、麻、苎、鱼、盐、铜、铁、丹、漆、茶、蜜、灵龟、巨犀、山鸡、白雉、黄润、鲜粉，皆纳贡之"。又言"其果实之珍者，树有荔枝，蔓有辛蒟，园有芳蒻、香茗，给客橙、葵"。不仅以茶叶作为贡品，而且已经有了人工成片栽培的茶园。在《华阳国志》还记载了"北接巴郡"的牂柯，更是"惟出茶、丹、漆、蜜、蜡"，茶排在当地土特产的第一位。《后汉书·南蛮西南夷列传》载："初，楚顷襄王时，遣将军庄豪（即庄蹻）从沅水伐夜郎，军至且兰，椓船于岸而步战。既灭夜郎，因留王滇池。以且兰有椓船牂柯处，乃改其名为牂柯。"可见庄蹻灭夜郎后，以且兰有椓船，而将且兰改为了牂柯，牂柯即为古且兰。《华阳国志·南中志》亦载："周之季世，楚（顷襄王）遣将军庄蹻，泝沅水出且兰以伐夜郎，植牂柯，系船……因名且兰为牂柯国。"且兰，战国至汉初一古国，在今贵州都匀、福泉、黄平、贵定等市县一带。

有学者认为，"建立牂柯国的民族，是西南古老的民族濮人。早在西周时期，濮人就种茶和利用茶"。"濮人"正是司马迁《史记·周本纪》记载随周武王伐纣的那支西南少数民族部落。因此，这个判断是合理的。此外，《华阳国志》所及"濮""僰"的许多地方，迄今仍可见其历史痕迹。如且兰县，即现在的福泉市，春秋古国之一，"汉曰故且兰。有柱蒲，有赤雾、煎水，入沅"。其中的"煎水"即是现今都匀的剑水，又称剑江。"夜郎县，有僰水。通郁林。有竹王三郎祠，甚有灵响也。"其中的"竹王三郎祠"遗迹，尚存于今日福泉市凤山镇杨老村，当地称为"竹王祠"。《中国名胜大辞典》称为古夜郎唯一的遗迹。《贵州古代史》的研究也印证了常璩的描述："汉武帝建元六年（公元前135年）谴中郎将唐蒙通夷，发现夜郎市场上除了僰僮、笮马、髦牛之外，还有枸酱、茶、雌黄、丹砂等商品，商业发达，市场相当繁荣。"因此，夜郎繁荣的乡间茶市比西汉成帝蜀辞赋家王褒在《僮约》（公元前59年）记载的"武阳茶市"要早76年。这些都表明，贵州茶树的栽培已经拥有2000多年的历史，是我国最早的茶文化发源地之一。

（二）唐宋时的发展期

唐代，以黔南、黔北为主的贵州茶已有了长足的发展，并且已明确见载于多种文献史料。其中茶圣陆羽在《茶经》的记载，是贵州茶首次出现在中原文化视野里。

陆羽，字鸿渐，一名疾，字季疵，号竟陵子，桑苎翁，东岗子，又号"茶山御史"。唐代复州竟陵（今湖北天门）人。陆羽在文学、史学、茶文化学与地理、方志等方面都取得了很大成就，时人权德舆称赞他"词艺卓异，为当时闻人"。然而在其身后，影响至深、流传最广的是他所著《茶经》在茶文化学方面的卓越成就。

《茶经》是世界上第一部关于茶的专著，在茶文化史上占有无可比拟的重要地位。《茶经》分上、中、下三卷十章，内容十分丰富。它总结了当时茶叶生产技术与经验，收集历代茶叶史料，记述作者有关茶的实践调查。从现代学科分科的角度来说，《茶经》是茶叶文化的百科全书，涵盖了茶叶栽培、采摘、加工、药理、茶具、饮用、历史、文化、茶产区划等方面的内容。作为世界上的第一部茶书，《茶经》被奉为茶文化的经典。大历才子耿湋在《连句多暇赠陆三山人》诗中即称陆羽："一生为墨客，几世作茶仙。"陆羽在当时就被奉为茶神、茶仙。李肇《唐国史补》记载唐后期人们已经将陆羽作为茶神看待。唐末诗人皮日休作《茶中杂咏〉序》即认为陆羽与《茶经》的贡献很大："岂圣人之纯于用乎？草木之济人，取舍有时也。季疵始为三卷《茶经》，由是……命其煮饮之者，除痾而疠去，虽疾医之，不若也。其为利也，于人岂小哉！"宋欧阳修《集古录》有云："后世言茶者必本陆鸿渐，盖为茶著书自其始也。"著名诗人梅尧臣在《次韵和永叔尝新茶杂言》一诗中有句赞陆羽,"自从陆羽生人间,人间相学事春茶"。元代学者辛文房所著《唐才子传》称陆羽《茶经》之后"天下益知饮茶也"。明陈文烛在《茶经序》中甚至认为:"人莫不饮食也,鲜能知味也。稷树艺五谷而天下知食,羽辨水煮茗而天下知饮,羽之功不在稷下,虽与稷并祠可也。"

陆羽在《茶经》中记载黔茶出产情况,"黔中,生思州、播州、费州、夷州""其思、播、费、夷……往往得之,其味极佳"。黔中,唐开元十五道之一,唐开元二十一年(733年)分江南道西部署。采访使驻黔州(治重庆彭水县)。大致辖今湖北清水江中上游、湖南沅江上游,贵州毕节、桐梓、金沙、晴隆等市县以东,重庆綦江、彭水、黔江,及广西东兰、凌云、西林、南丹等市县。思州:黔中道属州,唐贞观四年(630年)改务州置,天宝初改宁夷郡,乾元初复为思州。治务川县(在今贵州沿河县东),辖境位于今贵州沿河县、务川县、印江县和四川酉阳县地。播州:黔中道属州,唐贞观十三年(639年)置,治恭水县(在今贵州遵义),以其地有播州为名。辖境位于今贵州遵义市县及桐梓县地。费州:黔中道属州,北周始置,唐贞观十一年(637年)时治涪州县(即今贵州思南)。天宝初改为涪州郡,乾元初复为费州。辖境相当于今贵州德江、思南县地。夷州:黔中道属州,唐武德四年(621年)置,治绥阳(今贵州凤冈)。唐贞观元年(627年)废,四年复置。辖境相当于今贵州凤冈、绥阳、湄潭等县地。据此,后来的研究者往往就认为这四州(现在的遵义和铜仁的部分地区)是唐代黔茶的代表,其实不然。

唐代行政区分三级,大行政区名道,中行政区称州或府,州以下辖县。州有经制州和羁縻州两种。今贵州大部分地方,唐代属于黔中道黔州都督府,有三种建置类型:乌江以北与四川接壤,唐朝统治力量较强,按内地设立经制州;乌江以南各部虽然归附于唐,但统治力量较弱,大部分设立羁縻州;而西部由于地近南诏,彝族强悍,大多自立,唐朝无法控制。据《贞元十道志》《元和郡县志》《旧唐书·地理志》《新唐书·地理志》《太平寰宇记》等历史文献记载:贞观四年(630年),设黔州都督府;贞观十三年(639年),黔州都督府领思、费、播、牂、庄、应等十五州。这里所述的牂、庄、应等三州,据有关资料记载,"唐代牂州下辖宾化,都匀北部、贵定、惠水、福泉属于牂州宾化县","贞观三年(629年)置应州、庄州,都匀为应州东北部地","《黔诗纪略》《黔南识略》也认为,应州在都匀一带","独山东部属于应州,独山县大部属于庄州石牛县",《贵阳府志》推断庄州在今天惠水、龙里、贵定一带",因此,这三州包含了现在都匀、贵定、惠水和独山的绝大部分地域。天宝元年(742年),"改黔州为黔中郡,督施、夷、播、思、费、珍、溱、商等九州,并领五十羁縻州",牂、应、庄等州均降为羁縻州,隶于黔中郡,这说明,在天宝元年(742年)以前的唐代,这三州一直是经制州,和中央朝廷有紧密的联系。武则天圣历元年(698年),还将黔州都督府设在庄州,后来因为唐朝的统治力减弱,才改为羁縻关系。既然当时贵州北部有好茶,也不能说明位于南部的牂、应、庄等州没有好茶产出。其实就陆羽(733—804年)所处的年代,应该在唐玄宗开元二十一年以后,经过天宝十四年(755年)的"安史之乱",唐朝由盛转衰。陆羽在唐朝上元初年(760年)才隐居江南各地撰《茶经》,限于当时的情况,陆羽只考察了贵州乌江以北朝廷控制很强的经制州,对于南部的羁縻州未能考察是情有可原的。再者,唐代的羁縻州对唐王朝有朝贡及出兵助战等义务,唐代牂牁朝贡次数很多,如唐高祖武德三年(620年)牂牁大首领谢龙羽遣使朝贡,唐王朝以其地置牂州;贞观四年(630年)牂牁遣使朝贡;开元二十五年(737年),牂牁大酋长赵君道来朝,且献方物(土特产);天宝八年(749年)牂牁遣使朝贡;贞元七年(791年),授牂牁首领赵主俗官,原因就是"岁彻朝贡不绝",特别褒扬他;唐贞元九年(793年)牂牁宾化县入朝贡献方物,从791年至813年朝贡七次。在这些次数众多的朝贡中,贡品很可能包含了茶叶,因为贵定云雾茶的民间传说《鸟王》中提到:"云雾茶是个宝,唐朝时,皇帝开始下令向苗家征收贡茶。"因此,黔南在唐代出产好茶,贵定云雾茶可能是贡茶。

宋代关于贵州茶的记载亦不绝于书。北宋诗人黄庭坚在其《阮郎归》茶词中,不仅描写了黔中茶人采茶的繁忙,也赞叹黔茶"都濡春味长"的高雅品质。明杨慎《全蜀艺文志》亦载黄庭坚《答从圣使君》云:"君云,此邦茶乃可饮,但去城或数日,土人不善制度,焙多带烟耳,不然亦殊佳。今往黔州都濡、玉兔两饼,施州入香六饼,试将焙碾尝。都濡在刘氏时贡炮也,味殊厚,恨此方难得,真好事者耳。"唐代都濡县治在今务川县都濡镇北,所谓刘氏时指的是五代刘䶮创立的南汉,可见五代南汉时(917—971年)都濡"月兔"饼茶已成为贡品。这是贵州有史以来有明确记载最早的贡茶品牌。

宋代有各地羁縻州向中央定期朝贡的规定。《太平寰宇记》载："夷州、播州、思州以茶为土贡。"即当时的贵州茶还仅仅作为土司进献朝廷的贡品，没能有效地进入大市场。据不完全统计，宋代贵州各族统治者向朝廷入贡达七十余次，经常入贡的有牂牁、南宁州……其中，后晋高祖天福五年（940年），都云酋长尹怀昌率所属归附楚王马希范，这时楚设置有南宁州，而宋太祖乾德五年（967年），南宁州入朝进贡；太宗至道元年（995年），南宁州龙汉尧遣其使光进率西南牂牁诸蛮来贡方物；真宗景德元年（1004年），诏西南牂牁诸国进奉。在这些次数众多的朝贡中，黔地也很有可能贡茶。又据《宋史·食货志》记载："南渡以来，文、黎、珍、叙、南平、长宁、阶、和凡八场……绍兴二十四年（1154年）夏，黎州入雅州。"在宋代已有饼茶进贡，茶味亦佳，且在桐梓、遵义等处设置茶马交易场，用黔茶换取青海马，发展边地贸易。

此外，贵州的布依族、苗族、水族、侗族等少数民族至今仍然保留着传说源于唐代的"打油茶"；而始于南唐的"茶膏"在现今龙里县的布依族中还有所保留。这些唐宋时期的制茶和用茶遗风也凸显贵州少数民族悠久的茶叶生产和利用历史。

（三）明清时的繁荣期

明清时期，黔茶生产进入繁荣期，贵州成为全国重要产茶区之一。引起这一变化的一个重要原因，是由于元末明初、明末清初两次战乱引起的人口大量迁移，东南沿海各省的移民进入经济相对滞后的贵州，带来了包括茶叶生产在内的先进技术，从而促进了黔茶生产的转型升级，走向更高阶段。

明代在播州建立茶仓，收购茶叶送往藏区易马，茶叶已有规模不小的商品量，足见当时贵州已是重要产茶区。因贵州茶叶优良，各种贡茶相继涌现，朝廷额定三年一贡，计金筑13斤，方番司25斤，卧龙司15斤。万历年间巡抚江东之还在省城附置茶园15丘。播州因茶叶获利甚多，杨氏土司设有"茶园"二十六处，其茶"气味清得"，是为上品。黎平府产"洞茶"，"叶大而味美"。此外，贵州宣慰司、镇宁州、龙里卫、新添卫、清平卫、永宁卫均产茶。

明代贵州茶亦多载诸史志，《平越直隶州志》（1907年）载："茶，明《一统志》记录州县具有。"嘉靖《贵州通志》（1555年）载："独山州，九名九姓苗，治近都匀，其地产茶，以茶为货。""龙里卫，货之属有茶。""土贡，程番府（惠水）各长官司三年一贡朝，三年类贡茶芽五拾三斤十一两六钱伍厘。"其中，"金筑司（含今天长顺一部）十三斤六两一钱二分五厘，方番司二十五斤一两七钱三分，卧龙司十五斤三两七钱五分"。《弘治贵州图经新志》则记述了龙里卫军民指挥使司和平越（今福泉）卫民指挥使司土产有茶。"明代《贵州通志》食货志税政页记载，定番州府（惠水）茶芽折钞八百二十一贯"。

黔茶在明代完成了它在历史上的华丽转身。以黔南为例，在明代，都匀毛尖不仅成为贡品，还因蒙皇帝的垂询与赞许而声誉鹊起。贵定仰王贡茶出自仰王（今贵定县云雾镇仰望村）。《大明一统志》和弘志、嘉志、万志都有新添卫土产茶的记载，其中弘志等明代方志又记述龙里卫产茶，并称新添卫土产"茶、葛布俱丹平司出"。明代丹平长官司辖地在今贵定县云雾镇和平塘县掌布镇交界处一带。

明初，都匀县令入京觐见朱元璋时，进奉了都匀绿茶。朱元璋发现都匀进贡的绿茶是一种直接沏泡的茶，这茶投入杯中后，很快就出味出色，清香扑鼻，沁人心脾，品饮可口。一片片卷索的散茶，与他以往一直对茶就是那种坚如磐石的"团茶"印象完全不同。朱元璋深感团茶的制作费工费时，并且经水浸榨汁后会有损茶叶的营养和香味，远没有都匀毛尖这类"散茶"饮用方便，于是在明洪武二十四年（1391年）九月，谕令"罢造龙团，唯采茶以进"，即废团茶，改贡叶茶（散茶），停止团饼的制造。其时人于此评价甚高，明沈德符撰《万历野获编补遗》载："上以重劳民力，罢造龙团，惟采芽茶以进。……按茶加香物捣为细饼，已失真味……今人惟取初萌之精者，汲泉置鼎，一瀹便啜，遂开千古茗饮之宗。"从此，将散茶直接投入杯壶中沏泡饮用，逐渐成为饮茶的主流，蒸青散叶茶和炒青绿茶因此大为盛行。这在茶史上，可以说是一次划时代的革命。

以都匀毛尖为代表，黔茶似乎独得有明一代帝王的青睐与喜爱，从开国之君太祖朱元璋，经英宗朱祁镇到末代皇帝思宗朱由检，莫不如此。崇祯皇帝由于喜爱贵州的都匀毛尖，还特意赐名"鱼钩茶"。"鱼钩茶"的出现，开启了茶叶整形的先河，在茶业史上掀起了一个不大不小的波澜。它表达了茶叶独特的形态美，它的命名，标志着干茶和茶叶浸泡形态成为品茶、赏茶的一项新内容，进一步丰富了中国茶文化的内涵。此外，明神宗万历四十三年（1615年），副都御使张鹤楼曾游览都匀团山茶园。同在万历年间，扬州黄一正在其著作《事物绀珠》记录了当时的名茶97种，贵州黔南的新添（贵定）茶和平越（福泉）茶都名列其中。可见在那个与中原交通、通信还很困难的年代，贵州茶已名声在外。而都匀的布依族和汉族的民间传说以及《都匀毛尖茶》《熙春和贡茶》等也描述了从明洪武年间开始都匀每年都要贡茶。这些从一个侧面反映了明代黔茶的繁荣景象。

在明代的基础上，清代黔茶发展到了一个更高的层次，贵州产茶，几遍全省。据丁道谦《贵州经济地理》记载："黔省茶叶，产区亦广，全省半数以上县份均产之，而以黔东南之石阡及黔西之安顺为最著名。据说清末时该县年产二十余万斤之多，远销川、湘。"又据张肖梅《贵州经济》载："贵州产茶，几遍全省，八十一县中，产茶者占其大半，而以石阡茶产为全省冠。清末，该县年产二十余万斤，南经镇远达湖南，北由乌江出四川，为本省重要出口货之一。"这些情况说明清代贵州的茶叶生产与贸易十分活跃，也从商品经济的角度反映了黔茶业在清代发展到了一个新的高度。

在清代，黔茶的品质也得到了进一步提高。在清代中期列入全国最著名的40种茶叶中，贵州茶叶有3种，分别是务川的高树茶、贵定的云雾茶（也称鸟王茶），湄潭的眉尖茶。这三种茶叶均属于绿茶类，被列入每年向朝廷入贡的茶叶。而到了晚清时期，当时贵州所产的都匀毛尖、贵定云雾、务川高树、仁怀大茶以及湄潭、龙泉一带的大叶茶、团叶茶、柳叶茶、鸡咀茶、兔耳茶等地方特产茶叶不仅进入市场，而且闻名于世。

关于清代贵州茶叶的生产状况，在史志中也有了更多记载。

贵定与龙里，据康熙三十六年（1697年）卫既齐、薛载德主编的《贵州通志》记载："贵定县阳宝山，在新添北……山产茶，制之如法，可供清啜。茶产龙里东苗坡及阳宝山，土人制之无法，味不佳，近亦有采芽以造者，稍可供啜；制之如法，可供清啜。"康熙《职方典·贵阳府山川考》亦载，"阳宝山在新添北十里……山产茶，制之如法可供清啜"；其《贵阳府物产考》又云："龙里县，茶出东苗坡及阳宝山，土人制之无法，味不佳。近亦有采芽以造者，稍可供啜。"其后乾隆《大清一统志》等也有贵定及龙里东苗坡产茶的记载。乾隆《贵州通志·物产》："贵阳府，茶产龙里东苗坡及贵定翁栗冲、五柯树、摆耳诸处。"《贵阳府志》："按：龙里西南今有东苗，居贵定贵阳都匀之间。"可见龙里产茶的东苗坡位于明清时期贵定、龙里、贵阳、都匀交界处。新编《龙里县志》说1948年把与贵定毗邻的江北乡划归贵定县，即今贵定县云雾镇江北村，故明清东苗坡就在所划的江北乡境，因此明清时期贵定和龙里产茶的地方都在今贵定县云雾镇一带。贵定县云雾镇仰望村至今还保存有一通完整的乾隆五十五年（1790年）颁布的免贡茶碑，碑文真实记录了乾隆年间云雾一带茶树枯死，贵定县和定番州联合调查核实后免除茶农每年定额贡茶的历史事实。正是这通古碑明确了贵定仰王茶至少从乾隆时就每年定额贡茶的历史。仰王贡茶由于明清时产于贵定仰王而得名，具体出产于贵定县云雾山，又名云雾茶；其最早产地为鸟王关，亦名鸟王茶；因其外形似鱼钩，又叫鱼钩茶，当地苗族同胞则称为bulaoji（不老几）。今中国第一历史档案馆保存的《清宫密档》记载贵州巡抚林绍年曾贡贵定雪芽茶，"贵定县芽茶，贡皇上一匣，贡老佛爷一匣。光绪三十年正月初一日（1904年2月16日），贵定芽茶一匣老佛爷留用，贵定芽茶一匣皇上留用。光绪三十年奴才贵州巡抚林绍年叩首"。同是《清宫密档》光绪年间的《各省进贡茶叶账》也载此事"十二月初二日贵州巡抚林绍年贵定芽茶一匣，老佛爷留用，贵定芽茶一匣，皇上敬用，大清光绪三十年正月初二日立"之记述，成为贵定进贡芽茶的实证。

独山，独山九名姓长官司"以茶为业"，《清一统志》记载："茶出独山州，九名九姓，苗其族，以茶为业""独山兔场镇沟山茶，其细毛尖早年曾作贡品进京，又称为贡茶"。

都匀，乾隆年间都匀知府宋文型的《重建西岳庙碑序》载，"庚子岁（注：清乾隆四十五年，1780年）余守匀疆，兼理厂务茶园一局，建有西岳王之庙，奉为本厂之神"，"爰是捐俸五十两，命薛允忠督造重修"，希望"镇彼西方，维兹厂局"以求"上裕国课，下佐工商"。民国二十五年（1936年）的《都匀县志稿》里记载："西岳庙，在长秀，旧建，乾隆间毁，知府宋文型重建。""长秀"在今都匀团山一带，这座西岳庙是一座用于镇守西岳茶园的山神庙，在清乾隆时间被毁，乾隆四十五年（1780年），时任知府的宋文型重建西岳庙，并刻立《重建西岳庙碑》。清代金夏丞的《重过墨冲》云："……最爱几家秋柿好，金团茶饼样难如。"而且，都匀的"鱼钩茶"在18世纪末，由广东、广西、湖南等地的商贾，用以物易物的方式换取，经广州运销海外。

惠水、广顺等地，"清初贵州三年一贡，顺治十七年（1660年），程番府（惠水）贡茶芽"。《定番州志》（1718年）云：茶出程番与金石地，土人必待芽老五寸方采制。乾隆六年（1741年）《贵州通志》载：定番州，卢山，在城北……又南有茶山，产茶……道光二十七年（1847年）《广顺州志》云，"山园之茶，俗名丛茶"。嘉庆三年（1798年）《桑植述闻》载：当时的瓮安物产有茶。

另外，乾隆十四年（1749年），《黔南识略》也记载：龙里县，树宜松、柏、杉、枫、茶、蜡之属；定番州，有茶山产茶；广顺州，土产树木多松、柏、杉、杨柳，隙地间种桐、茶；平越直隶州，土宜榔木、杨柳、槐、柳、杉、枫、茶、橡树；独山州，树多枫、茶、杉、柏之属。这些记载也反映了清代贵州的茶叶生产的情况。

（四）民国时的起伏期

按照经济发展的一般规律和生产力发展的总体水平，民国时期黔茶生产水平应当高于清代，但实际情况并非如此。民国年间，由于印度茶、日本茶的排挤以及鸦片种植的严重影响，加之国内战乱频繁等内外因素的影响，贵州茶叶生产一度衰落。1875—1908年，全国十三府有九府产茶。1915年，贵州省产量为27000多担。1944年全省茶叶产量576吨，到1949年，贵州省有茶园4.03万亩，产茶2.65万担，1325吨，而一般年产茶在2000—2500吨。这期间，优良名茶的种植、加工技艺或已失传，或湮没无闻，仍保留或部分保留原制作技术的。黔茶就黔南州而言，仅有都匀毛尖、贵定云雾茶和独山高寨茶等。抗战时期，贵州茶园面积和茶叶产量更下降到历史最低点。这是民国期间黔茶发展的基本情况。

贵州茶业在民国时期遭受重挫，跌入低谷，但黔南、黔北茶却能并蒂展秀，成为贵州黯淡茶业的一抹亮点。

贵定，1936年《续遵义府志》载有："阳宝山在贵定县北十里，绝高耸。山顶产茶，苗云雾中，谓之云雾茶，为贵州茶之冠，岁以充贡。清平之香炉山，遵义之金鼎亦产茶，几与阳宝山相埒，金鼎亦呼云雾茶。" 1937年《贵定一览》记载："平伐云雾山，有茶树万株，叶呈青绿色，饮之清香异常，远胜于龙井雀舌，在昔日专制时代此为贡品，深受推崇。改良制法，必能风行全国，用而不疑；云雾茶新茶每斤六七角，陈茶一元两角，比当地洛北河的特产娃娃鱼（每斤两角至六角）还贵。"1948年民国《贵州通志·风土志五》载："黔省各属皆产茶，贵定云雾山最有名，惜产量太少，得之极不易。石阡茶，湄潭眉尖茶，昔皆为贡品。"云雾山是苗岭山脉主峰，产区主要是仰望一带的上坝、竹林、长寿、排上、山寨、中寨、高寨、石门、关口等十余寨。

都匀，1925年民国《都匀县志稿》载，"茶，四乡多产之。产水箐山者尤佳，有密林防护也。民国四年（1915年），巴拿马赛会曾得优奖。输销边粤各县，远近争购，惜产少耳。自清明至立秋并可采，谷雨前采者曰'雨前茶'，最佳细者曰'毛尖茶'"。

独山，1915年《独山县志》载，"植物选地，弗良方百里中土产即不能相同……松多于岭可背阴，茶必向阳……""茶，种者为园茶，清明时初次采，叶细而味厚，过次二次三次所采者渐逊。高树、苦丁、甜茶皆野生，俱不敌园茶，园茶中以高砦（今水岩乡高寨村）产者最"。"民国时期独山的高寨茶就向外销售，民国三十四年（1945），外销商品茶就达到5.25吨；民国三十五年（1946年），贵州省政府责令独山县政府购上等高寨茶数十斤，转赠美国罗斯福总统；当地农民常以茶换米，一斤清明前的高寨茶换一斗六升米，一斤清明后的高寨茶换一斗米。一些官吏富商也以茶代礼奉贡上司"。"独山兔场乡半沟村的老年人也述，民国初年，该地森林被日，林间也生长不少'园茶'，当地人加工出售，比都匀毛尖味道还好"。

惠水，1939年《定番县乡土教材调查报告》记载："定番县的物产中茶叶和烟叶一起被作为当地人嗜好的物品来生产。民国二十六年（1937年）定番县的农产品存销数量统计，当年茶叶的销卖量及输出量为122担，每石价格为25元。在所有存销农产品中，每石单价仅次于当地的花棉（50元）和麻（30元）。而茶叶在当地的价格，民国十年（1921年）以前是每斤需银一钱左右，民国二十六年（1937年）为每斤四角，比鸡鸭猪肉等都要贵。"

三都，1940年《三合县志略》记载，"民国十六年贵州省提倡林业，因地制宜不拘种类，三合县组织农村合作社垦荒种植桐、茶、杉等。在民国二十七年进行的调查统计中，三合县第二区共计种植桐、茶、杉等13940亩。茶类有西乡出产的云钩茶，树高茶、苦丁茶、竹节茶等生于溪涧中，还有黄茶和園（园）茶等。民国三十年,三都县的油菜、芝麻、皮棉、烟草、茶叶、兰靛、青麻的种植面积有 7000 多亩"。

到民国后期,贵州茶叶生产得以回升,形成一定规模。以黔南茶为例,据《瓮安农业志》记载,瓮安 1944 年就出产茶叶 9.5 吨,被贵州农业改进所列为重要产茶县。其时,据中央农业科学研究所和湄潭茶叶实验场调查,贵州全省年产 200 担以上的县有 17 个,其中黔南有都匀、独山、贵定、瓮安 4 县。

(五)中华人民共和国成立后的恢复期

中华人民共和国成立后,国家与地方政府十分重视茶叶生产,贵州省人民政府也采取了一系列政策措施,促进了贵州茶产业的发展,茶叶生产逐步形成一定规模并先后研制了一批名茶新品种。但是,中华人民共和国成立后贵州茶叶生产的发展也并不是一帆风顺,而是有曲折反复,是在经历曲折反复之后的长足发展与提升。贵州茶业发展之路就是中国茶业发展的一个缩影。

以黔南茶为例,中华人民共和国成立初期,黔南茶叶生产迅速发展,茶叶产量 1956 年为 199.4 吨,相当于 1949 年的 4 倍左右。1960 年左右由于粮食歉收,茶叶也减产,1961 年茶园面积的 1.7723 万亩,产量只有 122.9 吨。从 1963 年起,外贸部门对茶叶生产进行扶持,支持社队办茶场,主要茶场有都匀市牛场茶场、贵定县云雾茶场、独山县翁奇茶场和三桥茶场、长顺县古羊茶场和广顺茶场、惠水县长田茶场、龙里县洗马茶场、福泉县(今福泉市)道平茶场、瓮安县青坑茶场和茅坡茶场、三都县平寨茶场和烂土茶场等。同时,扩大茶园面积,1963 年垦复茶园 60 余亩;1964—1965 年垦复茶园 700 余亩,新种茶园 4000 余亩;推动了社队企业的发展。到 1966 年产量达 249.5 吨。"文革"期间茶园面积和产量都有下降,1970 年茶园面积减少为 5837 亩,产量为 165 吨。

20 世纪 70 年代,黔南州茶叶生产有所恢复并扩大。1970 年组织各级茶业代表 57 人到安徽舒城人民公社实地考察,学习了生产技术和管理经验。1973 年,响应毛主席提出的"以后山坡上要多多开辟茶园"的号召,茶园面积增长到 1.6211 万亩,产量为 279.8 吨。1976 年,建立茶场 156 个(国营茶场 6 个,公社茶场 56 个,大队茶场 94 个),还有成片专业茶园的生产队 50 余个。后来,由于新茶园发展过快,技术力量跟不上,使茶叶产量下滑,一批新茶园荒芜。1978

年黔南州只剩茶园 2.1047 万亩，但因为技术水平的提高，茶叶产量增至 939 吨。

改革开放初期，农民精力集中在粮食生产上，致使茶园面积缩小，茶叶产量不断下降。1983 年以后，执行中央多种经营的方针，调整政策，改革流通体制，在农村推行生产责任制，茶叶产量逐年上升，出现了茶叶产销同步增长、互相促进的新局面。1989 年黔南州茶园面积 2.5029 万亩，茶叶产量约 979 吨。

1990 年黔南州有国营茶场 5 个、乡镇茶场 30 多个，还有大量的零星茶园，茶园面积 2.5314 万亩，总产量约 955.7 吨，产值 380 万元，占种植业的 0.2%，成为黔南州重要的经济作物之一。1996 年，总产量 1186 吨。1998 年，黔南州将茶叶列为全州八大支柱产业之一。

进入 21 世纪以来，黔南的茶叶生产获得了更大的发展。到 2009 年，除了福泉、荔波、龙里 3 县（市）外，其他 9 个县市的茶叶面积均已经超过万亩，总种植面积达到 37 万亩，茶叶产量从 2000 年的 1800 吨增长到 2009 年的 4285 吨。全州茶叶地域品牌众多，以都匀毛尖、贵定云雾贡茶、罗甸上隆绿茶、平塘玉水毛尖为主。至 2011 年，黔南州茶叶种植面积 66 万亩，有 1.08 万亩通过了有机茶认证，近 3 万亩通过绿色食品认证；以都匀、贵定、瓮安、平塘等县市为代表的重点茶叶基地县初步形成，都匀、贵定、惠水、平塘名优茶产业带基本成形，茶叶总产量达到 6667.12 吨；茶叶企业（合作社）从 2008 年的 97 家发展到 2012 年的 143 家，其中：生产加工销售一体化企业 104 家，纯销售企业 39 家；全州茶叶龙头企业数量明显增多、企业规模不断扩大，州级龙头企业从 2008 年的 5 家发展到 21 家，省级龙头企业从 2008 年的 1 家发展到 8 家；全州还积极推动企业品牌建设，茶叶企业注册商标 94 个，20 余家企业通过 ISO 9001、HACCP 认证，6 家企业通过有机茶认证，4 家企业商标被评为"贵州省著名商标"。

黔南茶业的发展在贵州极具代表性，充分表现了黔茶的发展进入了一个全新的局面。

第四节 丰富多彩的贵州茶文化

历史积淀了文化,文化又映射着历史。自从茶进入人类社会的生活,就与文化结下了不解之缘,形成了内涵丰富而独具特色的茶文化。茶文化与文学艺术、宗教哲学、民俗礼义、医药养生等诸多方面都有着密切的联系,成为博大精深的中国传统文化的重要支系。因此,茶不但是人们物质生活的必需品,也成为人们精神生活的重要园地。品茶与饮茶成为人们对中国传统文化与艺术的一种体验与鉴赏,从而逐渐形成茶礼、茶德、茶俗、茶道,乃至茶会、茶宴、茶禅、茶食等一整套道德风尚和民俗风情。同时,文人墨客还为后人留下了许多与茶相关的诗词、歌舞、戏曲、故事、书画、雕刻等文学艺术作品,表现出茶与中国文化主体儒释道三家密切的渊源与内在精神。所有这些构成了丰富多彩的中国茶文化的主要内容。而对于享有"多彩贵州""山地公园"美誉所产的黔茶而言,其文化不仅具有中国茶文化的一般内容与形式,更具有其独特的内涵与特色。在此我们仅萃取黔茶在长期历史发展过程中形成的颇具政治意味的贡茶文化和与众多历史文化名人发生联系并形成渊源的名人文化进行考察,管中窥豹,见此一斑。

(一)历史悠久的贡茶文化

了解贡茶的历史是探讨贡茶文化的前提和基础。在前文对中国茶史所做的粗略考述和追溯形成历史的过程时,我们实际上已经对贡茶的产生和贡茶文化的出现有所论述。在此,仍要对贡茶的历史再做些必要的补充论述,给我们讨论黔茶的文化内涵与特色提供一个更为广阔的历史背景和我们在进行比较研究之时而有所依据。我们的要探讨的问题主要集中在如下几个方面:贡茶产生于何时,为什么会出现贡茶,贡茶的历史作用,贡茶对贡茶文化的影响,贵州贡茶文化的内涵与特质,贡茶文化的现实价值。

"贡"者,献也,献东西给上级。古代常指臣下或属国进献物品给帝王。封建时代,为了满足皇室以及上层官僚贵族的物质生活之需,统治者常以所谓"致邦国之用"这样冠冕堂皇的理由来征收天下之物,"随山浚川,任土作贡",凡地方上珍稀之物,一经发现均可成为贡品进献皇室,金银、漆器、竹石、花木、茶酒,甚至鹰、马等飞禽走兽都在其列。因此,从凡天下方物皆可能皆可以成为贡品的情况而论,茶叶成为贡品并没有什么特殊的意蕴。但是,茶叶成为贡品,对于茶文化而言却意义重大,因为贡茶赋予茶文化特有的政治关系的内容。

在中国历史上,贡茶产生的时代,根据《史记》《华阳国志》等历史文献的记载,可以追溯到商周时期。而以"贡茶"为名进奉给皇室饮用,历史文献的记载则始见于晋。宋代寇宗奭《本草衍义》载:"晋温峤官于宣城,上表贡茶千斤,茗三百斤。"到了唐代,基本确立了贡茶制度。在唐代之前,贡茶虽已年有所增,但在制度上未见有强制性的数量和质量规定。唐时茶道大行,不仅各地名茶入贡,还设立专门采制供皇家御用的贡焙,贡茶开始呈现其规模性、技术性和强制性。

贡茶的出现一开始即表现出强烈的政治色彩。这首先表现为中央王朝与地方政权之间统御与臣服的政治关系。贡茶的缘起与肇始与封建政权的建立与巩固有着密切的关系。贡茶与其他贡品一样,其实质是封建王朝确立其政权,封建君主对地方实行有效统治的一种维系象征,也是边疆少数民族政权归顺中央王朝,地方政权服从朝廷的表现,是维护封建礼制上下秩序的需要。

其次,贡茶的形成和发展,也鲜明地表现出封建君臣之间的功利关系与封建社会的政治生态。贡茶除了封建君主在土贡制度下的强制性敛取外,还有一种是封建臣子们为了自己的政治前途、功名富贵而主动向皇帝推荐贡献的。这种现象也是使贡茶生产进一步扩大的重要原因。这方面有许多的例证,北宋时期尤多。宋真宗咸平初年(约998年),丁谓任福建转运使,监造贡茶,专门精工制作了40饼龙凤茶,进献给皇帝,从而获得宠幸,升为"参政",封"晋国公"。此后,在宋仁宗庆历年间(1041—1048年),蔡襄任福建转运使时,又将丁谓创造的大龙团改制为"无上精妙"的小龙团,更受朝廷赏识。宋徽宗宣和二年(1120年),又一个善于造茶献媚的转运使郑可简,别出心裁,创制了一种"银丝水芽",即"将已精选之熟芽再剔去叶子,仅存茶心一缕,用珍器贮清泉渍之,光明莹洁,若银线然,以制方寸新(即模型),有小龙暴露蜿蜒其上,号'龙团胜雪'"。龙凤团茶发展到"龙团胜雪",其精美可算达到极点了。整个北宋王朝的160多年间，北苑贡茶的制造技术不断改进，先后创造出的贡茶品目，就有四五十种之多。然而其动因却都是大臣为了自己的官阶进身、封妻荫子等私利，贡献讨好皇帝所为，这也从另一个方面反映了北宋王朝腐朽的政治生态。

最后，从贡茶的征收过程中，我们也可以看到民间百姓与官方政府的对立关系和其中的博弈。贡茶是历代王朝强加给茶农百姓的一副沉重枷锁。无论是土贡，还是官营的贡焙，无疑都是对茶农的剥削与压迫。贡茶制度实质是一种变相的"税制"，从事茶业者深受其害。以明朝为例，明代初期，贡焙仍因元制，到了明太祖洪武二十四年（1391年）九月，朱元璋有感于茶农的不堪重负和团饼贡茶的制作、品饮的烦琐，因此，下了一道诏书，"罢造龙团，听茶户惟采芽以进，有司勿与"。此后，明代贡茶正式革除团饼，采用散茶。但是，明代的产茶之地，岁贡都有定额，有茶必贡，无可减免，而且在贡茶征收中，各地官吏层层加码，数量大大超过定额，给茶农造成极大的负担。根据《明史·食货志》载，明太祖时（1368—1398年），建宁贡茶一千八百余斤，到隆庆（1567—1572年）初，增到二千三百斤。明朝其他各地贡茶额也都比宋朝增加。其增加的数额中，相当一部分是督造官吏层层加码之故。明孝宗弘治年间（1488—1505年），进士曹琥曾上《请革贡茶奏疏》，揭露了这种贡茶苛政。《奏疏》声言："臣查得本府（广信府）额贡芽茶，岁不过二十斤。迩年以来，额贡之外有宁王府之贡，有镇守太监之贡。是二贡者，有芽茶之征，有细茶之征。始于方春，迄于初夏，官校临门，急如星火。农夫蚕妇，各失其业，奔走山谷，以应诛求者，人相对泣，因怨而怒，殆有不可胜言者。如镇守太监之贡，岁办千有余斤，不知实贡朝廷者几何？"奏疏中接着陈述了贡茶的五大害处：其一，采制贡茶正当春耕季节，农民男废耕，女废织，全年衣食无着；其二，早春二麦未熟，农民饿着肚子采茶制茶，困苦不堪；其三，官府收茶百般挑剔，十不中一，茶农只好忍受高价盘剥，向富户购买好茶，以充定额；其四，无法交够定额，只得买贿官校，以求幸免；其五，官校乘机买卖贡茶，敲诈勒索，整得农民倾家荡产。由此，我们可见明代贡茶苛政一斑。

有剥削压迫，自然就会有斗争反抗。当然，这种斗争反抗大多因遭到统治阶级的镇压而失败，但偶然也有取得胜利的时候。贵州贵定县云雾镇有一块立于清代乾隆年间的贡茶碑。这块碑记录了当地茶叶怎样成为皇家贡茶的历史，也记录了当地苗民因为不堪贡茶重负,起来斗争,最终迫使朝廷"准行停止"上贡云雾茶叶,以免采购办理茶叶而增加苗民负担,并强调如有官府派来的人以办茶为名下乡滋扰苗民者,允许大家指名举报,给以追究。朝廷还拨出白银四百二十两给当地殷实之户补种茶树,待他日茶叶生产恢复后,再购办该处贡茶。贵定县贡茶碑记载了人民群众与朝廷以及地方政府博弈成功的一个典型案例。

一方面,贡茶制度是历代封建王朝强加给茶农百姓的一副沉重枷锁,对茶叶生产的发展不利,贡茶制度的消极作用是毋庸置疑的。另一方面,由于历代皇朝对贡茶品质的苛求和求新的欲望,促使了历代贡茶不断创新和发展,因而促进了制茶技术的改进与提高。如清代康熙皇帝更改江苏太湖"吓杀人香"茶的不雅之名,御赐"碧螺春"名字,从此"碧螺春"每岁必采办进贡。徽州名茶"老竹铺大方",是当时老竹庙和尚大方创制进贡给乾隆皇帝的茶叶,乾隆皇帝就赐以"大方"为茶名,自此也岁岁精制进贡。乾隆皇帝在杭州微服私访至龙井狮峰,品尝了胡公庙前茶树上所采茶叶制成的龙井茶,香味尤佳,遂将庙前18棵茶树封为御茶,从此龙井茶名声更大,岁贡更多。随着历史的发展,贡茶的品目越来越多,因此,从某种意义上说,贡茶的发展为我国名茶的产生和发展奠定了基础。事实也正是如此,历史上的很多贡茶品目,沿袭至今,仍然保留着它的名称和传统的品质风格,这也是历代茶人对中国茶业的贡献。

贡茶是我国茶叶发展史上的一种特定现象,也是我国封建社会的特有产物。贡茶使千百万茶农遭受剥削压迫,但贡茶在客观上也推动了茶叶生产技术的发展,也是茶文化中的一个重要内容。贡茶在我国有着悠久的历史,最后伴随清代封建制度的寿终正寝而消亡。

当代中国名茶和地方名茶中,有许多曾被历代皇室列入贡茶。据不完全统计,浙江有西湖龙井、四明十二雷、鸠坑毛尖、顾渚紫笋、天目清顶、雁荡毛峰、金华举岩、日铸雪芽;安徽有六安瓜片、黄山云雾、敬亭绿雪、涌溪火青、霍山黄芽;福建有白茶、天山清水绿、武夷大红袍、安溪虎岳铁观音、武夷肉桂、延祥茶;湖南有君山毛尖、毗庐洞云雾茶、官庄毛尖、南岳云雾、大庸毛尖、古丈毛尖;四川有蒙顶黄芽、巴岳绿茶;江西有宁红、婺源绿茶、庐山云雾茶(古时名为闻林茶);江苏有碧螺春、花果山云雾茶、宜兴阳羡茶;陕西有紫阳毛尖;河南有信阳毛尖;云南有普洱茶;台湾省有文山包种茶。

贵州的贡茶流传极多，有贵定云雾茶、都匀毛尖、湄江翠片、朵贝贡茶、赵司贡茶、梵净翠峰、团龙贡茶、石阡苔茶、都濡茶、月兔茶、开阳南贡茶、务川茶、仁怀怀茶、东山春茶、姚溪贡茶、回龙贡茶、天印贡茶、思州贡茶、坡柳贡茶、安龙御茗、姑箐茶、海马香茶、清池茶、平桥贡茶等50余种。然而，尽管贵州流传有如此众多的贡茶品类，但真正有史可查、有史可据的贡茶也只有贵定云雾茶、都匀毛尖、湄江翠片、石阡苔茶、都濡茶、朵贝贡茶等寥寥数种而已。而贵定云雾茶、都匀毛尖又皆产于黔南，不能不说这是贵州茶史的奇葩和贵州茶文化的瑰宝。

如前所述，根据晋常璩的《华阳国志》，贵州茶在西周时代就已有入贡的记载。而根据明杨慎《全蜀艺文志》所载宋代黄庭坚《答从圣使君》，五代南汉时（917—971年）都濡"月兔"饼茶已成为贡品，是贵州有史以来有明确记载最早的贡茶品牌。都匀毛尖则在明代完成了它在中国茶史和黔茶史上的华丽转身，它不仅成了贡品，还因蒙皇帝的垂询与赞许而声誉鹊起。明初，都匀县令入京觐见朱元璋时，进奉了都匀绿茶，由此而引起了一次划时代的制茶革命。之后，崇祯皇帝由于喜爱都匀毛尖，特意赐名"鱼钩茶"。"鱼钩茶"的出现，开启了茶叶整形的先河。贵定云雾茶虽然与都匀毛尖的遭际全然不同，但保存至今的免贡茶碑也明确了这种茶至少在清代乾隆年间就已经成为著名的贡茶。

黔茶在新的时代依然延续着其"贡茶"的际遇和殊荣。新中国建立了人民当家做主的政权，真正结束了中国两千多年的封建统治，也从制度上终止了"贡茶"的命运。从我们的考察可知，贡茶的历史表现出更多的不平等的政治关系。但是，在贡茶已经消失的今天，由历史而沉淀的贡茶文化却在人们的经济和文化生活中发挥着巨大的影响。我们可以从2011年3月25日贵州普定县举办的"第二届朵贝之春贡茶文化旅游节"。2012年4月21日贵定县举办的"首届贵定县云雾贡茶文化旅游节"两条"旧新闻"可以看到这种影响力。

在今天富民强省，建设小康社会的时代，以都匀毛尖、贵定云雾茶、湄江翠片、朵贝贡茶、赵司贡茶、石阡苔茶等为代表的贵州贡茶史给了贵州人民振兴茶业的自信和力量。然而，都匀毛尖、贵定云雾茶、湄江翠片、朵贝贡茶、赵司贡茶、石阡苔茶的口碑和品牌，赞誉和殊荣却是一代代贵州茶人以艰辛和血汗，聪明和智慧换来的。在我们接受和传承贵州贡茶这份珍贵的文化遗产和文化血脉的时候，我们更应该心存感念，倍加珍惜，将其发扬光大。

（二）岁月有情的名人文化

茶为国饮，带给人们生活的享受和精神的愉悦，以及无限的想象与遐思，其广大精微在中国人的舌尖世界里可谓无与伦比。茶香的隽永，茶艺的赏心悦目，茶文化的典雅，使中华文明更具韵味和魅力。茶是消费品，但它具有浓郁的文化品位，它的价值取决于文化含量。没有文化的附丽，茶叶只是一片可以饮食的树叶。而茶文化的形成与历代文化名人皆有着深厚的渊源，在中国茶史的发展过程中，与之结缘的文化名人不知凡几，正是无数的文化名人赋予了茶以丰富内涵，贯注了文化的精神和品质。可以说，一部中国茶文化史，就是一部茶叶与历史文化名人的关系史。

考察文化名人与茶叶之间的渊源与关系，是茶文化研究的一项重要内容。在这一方面，唐代的茶圣陆羽早已给我们树立了典范。他的《茶经》十篇中就涉及了自中国史前的三皇五帝时代至唐代的数十位历史文化名人，以及数十部与茶有关的文献典籍与文学作品。其中有中国的人文初祖炎帝神农氏与托其名所著的《神农食经》。《茶经》还记述了普通老百姓与茶的故事，如南朝刘敬叔在其所著《异苑》中记述了剡县陈务妻以茶敬鬼得好报的故事；这些是非常难临可贵的。此外《茶经》中尚有未具名作者的几种著作：《后魏录》《桐君录》《夷陵图经》《永嘉图经》《怀阴图经》《茶陵图经》《宋录》《孺子方》等。如此之多的历史名人，文化典籍所记述的中国古代茶故事，使一部《茶经》丰富多彩、生动鲜活。《茶经》不仅对中国唐代之前的茶文化史进行了总结，也自此建构起中国茶文化的基本框架，描绘出中国茶文化的基本轮廓，为后世了解和研究中国茶史与茶文化奠定了坚实的基础。

唐之后，宋代不仅在文化上达到前所未有的高度，商品经济的发展也达到了一个前所未有的高峰，与之关系密切的茶业与茶文化也得到空前的繁荣和发展，与茶结缘的宋代文化名人可谓烂若星辰。比如，北宋文学家吴淑性嗜茶，著有《茶赋》，其言"夫其涤烦疗渴，换骨轻身，茶荈之利，其功若神"。以生动的语言论及茶的性质、功用。北宋文学家王禹偁平生好茶，写过《茶园十二韵》。他在得到皇帝恩赐的龙凤茶后，写了一首《龙凤茶》诗云："爱惜不尝唯恐尽，除将供养白头亲。"因珍惜龙凤茶舍不得吃，留作孝敬年老的父母之用。其另著《古帘泉》诗云："何当结茅屋，长在水帘前。"自言因贪恋古帘泉水品茗，竟引发隐居庐山之意。北宋茶官丁谓，出任福建路转运使时，造"大小龙团"茶进贡，其行为虽是为了取媚皇帝以邀宠，但客观上对茶叶的制造工艺有很大的提高。丁氏嗜茶，撰《茶图》，论采制之本，又作《北苑茶诗》，对中国茶业和茶文化的发展起到了一定的作用。北宋名臣、政治家、文学家范仲淹爱茶，尤精茶的评鉴，其《和章岷从事斗茶歌》，闻名于茶界。诗中多处用典，描述了当时斗茶情景。北宋诗人梅尧臣，平生嗜茶、尚茶、善品茶，对七宝茶、碧霄峰茶、洪井茶等均有研究，尤其推崇建溪茶，说它"价与黄金齐""一啜同醉翁"。北宋文学家欧阳修平生爱茶，特别推崇洪州（今江西修水）的双井，有《双井茶》诗，"长安富贵武侯家，以啜尤须三日夸"，详尽述及了双井茶的品质特点和茶与人品的关系。双井茶因欧阳修的诗文宣传而蜚声京师。欧阳修还在为蔡襄《茶录》所做的后序中论述到当时人们对小龙团茶的珍视，成为后人研究宋代贡茶的宝贵资料。北宋书法家蔡襄曾任职福建，监制贡茶，当时视为朝廷珍品的小龙团茶，有"始于丁谓，成于蔡襄"之说。蔡氏喜茶懂茶，爱评茶斗茶，著有《茶录》，对茶品、制茶、烹茶、贮茶都有独到论述，对中国茶叶与茶文化发展有所贡献。北宋文学家苏轼精于煎茶、饮茶，在岭南还曾种茶，写过《漱茶说》《书黄道铺〈品茶要录〉后》等专论。苏轼性格豪放旷达，在茶叶的清香中驰骋诗怀，著有茶诗词数十首，给后世留下"从来佳茗似佳人"的咏茶名篇。宋徽宗赵佶虽然在政治上无所作为，甚至在中国古代的帝王之中还是有名的昏聩之辈，但赵佶醉心艺术，在书画艺术上有很高的造诣。赵佶还嗜茶通茶艺，擅斗茶和分茶之道，提倡百姓普遍饮茶。赵佶著有《大观茶论》一书，从茶树栽培、茶叶采制，直到茶叶的烹试、鉴评都有记述，至今尚有借鉴和研究价值。赵佶阐论茶道，以帝王之尊倡导茶学，对中国茶业和茶文化的发展做出过重要贡献。南宋爱国诗人陆游一生爱茶，曾自言"桑苎家风君勿笑，他年犹得作茶神"，以同族陆羽"茶神"自比。陆游以茶入诗，寄托自己的家国情怀，给后世留下茶诗三百篇。南宋文学家赵希鹄对于茶学颇有研究，其所著《调燮类篇》为我国最早系统记述花茶所用花香和窨花方法的专著，书中提出"木樨、茉莉、玫瑰、蔷薇、兰蕙、橘花、栀子、木香、梅花皆可作茶"。《调燮类篇》还辑录了焙茶、藏茶、品茶、茶水、茶具等资料。赵氏的花茶窨制技术及文字记述，对现代花茶窨制有参考作用，且为中国花茶至迟起源于南宋提供了佐证。此外，宋代与茶有着关系渊源的人还大有人在，如神宗皇帝赵顼，官僚仕宦、学者文人王端礼、叶清臣、孙长卿、文彦博、刘異、黄儒、吕陶、沈括、吕惠卿、苏辙、黄裳、黄庭坚、宋子安、熊蕃、朱松、朱熹父子、杨万里、赵汝砺、高似孙、方岳、刘松年辈，甚至还有道士大冶等人。宋代茶叶生产之发展、斗茶之风盛行，制茶之工益精，贡茶之品繁多，与宋代君臣的爱茶、昌茶关系密切。

宋之后，中国的茶业和茶文化得到继承和发展，又出现了许许多多与茶结缘的历史文化名人。如元代赵孟𫖯，精于绘画、题诗和书法。书有"赵体"之称。其《斗茶图》画，反映元代盛行斗茶的风尚，具有历史价值。元代农学家王祯关注茶叶的生产发展，他所著的《农书》，记载了蒸青茶的加工技术和制茶机械（茶磨）等内容。这是中国古代以水轮为动力揉磨茶叶，兼有捣碎功能的机械制茶的古文献。元代文学家虞集爱茶且精于评鉴茶。他的《游龙井》诗，首次记述了龙井产茶，并对茶的采制、品质特点以及品饮情状均作了描述，是赞誉龙井茶的奠基之作。龙井茶声誉鹊起离不开虞集的首唱之功。

明代对于中国茶业与茶文化做出贡献的当首推明太祖朱元璋。因为朱元璋与黔茶都匀毛尖的渊源极深，我们且放在后文讨论黔茶与历史文化名人的关系时再行讨论。在朱元璋的大力提倡下，明代的茶业与茶文化在前代的基础上，又有了新的发展。其中，朱元璋第十七子宁王朱权，好学博古，著述颇丰，所著《茶谱》，反对茶中掺香料，力主清饮，提倡饮散叶茶，为当时饮茶法之创新主张，一直流传至今。明代文学家、剧作家高濂著《八笺茶谱》论茶品、采茶、藏茶、煎茶四要、试茶三要，还涉及茶效、茶器、论泉水、明朝茶产地等内容。陆树声则是明代有名的品茶家，著《茶寮记》一卷，论述饮茶艺术，提出"煎茶"七类，即人品、品泉、烹点、尝茶、茶候、茶侣、茶勋七条。顾元庆也是明代品茶家，对茶史颇有研究，其编写的《茶谱》论述花茶窨制方法颇有价值。顾元庆提倡饮清茶，促进了饮茶方式的改善。明代学者孙大绶喜茶，留心茶学，不仅刊刻陆羽《茶经》，且编辑《茶经水辨》和《茶经外集》对《茶经》予以补益。明代学者张谦德对茶叶采制、冲泡、茶具、贮藏等有研究，编著《茶经》上、中、下三篇，为后人对明代及明以前茶事研究提供了借鉴。明代学者夏树芳好茶，撰

《茶董》上、下两卷，杂录南北朝至宋、金茶诗和茶故事等。明代文学家陈继儒平生爱茶、崇茶，补录夏树芳《茶董》一书，写成《茶董补》两卷。《茶董补》上卷补录嗜尚、产茶、制造、焙瀹等条文，下卷补录前人诗文三十七篇，谓茶能清头目、助诗文。明代和明末清初与茶结缘的官僚贵族、文人雅士还有王彝、马中锡、唐寅、文徵明、徐祯卿、韩邦奇、孙一元、郎英、李时珍、徐渭、王世贞、王世懋、王稚登、张源、张岱、李渔、冒辟疆、杜濬、顾炎武、朱汝圭等一大批历史文化名人。正是这一大批历史文化名人，丰富和推动了中国茶文化的发展。

清代茶人亦多，包括康熙、乾隆皇帝祖孙以及余怀、张大复、刘献廷、张廷玉、郑燮、曹雪芹、全祖望、袁枚、龚自珍等文化名人。其中好附风雅的乾隆皇帝曾四次御临西湖茶区，加封"御茶"18株，给原本平等的茶的世界加上了高低贵贱不平等的人的政治感情和阶级意志。著名画家、文学家郑燮（板桥）与茶结缘颇深，在他的诗文书画中，茶是其中的重要内容。一代文豪曹雪芹更是写茶典范，他所营造的风韵雅致的诗茶境界给一部《红楼梦》不知增添了几多魅力。清之后的民国至当代也是茶文化名人辈出，在此不作详述。

贵州僻处西南，经济文化在历史上曾经长期处于落后状态。然而岁月有情，由于贵州是茶的原产地和具有悠久历史的产茶区，因此，与贵州的茶结缘的历史文化名人，也大有人在。

贵州茶史的滥觞始于常璩，正是他撰写的《华阳国志》有了贵州茶最早的文献记载。而贵州茶文化的肇始之功则应归于陆羽，在他的《茶经》中对贵州茶的记载，是贵州茶首次出现在中原文化视野里。常璩和陆羽是两位沟通黔茶与我国历史文化名人联系，揭开贵州茶文化第一页的功臣，他们本身就是我国历史文化名人。常璩是我国东晋著名的史学家，是我国历史地理学的开创者。陆羽是我国唐代在文学、史学、方志等方面卓有建树的学者，更是我国茶文化的大家。他们的记述，使贵州茶文化有了悠久深邃的历史厚度。贵州的茶文化正是沿着常璩和陆羽开辟的活水源头，伴着历史的前行逐渐丰富发展起来。

与贵州茶文化结缘的历史文化名人也包括帝王将相、文人雅士之类人士。这些人士既有来自外籍者，也有出生本土者。在此我们以时间为序对这些历史文化名人稍作梳理简介。

1. 周武王

周武王姬发是最早与贵州茶史与茶文化有着直接关系的历史人物。常璩的《华阳国志》中记述了周武王与黔茶之间的渊源关系，这在前文已做了考辨，在此不再重述。周武王是西周王朝的建立者。周原本是商王朝的一个属国。商朝末年，商纣王荒淫残暴，不仅对其直接统治下的人民进行残酷的统治，而且穷兵黩武，不断发动对东南夷的征伐战争，把商朝弄得国困民乏，天怒人怨。周文王姬昌则励精图治，任用姜尚为国相，进行一系列的政治改革，以增强国力。周文王死后，武王即位继承父志，继续任用姜尚为国相，以兄弟周公旦、召公奭为助手，进一步整顿内政，增强军力，国家日益强盛。大约在公元前1027年，即周文王死后的第四年春，周武王乘商军主力征伐东南之机，率兵车300乘，虎贲（勇士）3000人，甲士45000人，联合庸、蜀、羌、髳、微、纑、彭、濮等方国部落，东向讨伐商纣王，经孟津进抵牧野（今河南淇县），在牧野大败商朝军队后，乘胜攻入商朝都城朝歌，商纣王自焚而亡，周武王建立西周王朝，建都镐（今陕西西安）。濮人是贵州仡佬族的祖先，是建立牂牁和夜郎两个古国的主体民族。周武王伐纣时，濮作为一支重要的力量，为西周王朝的建立立下了功勋。这说明周武王在当时的影响已覆盖到了当今贵州这个地方，他被贵州先民所拥护，贵州先民为他建立西周王朝建立过战功。为巩固西周王朝的政权，周武王采取了分封诸侯，设立嫡长制等一系列行之有效的政治制度，表现出卓越的政治与军事才能。周武王是中国历史上为后世所传颂的一代明君。

2. 唐蒙

唐蒙，成都人，西汉官员，是继周武王后进入贵州茶史的历史人物。汉武帝建元六年（前135年），唐蒙奉命出使南越，从南越王那里得知夜郎市场上除了僰僮、筰马、髦牛之外，还有枸酱、茶、蜜、雌黄、丹砂等商品，商业发达，市场繁荣。唐蒙回长安后，又向在长安的蜀商打听，得知牂牁江"广百余步，足以行船"，且知夜郎有精兵十余万。于是，他上书汉武帝，建议借夜郎兵，浮船牂牁江，出其不意，征服南越。汉武帝采纳了唐蒙的建议，封唐蒙为中郎将出使夜郎。他带领一支千人的出使队伍，动用万人运送秣粮、货物和辎重，从巴郡符关南下，进入夜郎，会见夜郎王多同，赠绸缎，"喻一威德，约为置吏，使其子为令"。于元光五年（前130年）设置犍为郡，郡治鳖县（今遵义市），唐蒙任都尉。置犍为郡后，汉武帝又派唐蒙修南夷道，从僰道（今四川宜宾）经永宁、毕节、水城、郎岱直指牂牁江（今北盘江），几经曲折，直到元鼎五年（前112年）才将路修成。元鼎六年（前113年）置牂牁郡，唐蒙二次到夜郎为都尉，期间，曾派人送夜郎侯多同入朝。唐蒙功名终于夜郎，是开发贵州的先驱和功臣，使当时的贵州纳入中央王朝的统治之下，促进了贵州与中原经济文化的交流，推动了贵州的开发和发展。

3. 尹珍

尹珍，字道真，东汉牂牁郡毋敛（今正安）人。《后汉书·南蛮西南夷列传》载："桓帝时，郡人尹珍自以生于荒裔，不知礼义，乃从汝南许慎、应奉受经书图纬，学成，还乡里教授，于是南域始有学焉。珍官至荆州刺史。"《华阳国志·南中志》记载："明、章之世，毋敛人尹珍，字道珍，以生遐裔，未渐庠序，乃远从汝南许叔重授五经，又师事应世叔学图纬，通三才，还以教授，于是南域始有学焉。珍以经术选用，历尚书丞郎，荆州刺史，而世叔为司隶校尉，师生并显。"尹珍是贵州有史以来既有文字记载，又有遗迹可考的学者与教育先驱。历代贵州文人，无不奉其为先师、先贤。尹珍也是传说与贵州茶文化挂上钩的最早的贵州本土的历史文化名人。据传尹珍北上求学时，带上了家乡的"茶"以奉师。他的老师文字学家许慎正是在品尝了清香淡雅的贵州"茶"之后，激发其在《说文解字》中对"茶"的注解，用"槚、茗、蔎"译注"茶"字的色、香、味。尹珍是现在的贵州省正安县人士，其所携之"茶"，据说正是流传至今的正安白茶。尹珍学成后回归故里。手建草堂三楹，开馆教学，其教学遗址在今独山民族中学。民族中学内有一口文庙井，传说此井就是尹珍当年每日煮茶煮饭汲用的水井。人们说，喝此井水，人会变聪明，所以，此井又有个俗名：聪明井。以井水煮茗，实际上成为贵州茶饮茶艺之肇端，其意义重大。正如有的学者所言："如果说西汉唐蒙将军在贵州修夜郎道，在夜郎茶市上发现了茶市，叩开了贵州乃至中国和世界最早的初级茶市，那东汉著名教育家尹珍（贵州正安新州人）则开启了贵州茶饮茶艺之始。"尹珍的这些事迹，尽管目前还没有发现确切可靠的历史文献来佐证，但是作为生于贵州本土的历史文化名人，他极大地推动贵州乃至中国茶文化的发展却是毫无疑义的。

4. 黄庭坚

在宋代众多的茶文化名人里，黄庭坚与贵州的茶文化渊源最深，对贵州茶文化贡献也最大。

黄庭坚，字鲁直，号山谷道人，晚号涪翁，洪州分宁（今江西修水县）人。黄庭坚是北宋大诗人，诗风奇崛瘦硬，力挽轻俗之习，开一代风气，是江西诗派的开山鼻祖。黄庭坚也是大书法家，书法精妙，独树一格，与苏轼、米芾、蔡襄并称"宋四家"。黄氏早年受知于苏轼，与张耒、晁补之、秦观并称"苏门四学士"。其诗与苏轼并称"苏黄"，词与秦观齐名，晚年词风近苏轼，豪放疏宕而深于感慨，有《山谷集》七十卷传世。

黄庭坚也是历史上一位茶文化名人。他除了以其卓尔不群的诗才来表现他的茶艺与茶道之外，还借助自己的文名，将家乡江西修水的"双井茶"力推成为盛极一时的贡茶。黄庭坚与贵州茶文化的渊源之始，是在他贬谪涪州别驾，安置于黔州之时。黔州州治在今重庆彭水县。彭水县是苗族土家族自治县，毗邻贵州道真、务川两仡佬族苗族自治县，同属于贵州大娄山山脉和苗岭南麓。道真、务川二县当时属黔州管辖。明代张谦德在其编著的《茶经》里说过："黔阳之都濡高株"。都濡是今天的务川县，至今它的城关镇仍叫都濡镇，高株是指务川的大茶树。作为迁客骚人，黄庭坚谪居黔州自然难免抑郁落寞的情绪，但若要他改变爱茶嗜茶的习性也是绝不可能的事，否则，他在黔州也不会留下他那些脍炙人口的茶诗了。黄庭坚在黔中的茶诗中，最著名的莫过于《阮郎归》一词。其言："黔中桃李可寻芳，摘茶人自忙。月团犀腌斗圆方，研膏入焙香。青箬裹，绛纱囊，品高闻外江。酒阑传碗舞红裳，都濡春味长。"词中描写的是一幅充满生机勃勃和诗情画意的黔中春茶图，意味深远隽永，令人沉醉。黄庭坚这首《阮郎归》是贵州最早的茶诗，在贵州的茶文化史上具有重要的意义。黄庭坚以此载入贵州茶文化史册。

5. 的娘

贵州古代文化自尹珍之后，出现千年的文化断层。贵州的茶文化虽幸有常璩、陆羽的接续，但将贵州茶文化重新衔接起来的贵州本土的历史人物，则已是在尹珍之后千余年的元代的娘。的娘，大平伐长官司、安抚司酋长。平伐，地名，现名云雾镇，位于今贵定、都匀、平塘等县交界处。元代的"平伐"比现今要大得多，人口有数十万人，主体民族就是三千多年前从古蜀国迁徙至此的海葩苗。自唐宋以来，他们开山种茶，一直过着自治自理、自生自灭的"羁縻"生活，是朝廷的"化外之民"。1206 年，蒙古各部首领公推铁木真为蒙古大汗，尊称成吉思汗。成吉思汗迅速统一了大漠南北，建立了蒙古国家。1271 年，忽必烈取《易经》"大哉乾元"之义，改国号为元，建立元朝。1279 年元灭南宋，统一全国。南宋时期，今贵州为南宋王朝的一部分。因此，蒙古贵族不仅在征战贵州的过程中遭到了贵州人民和土著政权的有力抵抗，即使在统一全国、贵州纳入了元朝版图之后，贵州的"蛮酋"势力还是时常反叛元朝。例如，蒙古贵族在元世祖中统元年、宋理宗景定元年（1260 年）进入今贵州地区后，思州、播州、水西、八番等地各族人民，就先后起义、起兵反抗蒙古贵族的统治。元世祖至元十九年（1282 年），罗氏鬼国亦奚不薛部起兵反元。元成宗大德元年（1297 年）"八百媳妇"叛元。大德二年（1298 年）四月，八番"桑柘蛮"反元起义。大德五年（1301 年）八月，水西蛇节（一作奢节）起兵响应"八百媳妇"的反元斗争等。元朝统一中国后，创建行省制，贵州地区分属于四川、湖广、云南三行省。元朝统一了中国，为加强各民族的融合统一和开发祖国边疆都创造了有利的条件。因此，如上所举贵州土著势力的频繁反抗与叛乱，是不利于贵州各族人民的休养生息和社会发展的。对这一问题，一些少数民族领袖中的有识之士也有深刻的认识，因此，他们决定率众归服元王朝，积极融入中央王朝的国家体制之中。贵定平伐少数民族首领"的娘"就是其中的代表人物。元朝建立半个多世纪后，其势力才抵达到贵州黔南的云雾山下，的娘顺应时势，带领十万户人口和三百六十个土官归顺元朝。元统治者依然沿用唐宋"羁縻"旧制，任命的娘镇守其旧地，并要他率 46 名手下到元都城大都觐见皇帝，贡献"方物"（即地方土特产）以表示臣服。的娘和他的手下进京觐见元朝皇帝，携带的入贡方物中，首选的两样，一样是云雾山出产的"狗仔马"，另一样就是云雾茶，当地也称为"鸟王茶"。这是贵州茶自唐宋以来又一次入朝。《元史》载其事"泰定二年（1325 年）二月丁亥，平伐蛮酋的娘率其户万余来降，贡方物，土官三百六十人皆请朝"。《贵阳府志》也载，"平伐苗酋的娘率其户十万来降"。在此基础上，元朝在金筑（今贵阳市）设立"顺元路军民安抚司"军政合一的管理机构。这种入贡活动具有少数民族地区主动融入国家体制的政治象征意义。因此，的娘和贵定云雾茶不仅在贵州的茶文化史上写下了浓重的一笔，在贵州地方与中原王朝的关系史上也具有重要的意义。

明代的历史名人与贵州茶史和茶文化的关系是从明朝的皇帝开始的。前文已介绍，黔茶都匀毛尖似乎独得有明一代帝王的青睐与喜爱，开国之君太祖朱元璋、宣宗朱瞻基、末代皇帝思宗朱由检莫不如此。崇祯皇帝由于喜爱都匀毛尖，还特意赐名"鱼钩茶"。在此，对这方面的情况再作补充介绍。

6. 朱元璋

朱元璋与贵州茶与茶文化的关系首先应该放在他与贵州的政治关系的历史视野下来进行考察。作为明朝的开国之君，朱元璋虽然出身贫寒，却以其雄才大略在元末农民起义的大潮中迅速崛起，于1368年建立明朝，随后驱逐蒙元在中原的统治，最终统一中国。朱元璋1368—1398年在位。在位期间，采取了一系列政治、经济、军事措施来加强中央集权和发展社会经济，使经历元末战乱的社会秩序逐渐稳定下来。朱元璋年号洪武，在他统治的这一段时间里，史称洪武之治。

朱元璋在立国之初就极为关注贵州，《明实录》记录他所说与贵州事务直接有关联的话题就有60多次。他对贵州少数民族采取团结稳定的政策，"以静治之"。他强调贵州地理形势和区位的重要性，认为贵州是"滇之喉"，对贵州作了许多军事部署和实施政治安抚措施，又在贵州推广儒学，修筑道路，举行大规模屯田等。朱元璋从贵州的客观实际出发，尊重贵州少数民族人民的意愿，审时度势，因势利导，突出重点，稳定地推行他的治黔方略，对贵州社会的发展，在历史上起到了划时代的作用。

朱元璋与明代茶的发展关系非常密切。清代学者梁章钜在其《归田琐记》卷七中专门对今天饮茶方法的起源进行了考述。他最初对明之前的饮茶之法充满了不解与疑问。他认为古人虽然十分讲究品茗，详研制茶、煎茶方法以及茶具制作工艺，并且写成著作以广流传。但是，龙团、凤饼之类，都是碾碎之后才煎煮、饮用的。这样，"非惟烦琐弗便，即茶之真味，恐亦无存"。显然，他更赞成"直取名芽，投以渝水即饮"这种我们今天习以为常的饮用方法。但是，我们今天这种简易便利的饮茶方法究竟又是起源于何时，由何人发明的呢？梁章钜在探索这一问题时发现了明人沈德符的《万历野获编》对此事有详细的记载。书中认为今日饮茶之法实起源于明代,其发明人就是明太祖朱元璋。据《万历野获编》记述:明初各地贡茶,以建宁、阳羡茶为上品,当时沿袭宋代的做法,所有进贡的茶叶都要碾碎之后,揉制成大小不同的团状,即所谓龙团。另外,朱元璋发现贵州都匀进奉的绿茶,可以直接沏泡,非常简易便利,与那种坚如铁石的"团茶"的饮用方法完全不同。朱元璋深感团茶的制作费工费时,并且经水浸榨汁后有损茶叶的营养和香味,远没有都匀毛尖这类"散茶"饮用方便,保存了茶叶的原味与生态品质,于是在明洪武二十四年(1391年)九月,谕令"罢造龙团,惟芽茶以进",即废团茶,改贡叶茶(散茶),停止团饼的制造。这在茶史上,可以说是一次划时代的革命。这些情况在前文已有论述。由此看来,洪武二十四年是中国饮茶史的一个转折点,影响深远,意义重大。而中国茶史和茶文化的这一次划时代的变革,其起源在于贵州的都匀毛尖。同时这也说明,我们今天流行的饮茶方法实际上是贵州先民发明的,朱元璋以开国帝王之尊推行这种饮茶法,其功固不可没,但他却不是这一方法的发明人。这是应该澄清的一个历史事实。而且,对同一历史事件的评论有时会因人而异,对朱元璋改变饮茶之法的强制措施,也有不少茶叶史专家至今仍耿耿于怀。他们认为,中国的制茶技术在宋朝达到顶峰之后由盛转衰,其转折点就是朱元璋在明洪武二十四年九月那道谕令"罢造龙团,惟芽茶以进"的圣旨。

7. 朱瞻基

朱瞻基是明朝第五位皇帝,明仁宗朱高炽长子,幼年时就深受祖父朱棣与父亲的喜爱与赏识。永乐九年(1411年)被祖父立为皇太孙,数度随朱棣征讨蒙古。洪熙元年(1425年)即位,宣德十年(1435年)驾崩,终年38岁,庙号宣宗。明朝自太祖、成祖之后,鲜有有作为的皇帝。朱瞻基则能承继祖业,奋其余烈,励精图治,其在位期间文有"三杨"杨士奇、杨荣、杨溥及蹇义、夏原吉;武有英国公张辅,地方上又有像于谦、周忱这样廉洁有为的巡抚,一时人才济济,这使得当时政治清明,百姓安居乐业,经济得到空前的发展。朱高炽、朱瞻基父子的统治统共虽短短十一年,却被史家称为"功绩堪比文景"的"仁宣之治"。由于明宣宗对少数民族政策较为柔和,民族关系比较融洽,贵州少数民族倾心内服,朝廷有重大庆典时,平伐长官司就会派遣司隶带上茶叶和矮马入京朝贺。

8. 朱由检

朱由检是明朝第十六位皇帝,也是明朝的亡国之君,明光宗朱常洛第五子,天启二年(1622年)被册封为信王,1627—1644年在位,年号崇祯,后世称为崇祯帝。

朱由检继位后大力铲除阉党,勤于政事,生活节俭,内无声色犬马之好,外无神仙土木之营,且勇于自责,曾六下罪己诏,是位年轻而欲有所作为的皇帝。惜其有心为治,勇气有余,却才智不足,无治国良方;又生性多疑,苛察自用,好刚而尚气,无知人之明,用人不彰,苛刻寡恩,枉杀诚智之士,自毁长城,已无法挽回大明王朝覆灭的命运。朱由检在位期间天灾人祸不断,引发以李自成、张献忠等人为首的大规模的农民起义,而关外后金政权也虎视眈眈,明王朝已处于内忧外患的危机境地。1644年,李自成军率领农民军攻破北京时,崇祯于煤山自缢身亡,终年34岁,最终酿成亡国悲剧。

朱由检以勤政著称,20多岁头发已白,眼长鱼尾纹,可以说是宵衣旰食,朝乾夕惕。史志称其"鸡鸣而起,夜分不寐,往往焦劳成疾,宫中从无宴乐之事"。由于较之前的神宗、熹宗,甚至明朝中后期的多数皇帝,朱由检救国求治的责任感与雄心强上许多,加之临难慷慨,合国君死社稷之义,大不同以往许多苟且偷生的亡国之君,故史家对于朱由检普遍抱有同情,以为崇祯帝的一生实是"不是亡国之君的亡国悲剧"。

崇祯皇帝朱由检与贵州茶叶的渊源始于贵州抗清名将邱禾嘉。邱禾嘉,贵州新添卫(今贵定)人,举万历四十一年(1613年)乡试。邱禾嘉优于文学,也好谈兵,擅经济才。天启时,以平定贵州安邦彦反叛有功选祁门教谕,以此为进身之始,后迁官至右金都御使、辽东巡抚,兼辖山海关各处,在对清兵作战中屡立战功,成为抗清名将,被人称道,"一时倚为长城"。据说邱禾嘉带上贵州都匀茶进献给崇祯皇帝时,茶叶还没有名字,崇祯在品尝之后,大为满意,以其生时为枪,熟时似钩,赐名"鱼钩茶"。从此之后,贵州都匀和贵定的茶叶有了"鱼钩茶"这一共同的御赐芳名,增添了贵州茶的贵气。"鱼钩茶"的出现,开启了茶叶整形塑形与美形的先河,使茶的形态美成为人们品茶、赏茶的重要的内容,茶的审美愉悦与审美意趣也进一步丰富了中国茶文化的内涵。沟通贵州茶与崇祯,使贵州茶因得到皇帝的赐名赞誉而誉满天下的大功臣自然非邱禾嘉莫属。邱禾嘉家族在当时实为贵州有名的文化世家。其伯父邱东鲁为新添卫指挥。父亲邱东昌举隆庆元年（1567年）乡试，由四川营山县教谕历官多地郡丞，以清操著称，归林后，杜门著述，绝迹公庭，有著作传世。邱禾嘉兄弟三人，承父教，皆以文章官迹显。长兄禾实自幼好学，万历十九年（1591年），16岁获得乡试第一，万历二十六年（1598年）成进士。禾实文思颖赡，才高学博，历官至翰林院编修、检讨、左庶子。禾实是云贵两省第一个进入翰林院并授职的人，加之曾为万历帝经筵讲解，遂又有第"帝师"之称，为贵州历史文化名人。次兄禾栗，万历四十年（1612年）举人，官至太平知府。禾嘉之侄、禾实之子邱懋朴、邱懋素兄弟也以文章官迹显，并有气节，在明末农民起义中殉难。这样一个出现于有着悠久产茶历史和久负盛名的茶叶产地的文化世家，其与贵州茶文化绝不止邱禾嘉沟通贵州茶与崇祯，使贵州茶因得到皇帝的赐名赞誉而誉满天下这一件事情，应该还有更多的与之有关的茶文化资源有待我们去发掘。

明代帝王与贵州茶有渊源的传说中还有建文帝朱允炆和南明王朝永历帝朱由榔。

9. 朱允炆

朱允炆是明朝第二位皇帝，为懿文太子朱标次子，明太祖朱元璋之孙。1398年6月30日至1402年7月13日在位，年号建文，故后世称建文帝。朱允炆在位期间加强文官在国家政治生活中的作用，宽刑省狱，严惩宦官，改革其祖父朱元璋的一些弊政，使明朝的政治出现新的气象，史称"建文新政"。建文四年（1402年），朱允炆在其叔父朱棣发起的篡夺皇位的"靖难之役"中下落不明，不知所终，史上有"阖宫自焚""遁入道门"种种传说。建文帝神秘失踪成为明初历史一大悬案。有一种传言说这位命途多舛的皇帝在南京城破之时，化装成僧人，从皇宫暗道安全逃出，隐姓埋名躲避朱棣派人对他的追杀，先后到过云南、四川，最后辗转逃到贵州，隐身于贵定阳宝山飞凤寺后险峻的仙人洞。阳宝山与四川峨眉山、云南鸡足山并称中国西南三大佛教圣地。阳宝山在明代香火最盛时有僧徒200余人，山上产茶，味极佳。康熙《贵州通志》载，"（阳宝山）屡著灵异，来朝者众，遂为名山，山产茶，制之如法，可供清缀"。清爱必达《黔南识略》载，"（阳宝山）山顶茶茁云雾中，为贵州冠。今犹以充贡，岁出常不足"。民国《中国古今地名大辞典》载，"阳宝山，在贵州贵定县北十里……树木森密，殿阁崔巍……山上产茶"。建文帝隐居阳宝山，筑寺种茶，品茗养性，虽然消磨了他的帝业雄心，但却给贵州茶文化增添了几许神秘色彩，令人充满想象与向往。

10. 朱由榔

朱由榔是南明皇帝，明神宗朱翊钧之孙，桂端王朱常瀛之子。袭封桂王，崇祯年间受封永明王。清兵入关后，他流徙广西，居于梧州。1646 年 11 月，受丁楚魁、吕大器、陈子壮等人拥为监国，接着于广东肇庆称帝，年号永历，史称永历帝。

朱由榔在走投无路的情况下，倚仗张献忠大西军余部李定国、孙可望等在西南一隅抵抗清朝，因此维持时间较长。之后李定国、孙可望发生矛盾，同室操戈，孙可望降清，朱由榔失去依靠，逃入云南。1661 年，清军攻入云南，朱由榔逃到缅甸曼德勒，被缅王收留。后来吴三桂攻入缅甸，缅王被迫将其献与吴三桂。1662 年 6 月朱由榔在昆明被吴三桂绞死。

朱由榔与贵州的关系，一是他的流亡政府在贵州安龙驻留了六年，安龙成为永历小朝廷的"国都"；二是他死后葬于贵州都匀大坪镇高塘山。贵州名宦任可澄、陈炬、窦全曾都曾作碑记以记其事。据传，朱由榔在安龙时，将安龙香茗列为宫中饮品，伴随他度过了凄风苦雨、危机四伏的六年。朱由榔在安龙的经历和他的悲剧命运，使安龙"御茗"也蒙上了几分悲情。

11. 奢香

除了明代皇帝与贵州茶文化有着极密切的联系外，贵州少数民族首领也有不少人对贵州茶文化做出了贡献。其中最有名的当数贵州宣慰使、水西土司彝族首领霭翠妻奢香。

奢香，彝名舍兹，四川永宁（今古蔺）人，永宁宣抚司、彝族恒部扯勒君亨奢氏之女，明代彝族女政治家。奢香自幼聪慧能干，好学深思，明太祖洪武八年（1375 年）与贵州宣慰使、水西彝族默部首领陇赞·霭翠结婚。婚后常辅佐丈夫处理政事，成为霭翠的贤内助。洪武十四年（1381 年），霭翠病逝，奢香代幼子承袭了贵州宣慰使职。奢香摄政后，恰值明太祖朱元璋派大将傅友德、兰玉、沐英率大军平定元朝在云南的残余势力。云南平定后，乌撒、乌蒙等地土酋又叛。由于水西安氏与乌撒、乌蒙世为婚姻，水西所统四十八目"有欲挟之为乱者"，以便配合乌蒙等地土酋的叛乱。而贵州都指挥马晔，出于民族的偏见，视奢香为"鬼方蛮女"，对她摄贵州宣慰使职忌恨不满，欲灭水西安氏代以流官，借机将奢香抓到贵阳，"以事挞香，激为兵端"。在这种情况下，水西安氏各土目愤激"欲反"。奢香深明大义，忍辱含羞，以边疆稳定，民族团结的大局为重，审时度势，当众揭露了马晔逼反的用心，劝谕属下不要造反，从而避免了一场殃及贵州各族人民的战祸，稳定了贵州局势。同年，奢香经贵州宣慰副使宋钦之妻刘淑贞的引荐，走诉京师，向朱元璋面陈马晔逼反的真相。朱元璋将马晔召回京都治罪。奢香回到贵州，属下无不感服朝廷的威德。之后，奢香主持开辟了贵州与云南、四川联系的道路，沟通内地与西南边陲的交通。奢香还在贵州宣慰使司地置儒学，设教授，学习和引进汉族文化，加强和促进彝汉文化交流，并带头遣子弟到京师入太学。在奢香的带动和影响下，乌撒、乌蒙、芒布、永宁地区各土司先后送子弟进京入学。奢香的这一系列措施，改善了水西和西南地区的交通条件，促进了水西地区的经济发展、文化交流和各民族的团结，在国家加强西南地区统治的形势下，为贵州建省创造了必要条件，客观上维护和促进了祖国统一。朱元璋对奢香维护国家统一，民族团结所做的贡献给予了充分肯定，除给以各种赏赐外，又晋封奢香为"顺德夫人"，给以很高的荣誉。明洪武二十九年（1396年），奢香病逝，年35岁。朱元璋特遣专使吊祭，同时敕建陵园、祠堂于洗马塘畔。

奢香与贵州茶文化的关系，正是在她与明王朝的朝贡活动的政治互动中产生的。在《明实录·太祖洪武实录》中多次记载霭翠和奢香入朝贡马、贡方物。如洪武十七年二月乙亥（1384年2月28日）载："贵州宣慰使霭翠妻奢香率所部土酋来朝，贡方物。诏赐文锦、绮、帛及珠翠、如意冠、金环、文绮袭衣。"万历《贵州通志》载，"贵州宣慰司方产：硃砂、水银、铅、毡、马、茶、铁、菖蒲、兰、香稻、匾桃等"。在霭翠和奢香历次进贡朝廷的方物中，自然少不了其辖地所产的茶叶。如金沙县清池镇，据传在西汉时期，唐蒙就曾采购当地的"夜郎茶"进献给汉武帝的。清池镇在明代属于四川永宁彝族土司奢氏领地，清池茶正是扯勒部奢家特产。明洪武十六年（1383年），奢香夫人向朝廷进贡"三青廪积物"，朱元璋品之，龙颜大悦，称为"清水塘灵茶"。后人有诗盛赞其事："黔北川南雷吼塘，浴池天将沐奢香。明皇惊叹灵茶秀，尤物原来出鬼方。"

霭翠和奢香的孤子安的对贵州的茶文化也做出了自己的贡献。安的曾经受奢香夫人派遣到京师入国子监学习,朱元璋特赐安姓,这是水西土司改汉姓之始。安的对贵州茶文化的贡献可从他现存的一首题名为《太学归来记两邑》可见一斑。诗中写道:"地分两邑邑毗邻,源同一水水复清。草海名羊披星走,湄山香茶戴月行。放马共叨乌江绿,环谷笙悠和银铃。喧歌兴舞将进酒,乌蒙娄山联脉亲。"诗中述说了贵州各民族共生共存于同一方水土,彼此之间和谐相处,亲密无间的民族感情,而香茶美酒正是融洽民族感情的催化物。

12. 张翀

明代嘉靖年间,张翀因为一场政治厄运而谪戍贵州都匀,从而与贵州茶有了一段特别的渊源。张翀,字子仪,号鹤楼,是王阳明弟子徐阶的学生。张翀与戴钦、佘勉学、佘立、徐养正、孙克恕、龙文光和周琦七人并称"柳州八贤"。张翀为人正直,不惧权贵。嘉靖三十七年(1558年),时任刑部主事的张翀与董传策、吴时来等人同日弹劾权臣严嵩,遭到严嵩残酷的打击报复。张翀等人被捕入狱,遭受严刑拷打,在被杖辱之后,严嵩又以结党营私的罪名将张翀发配都匀交地方官监管。严嵩、严世藩父子一党倒台后,张翀得以平反,后官至刑部左侍郎。他与严嵩斗争的事迹被写进传奇戏曲《鸣凤记》中。张翀既有文名,也是明代有名的画家,有《鹤楼集》《浑然子》等著作传世。

张翀谪戍都匀,对其本人而言是人生的灾难与不幸,而对于荒蛮僻壤,文化落后的都匀而言,却是一件大幸事。都匀人像修文人对待他的祖师爷王阳明一样,不仅没有将他当成朝廷的钦犯看待,还将他视为文化传播的使者,像欢迎贵宾一样迎接他的到来,为他建起了一座书院,并且以其字号命名为"鹤楼书院"。"鹤楼书院"是都匀首家书院。张翀在鹤楼书院专心从教,传播儒学和阳明心学。张翀还修建道院于都匀城西莽山上,易其名为龙山;又建问月楼等。张翀在都匀城内红叶山左之后壁摩崖手书"仁智之情,动静之理。栖此盘谷,饮此泉水。大明嘉靖四十年鹤楼张翀书"二十八字,为书法珍品和珍贵的文化遗存。张翀在都匀留下了《都匀读书堂记》《都匀龙山道院记》《问月赋》等诗文佳作。张翀在都匀谪居九年之久,为都匀和贵州文化教育的发展做出了卓著的贡献。他和王阳明、邹元标被人誉称"南下三迁子",在贵州文化史和教育史上具有重要的地位。

都匀是久负盛名的茶乡,张翀谪戍于此,自然会与之结下深厚的茶缘。作为文人雅士,在访茶问茶、品茶论茶的过程中,他当然也会留下一些关于茶的文字。其中他写的一副茶联"云镇山头,远看青云密布;茶香蝶舞,似如翠竹苍松"就很有名。这副茶联被载入中国书法史和中国茶史大全,从而丰富了贵州的茶文化。

13. 郭子章

茶史是中国整体文明史的重要组成部分。茶文化的发展传承一方面必须依托历史文献的记载和口传历史的根基,另一方面茶史本身也是茶文化主题和内涵。因此,史志的撰著者和历史文献的保存与传承者对于茶文化的继承发展自然功不可没。这一方面,在明代贵州的茶文化史上,郭子章是非常具有代表性的人物。

郭子章,字相奎,号青螺,又自号蠙衣生,江西泰和人。明穆宗隆庆五年(1571年)进士。历官闽、苏、直隶、粤、蜀、浙、晋、湖广等地参政、知府、按察使、布政使等职。明神宗万历二十七年(1599年)以右副都御史巡抚贵州、兼制蜀楚军事。播州杨应龙叛乱,郭子章与湖广川贵总督李化龙、巡按贵州监察御史宋兴祖等合力剿平之,统治播州八百余年、世袭了二十九世的杨氏土司政权至此终结,人有以此事称其与宋兴祖对贵州有"再造我黔"之功。郭子章还多次平定贵州苗、瑶起义,以功晋兵部尚书、右都御史,加太子少保衔。万历三十七年(1609年)郭子章在多次疏请终养之后,朝廷许其告老还乡,后卒于家,享年76岁。

郭子章关心民瘼,习知民隐,注重贵州经济文化的发展,尤喜奖拔士类,结交文士,经其品题者,卒成佳士名宿。莅黔近十年,"凡所设施,永垂利泽",政绩卓然,深得民心,清代贵州巡抚田雯曾誉称"黔之名宦,明青螺为之冠"。黔人士在其离任后,建生祠七所,水西安氏更建怀德祠于大方,以郭子章与诸葛武侯、关壮缪并祀,用以表达他们的感戴与纪念。

郭子章一生虽久在官场,但读书不辍,著述宏富,仅《四库总目》就收录了二十余种。他特别留心地方史地文献,以个人之力成就《黔记》六十卷,凡地方"千百年之事,莫不纲举目张",成为后世模范的志书范型。他还著有《黔草》《西南三征记》《黔中止榷记》《黔小志》《抚黔公移》等著作,贵州的历史故事赖之以存。

郭子章巡抚贵州,其著述记载其亲身所事所历,为后世留下了可作信史的文献资料。贵州茶叶在其时代作为贡茶和入贡的一些情况即赖于此。《黔记》卷十九《贡赋志》载万历三十年（1602年）事，"贵阳军民府定番州辖各长官司并金筑司三年一贡朝觐，马共一十二匹，三年一贡；茶芽五十三斤一十一两六钱五厘"；又载万历三十二年（1604年）事，"万历三十二年，行布政司查过贵州贡（赋）额：三年一贡。共茶芽二十九斤；黄蜡七十五斤十二两；骟马一百匹，内八十八匹，每匹折价银十两"。这些都是黔茶的历史记载，可谓弥足珍贵。清代谢圣纶编纂《滇黔志略》言郭子章"抚黔最久，其有功于黔亦最大"，这其中也包括他对贵州茶史和茶文化的贡献。

此外，明代扬州人黄一正对于贵州的茶文化也做出重要的贡献。他在万历年间编著的《事物绀珠》，保存了明代大量的社会生活史料，其中记录了当时的名茶97种，黔南的新添（贵定）茶和平越（福泉）茶都名列其中，使贵州茶声名远播，为世人所重。

清代与贵州茶文化结缘的文化名人依然以帝王将相、封疆大吏和文人雅士为主体。例如，清代贵州学者、著名诗人周起渭（字渔璜，别号桐埜）曾将家乡的赵司茶献给嗜茶的康熙皇帝，康熙皇帝品尝后，赞誉说："品尝周公赵司茶，皇宫内外十里香。"赵司茶因此名重一时。开阳籍杨威将军梅仕奇将家乡的南贡茶带到京城，使"一日不可无茶"的乾隆皇帝品尝后，也连赞"好茶！好茶！"并说"南方名茶甲天下，此茶又甲南方茶"。南贡茶因此得到朝野上下的青睐而盛极一时。金沙县的郐左立则通过其做宰相的五服内姑表亲周璜将家乡金沙的清池茶献给了嘉庆皇帝。嘉庆皇帝恩准了清池茶成为贡茶，每年上贡。郐左立也因此被委任为贵州镇远府儒学教授。此外，据说大学问家、《四库全书》的总纂纪昀（晓岚）也与贵州茶有一段故事，还有湘军名将、中法战争中镇南关大捷的功臣苏元春与岑巩的思州茶有一段特殊的渊源。一代名臣丁宝桢也使他家乡织金的平桥茶声名远播。这些故事固然给贵州的茶文化增添了一定的传奇色彩，但因为缺少可靠而有力的史料来加以证明，未必足信。而有史实或其他文献资料可以确证与贵州茶史和茶文化有关的清代名人也有乾隆皇帝爱新觉罗·弘历、慈禧太后那拉氏、光绪皇帝爱新觉罗·载湉、贵州巡抚林绍年、讽刺小说家吴敬梓、《四库全书》的编纂者之一陈尧华、"西南巨儒"莫友芝等数位。

14. 乾隆皇帝

乾隆皇帝即爱新觉罗·弘历，清朝第六位皇帝，满清入关之后的第四位皇帝，年号"乾隆"，字寓"天道昌隆"。弘历二十五岁登基，在位六十年，禅位后又任三年零四月太上皇，实际行使国家最高权力长达六十三年零四月，是中国历史上执掌国家权力时间最长的皇帝，也是中国历史上最长寿的皇帝。弘历在位期间达到了"康乾盛世"的最高峰。他在祖父康熙、父亲雍正两朝文治武功的基础上，进一步完成了多民族国家的统一，社会经济文化也得到进一步发展。弘历武功繁盛，不仅多次平定边疆地区叛乱，维护和巩固了统一的多民族国家，而且加强和完善对西藏的统治，又开疆拓土，将新疆正式纳入中国版图。乾隆总结自己一生有"十全武功"，自诩"十全老人"。武功之外，乾隆文治成就也卓然可观。他开博学鸿词科，征招硕学鸿儒，访求书籍，编纂《明史》《续文献通考》《皇朝文献通考》，开四库全书馆，编纂《四库全书》。此外，乾嘉学派的兴盛，民间艺术的发展，京剧的形成等，每一样都可载诸史册。但是，弘历昧于世界大势，以天朝上国自居，闭关锁国，故步自封，错过与西方共同进入近代社会的最佳时机，使中国自他开始逐渐落后于西方列强。他还大兴文字狱，禁锢文化；后期任用和珅二十年，大长贪污之风，吏治腐败；追求宫室之美，奢靡浪费，六下江南花费巨大，劳民伤财。这一切埋下了清王朝从"康乾盛世"迅速转向"道咸衰世"的一蹶不振和最终走向灭亡的种子。

乾隆皇帝对贵州采取比较宽松的政策，让人民能够休养生息。对官吏则要求极严，对于贪官污吏惩治严厉，不暇姑息。如乾隆三十四年至三十五年（1769—1770年）间，查处了威宁铜厂经济贪污案，牵扯出贵州前任与当任二巡抚、当任按察使、前任布政使，以及威宁知州等一干人，最后将当任巡抚良卿、按察使高积在贵阳处斩，将前任巡抚方世俊"应绞监侯"，将前任布政使张逢尧革职发王军台效力赎罪。在乾隆统治期间，贵州民族地区的统治相对比较稳定。

乾隆皇帝与贵州茶文化的密切关系最重要的物证就是至今保存的中国唯一的"万古流芳"贡茶碑。唐之后，茶叶渐成国饮，随着茶叶种植面积的扩大和茶叶产量的增长，茶叶成为大宗交易商品，市场竞争激烈。为了打造品牌，促进销售，多获利润，全国声称本地为贡茶产地的计有2000多个县和地区，但是迄今国内发现并保存完好的贡茶碑仅有贵定县云雾镇的鸟王村保留的乾隆五十五年（1790年）的贡茶碑。据说，这块贡茶碑与乾隆时期的著名学者、《四库全书》总纂纪晓岚有极大的关系。正是由于纪晓岚将贵定云雾镇的鸟王茶推荐给乾隆皇帝，乾隆皇帝将其钦定为贡茶之后，随着名声日隆，贵州各级官吏纷纷将鸟王十八寨当成了自己予取予夺的茶园，借征收贡茶之名层层加码，从中盘剥渔利。乾隆五十五年，官府的盘剥激起了当地苗民的反抗，他们使用聪明而又无奈的方法，用开水浇死茶树，然后以茶树枯死为由，向官府要求减免贡茶数量。朝廷闻讯，立即派员下来调查，发现茶树枯死背后的真相，立即惩处了营私舞弊、贪赃枉法的官吏，调拨白银四百二十两鼓励和扶持苗民的茶叶生产，并刻碑明定每年的贡茶数量，明令各级官吏不得擅自增减，这就是贡茶碑的由来。

"万古流芳"碑申令："嗣后该处年年□给贡茶定数，茶触及其余所派之茶，准行停止，以免采办之累。如有差人等以办茶为名，下乡滋扰者，许尔等指名禀究。须至照者。据呈缴茶拨银四百二十两收移发交殷实之户生息，年年购办该处贡茶。"其立碑旨意在于保护贡茶、发展贡茶生产，与乾隆在贵州的宽民严吏政策相一致。贡茶碑的保存，在中国茶史和茶文化史上意义非凡，也使得乾隆皇帝对于贵州的茶文化发生的影响巨大而深远。

慈禧、光绪、林绍年。与贵州和贵州茶文化的关系都是由同一条清宫密档连接在一起的。前有所述，今中国第一历史档案馆保存的《清宫密档》记载了贵州巡抚林绍年曾贡贵定雪芽茶，"贵定县芽茶，贡皇上一匣，贡老佛爷一匣。光绪三十年正月初一日（1904 年 2 月 16 日），贵定芽茶一匣老佛爷留用，贵定芽茶一匣皇上留用。光绪三十年奴才贵州巡抚林绍年叩首"。同是《清宫密档》光绪年间的《各省进贡茶叶账》也载此事，"十二月初二日贵州巡抚林绍年贵定芽茶一匣，老佛爷留用，贵定茶芽一匣，皇上敬用，大清光绪三十年正月初二日立"。这些记述是贵定进贡芽茶的实证，也是慈禧、光绪、林绍年与贵州和贵州茶文化有着直接关系的实证。而且，慈禧是晚清数十年清王朝政权的实际掌控者，光绪则是清王朝倒数第二个皇帝。1908 年 11 月间慈禧与光绪相隔一天死去，年仅三岁的爱新觉罗·溥仪继位，是为清朝的末代皇帝宣统帝。三年之后，辛亥革命的浪潮摧毁了清王朝的统治，也结束了中国延续了两千多年的封建帝制。在幼儿皇帝宣统统治的三年中，中国的政局更是风雨飘摇，动荡不安，清廷的权威及其对国家的控制力已严重削弱，延续千余年的土贡制度也走向冰消瓦解，在宣统时代贵州几乎看不到贡茶的记述。因此，慈禧、光绪、林绍年就是贵州乃至全国封建时代最后与茶文化挂钩的人了，是中国茶文化转型的重要人物，值得我们关注与探讨。在此，对三人也稍作简介。

15. 慈禧

慈禧即叶赫那拉氏，咸丰帝的妃嫔，同治帝的生母。1852年入宫，赐号兰贵人（《清史稿》称其懿贵人），次年晋封懿嫔。1856年生咸丰唯一皇子爱新觉罗·载淳（同治帝），晋封懿妃，次年晋封懿贵妃。1861年咸丰帝驾崩后，年幼的载淳继位，慈禧与慈安皇后两宫并尊，称圣母皇太后，上徽号慈禧。后与慈安太后联合恭亲王奕䜣等人发动辛酉政变，清除肃顺、端华、载垣等八位顾命大臣，夺取政权，形成"二宫垂帘，亲王议政"的格局。1873年同治皇帝亲政，两宫太后卷帘归政。1875年同治帝崩逝，二宫择其侄子爱新觉罗·载湉继咸丰大统，年号光绪，两宫再度垂帘听政。1881年慈安太后去世，慈禧独尊。1884年慈禧发动"甲申易枢"罢免恭亲王奕䜣，开始独掌大权。1889年归政于光绪，退隐颐和园。1898年戊戌变法中，帝党密谋围园杀慈禧，慈禧发动戊戌政变，囚光绪帝，杀谭嗣同等戊戌六君子，再度训政。1900年庚子国变后，实行清末新政，对兵、商、学、官法进行改革。1908年11月14日，光绪帝驾崩，慈禧立三岁的溥仪为新帝，即日尊为太皇太后，次日去世，结束了其长达近半个世纪的统治。

慈禧是中国历史上少数长期当政的女性，政治手腕堪称干练，尤其擅长操弄亲贵朝臣之间的权力平衡，以维系自身的绝对权威。她夺取政权、谋求权力的手段非常残忍，为建立和维系其独裁权力，对于政敌的整肃杀伐绝少留情，即使对亲生儿子同治皇帝，以及继位的光绪皇帝的操控及管制，亦相当高压严峻。然而，慈禧在体现她的政治干练的同时，却缺少真正大政治家的才能与气度，对内残酷镇压人民的反抗，对外则妥协退让，丧权辱国，多次恶化了近代中国的前途，如1885年《中法新约》、1895年《马关条约》与1901年《辛丑和约》的缔结，令中国丧失重大利权，使中华民族陷入半封建半殖民地的深渊。在经历多次创痛巨深的国难与国耻之后，慈禧并不痛定思痛，以国家前途与命运为重，变法图强，而是依然耽于逸乐，贪图享受，过着奢靡的生活。茶叶也由此成为其一生奢靡的生活重要物品。

日本荣西禅师在他的《吃茶养生记》中认为："茶也，养生之仙药也，延龄之妙术也。山谷生之，其地神灵，人伦采之，其人长命。"慈禧太后也深谙喝茶可以养生之道，对于喝茶有着特别的讲究，所用的茶具都是金碗盖、金托盘和白玉杯，以及精美瓷器。

慈禧喝茶，讲究一年四时喝不同的茶，夏喝龙井，冬喝红茶，冬春之交喝普洱茶、观音茶，平日则多喝花茶。慈禧是满族人，喝奶茶更是长年不断。慈禧的喝茶之道，注重的是养生。茶既有营养价值，又有药用价值，因此成为慈禧养生养颜和美容之宝。而其对茶的品质的要求以及喝茶的讲究与烦琐也非寻常百姓所能及。

茶不仅是慈禧生活必需品，更是她的养生美容之宝。因此，作为实际掌控晚清王朝最高权力，又为一己私欲而从不悯恤天下百姓的她，自然会极其所欲征集天下极品茶叶供自己享用，而清政府的各级官吏或投其所好，或慑于其淫威，自然也会极尽搜刮之能事，将天下的好茶想方设法送入大内禁宫之中，品高质优的贵州茶自然在其列。

16. 光绪皇帝

光绪皇帝即爱新觉罗·载湉，清德宗，清朝第十一位皇帝，其父奕譞是道光皇帝的第七子，其母是慈禧的胞妹。这种特殊的家庭环境，使他在年青的同治皇帝病故之后又无子嗣的情况下被指定为皇帝。光绪四岁登基，在位34年，起初由慈安、慈禧两宫太后垂帘听政。光绪七年，慈安太后崩逝后由慈禧太后一宫独裁，直至光绪帝十八岁亲政。此后虽名义上归政于光绪帝，实际上大权仍掌握在慈禧太后手中。光绪帝虽然经历了洋务运动、中法战争、中日甲午战争、戊戌变法、义和团运动、清末新政和预备立宪等晚清重大的政治事件，但前期年纪尚小，由两宫太后垂帘听政，后期因戊戌变法失败而被慈禧软禁瀛台，等同废黜。因此，他实际参与并主持的只是一次失败的战争和一个失败的运动，前者即中日甲午战争，后者即戊戌变法。光绪帝一生受到慈禧太后的挟制，始终笼罩在慈禧太后的权力和淫威之中，未曾掌握实权。因此，尽管他试图通过变法图强来挽救国家民族的危亡，但最终无能为力，赍志而殁。光绪帝屈辱和哀怨的悲剧命运，令人扼腕同情。这样一位遭受无穷困辱的皇帝，不知是否还有心思来品尝经过千山万水才从贵州的大山深处送到他深宫大内中的贵州茶？这样一位食不甘味的皇帝与他那位享尽天下美味珍馐、灵芝仙草的圣母皇太后慈禧怕是恰好相反，吃什么都会是苦的。光绪帝是继明代末代皇帝崇祯之后，与贵州茶有着渊源的另一位一生抑郁落寞，充满忧患的苦命皇帝。

17. 林绍年

林绍年，字赞虞，号建斋，福建闽县人。同治六年（1867年）举人，同治十三年（1874年）进士，授翰林院编修。光绪六年（1880年）充会试同考官，八年（1882年）充顺天乡试同考官。光绪十四年（1888年）任御史。二十六年（1900年）擢云南巡抚，兼署云贵总督。三十年十一月至三十一年九月（1904—1905年）任贵州巡抚。之后又历任广西巡抚、侍郎充军机大臣兼署邮传部尚书、度支部侍郎、河南巡抚等。宣统元年（1909年）迁民政部右侍郎，二年（1910年）充经筵讲官，署学部侍郎，旋改弼德院顾问大臣，之后告病回乡，1916年卒于福州故里。

林绍年为官耿直敢言，颇具风骨，尤以极谏慈禧勿动用海军经费和停止地方督抚"进献"修颐和园一事而名重士林。其言："生民疲敝，当以俭化天下，使督抚爱养百姓。若诛求进献，未足以言忠。请即下诏停输，还所进奉。"得旨严饬也毫不顾惜畏惧。林绍年勤政爱民，清廉有为，在地方任上，无论职务高低、任职时间长短均关心民瘼，体察民隐，多施惠政，政绩斐然。林绍年思想开放，曾上书朝廷，呼吁实行立宪改革，其真知灼见和呼吁改革的勇气尤为难得。

林绍年在贵州主黔政仅一年零两个月即移抚广西，却颇有作为。他提出了一整套振兴贵州的"治黔方略"，认为治本之要是重视教育，发展经济，开辟财源。其大略在选派留学生、办蚕桑学堂；平定印江县团首吕嘉礼、杨鑫协众作乱案；与安顺知府瞿鸿锡创设丰泰矿务公司，开发铅、铁各矿；裁减绿营兵员，创办将弁速成学堂；设高等学堂预科、师范练习所；妥善处理教案等，政绩斐然，深得民望。林绍年逝世后，贵州士民不忘其治黔遗爱，联名写了"遗爱在西南，富水贵山思节钺；大猷垂竹帛，房谋杜断惜丝纶"的挽联，以表"富水贵山"思念之至情。贵州士绅徐承锦等并报国民政府内务部请将林绍年宣付史馆立传并合祀张亮基祠，得准。

林绍年向光绪皇帝和慈禧太后进贡云雾茶应是例行之事，但贵州茶却因此一代名臣而最后留在末代封建王朝的大内深宫的秘档上而留名后世，传之久远，名茶与名人的品格精神可谓相得益彰。

茶既为国饮，饮茶品茗的风雅之事也自然成为各类文学作品描写的题中应有之事。古典文学名著《红楼梦》描写的茶话故事就极具代表性。《红楼梦》第四十一回,写贾母陪刘姥姥逛大观园时走到妙玉住地栊翠庵,妙玉忙着给贾母等人献上产于湖南洞庭湖君山的老君眉,却被贾母当成产于安徽六安县的六安茶,妙玉只好笑着做了解释。第六十三回,写宝玉生日那天,贾府大宴宾客,宝玉又陪客人吃了好几次"寿面",林之孝家的便向袭人提议沏产于云南普洱地区的普洱茶给宝玉消食。听到林之孝家的叫沏普洱茶吃,袭人、晴雯言宝玉已吃过两碗产于山东泰安附近的女儿茶了。第二十二回,写贾母命人给猜灯谜和作诗的众小姐准备"香茶",即用香花窨制过的花茶。第七十二回,写王熙凤生病,鸳鸯顺道来看望她,贾琏命小丫头给鸳鸯沏新茶。第八十二回,写黛玉叫紫鹃给来看望自己的宝玉沏产于杭州的龙井茶。第八回,提到宝玉和他的奶娘都喜欢饮枫露茶。第七十八回写晴雯死后,宝玉设祭,特地献上了一碗枫露之茗。此外,第二十四回、二十五回,还两次提到产于泰国的"暹罗茶"。这些茶事活动使大观园里弥漫着茶的芬芳,给《红楼梦》增添了不少的生活气息和艺术魅力。

在全国众多的名茶之中,黔茶也有幸成为中国古典文学名著关注的对象。这就是清代著名文学家吴敬梓在其所著《儒林外史》中提及的贵州镇远"天印绿茶"。《儒林外史》中描述,镇远汤总兵为儿子赴京考试,在镇远备了"六篓贡茶"到南京送官。《儒林外史》是我国古代讽刺小说的典范,在中国文学史上具有重要的地位和影响。以镇远贡茶为载体来讽刺封建社会官场的丑陋和吏治的腐败,是贵州茶少有的殊荣。在《儒林外史》第四十三回"野羊塘将军大战,歌舞地酋长劫营"中,吴敬梓还浓墨重彩地描绘过镇远山川地貌,风土人情以及这块神秘诱人的"歌舞地"。从这些情况看来,吴敬梓这位生于安徽全椒的人对于贵州,尤其是镇远的情况是相当熟悉的。他将贵州茶写入他的名著中,无疑极大地提高了贵州茶叶的知名度,实有造于贵州茶文化的发展。

本土的历史文化名人对于清代贵州以及贵州茶文化的发展最具影响力的当数《四库全书》的编纂者之一陈尧华和"西南巨儒"莫友芝。

18. 陈尧华

陈尧华事迹,民国《贵州通志》记其简历:"陈尧华,字云松,都匀人,清乾隆进士,官翰林院检讨。学问淹贯,会开四库全书馆,命与修订,抉奥提纲,时称巨手。致仕归,主讲贵山书院,成就最多,著有《云松集》。"陈尧华的这段仅六十余字的简历,却记载了其一生乃至贵州文化史上的辉煌。其大略有四点:第一,清朝的乾隆皇帝自称自己有"十全武功",武功之外,也大张其文治和文饰,钦命编纂《四库全书》即其荦荦大端。《四库全书》是中国文献的鸿篇巨制和旷世大典,编纂《四库全书》则是中国文化史上空前浩大的文化系统工程。乾隆三十八年(1773年),乾隆皇帝钦命著名学者纪昀(晓岚)、陆锡熊、孙士毅为总纂官,在全国挑选出三百六十位顶级学者和四千余位书法高手组成一个庞大的编纂班子。陈尧华钦命成为四库馆臣。《四库全书》从乾隆三十八年(1773年)二月正式开始编修,中经乾隆四十六年(1781年)十二月第一部《四库全书》完工编纂初成,至乾隆五十八年(1793年)全部完成,前后历时二十余年。全书以经、史、子、集四部分类,共三万六千三百六十三册,七万九千余卷,八亿余字,内容涵盖了18世纪中期前中国文化的基本典籍。《四库全书》被学界誉为东方文化的金字塔,是中国乃至世界历史上规模最为浩大的图书集成,不仅是中国文化的瑰宝,也是世界文化史上的奇观。尽管在《四库全书》的编纂过程中,有数目惊人的文献和书籍因为不利于清王朝的统治而遭到焚毁、删削、篡改,但它的完成仍称得上是一项不朽的文化盛事,将永远嘉惠学林,泽被后世。四库全书馆亦堪称人才的宝库,其成员大多是来自文化发达地区的江浙、两湖、岭南地区的宿学硕儒,文化相对落后的西南地区参与者则较少,就贵州而言,迄今所知,仅陈尧华一人而已。陈尧华能入选四库馆臣已属不易,而在编纂《四库全书》的过程中,还有"抉奥提纲,时称巨手"这样不凡的表现,对四库的成书可谓贡献巨大,厥功至伟。《四库全书》从刊行以来,长期成为"家传户诵"的必备书籍,是对中国文化事业产生永久性影响的文化巨典,陈尧华参与其事,贡献尤多,这不仅是陈尧华个人的辉煌和光荣,也是作为生养这一位文化巨子的贵州都匀对于国家文化事业的重大贡献。过去,我们对这种意义认识不足、宣传不够。第二,陈尧华生长于山水秀美,民风淳朴的黔山贵水,自小受家乡水土的养育和民风的熏陶,自然对家乡有着一份深厚的赤子之情。家乡都匀出产好茶,久负盛名,明代张翀谪戍于此,对都匀的教育和都匀的茶文化都曾做出过重要贡献,都匀的士民对他充满崇敬。这一切无疑深深地影响了陈尧华幼小的心灵。陈尧华长大后博览群书,饱读诗书,熟悉《茶经》等历代茶著以及《五灯会元》这些与茶文化关系密切的著作。他了解中国的茶文化,更深知家乡都匀茶叶的历史，因此，在编纂《四库全书总目提要》——《钦定四库全书·茶经卷》时，能够将自己熟知的"茶经""茶典"及家乡的"都匀贡茶"编纂入书。都匀贡茶进入《四库全书》是都匀茶叶的一件盛事，对于都匀茶史、茶文化乃至茶业的发展无疑都具有重要的意义。第三，贵山书院是贵州省城历史悠久，名望素著的书院。这座书院是在明代阳明书院的基础上扩建而成的。明嘉靖十三年（1534年），王杏出任巡按贵州监察御使，兼摄提学副使之职。他到职后，了解到省城原有书院的规模已远远不能满足众学子求学的要求，同时他也看到贵州士民对王阳明的尊敬，加之阳明弟子陈文学、汤㝢、叶梧等人联名呈请建立新书院。在这种情况下，他禀明巡抚、布政使，积极筹措资金，在贵州城东选址修建新书院，于明嘉靖十四年（1535年）落成，取名"阳明书院"，并撰《新建阳明书院记》。此后，阳明书院几经改建、迁址、重修，历时两百余年，在清朝雍正年间更名贵山书院，成为黔中书院之冠，培养了数以千计的人才。陈尧年"致仕归，主讲贵山书院，成就最多"。他在主讲书院期间，以其渊博的学问，深远的义理，加之教学得法，对肄业诸生循循善诱，培养造就了许多优秀人才，为贵州的教育事业做出了巨大贡献。第四，陈尧年著有《云松集》，流传后世，嘉惠士林，也是对贵州文化的贡献。

19. 莫友芝

莫友芝，字子偲，自号邵亭，又号紫泉、眲叟，贵州独山人。晚清金石学家、目录版本学家、书法家，宋诗派重要成员。友芝少承先训，会通汉宋，娴文字训诂之学。学问修养与遵义郑珍并称"西南巨儒"，二人合作共撰《遵义府志》，梁启超誉之为"天下第一府志"。

莫友芝出生在一个书香之家，其家族可谓满门风华。父莫与俦（字犹人），清代嘉庆四年（1799年）进士，曾任翰林院庶吉士、四川盐源知县和贵州遵义府学教授，著有《二南近说》《仁本事韵》《贞定先生遗集》等书，教书育人，成就颇多，黎庶昌称赞他"以朴学倡导士林，洗南中之陋"。弟庭芝、祥芝以及子侄绳孙、莫棠辈皆负文名，各有建树。庭芝从小受父兄和郑珍之教，擅长诗词古文。他和黎汝谦一道编辑了《黔诗纪略后编》33卷，为贵州清代诗歌总集，与乃兄莫友芝所辑的《黔诗纪略》有双璧之誉。著有《青田山庐诗钞》《青田山庐词钞》。庭芝尚工小篆及八分书，自得天趣。祥芝则仕宦江浙20年，曾任上海知县，颇有政绩，晚清名臣沈宝桢曾以"风骨遒劲"誉之，向朝廷举荐他。后主修《上元县志》和《江宁县志》。友芝次子绳孙，光绪十二年（1886年）曾随刘瑞芬出使俄国与法国，任参赞，因刚直不阿受责去职。之后，长期独居扬州，以整理和刊刻父祖遗著为职事，集成《独山莫氏遗书》66卷，并自编《影山草堂书目》。友芝侄莫棠，祥芝之子，娴于版本目录之学，好收录刊刻乡邦文献，辑录郑珍《巢经巢遗诗》，《巢经巢遗集》24卷，勘定遵义赵嵩《含光石室诗草》等，自编《文渊楼藏书目》，著有《铜井文房书跋》一书。莫友芝本人是晚清著名的学者和诗人，毕生穷研经史，精于版本目录、金石的考证，其书法、诗文，均为一代名家，是影山文化的主要传人。莫友芝一生勤于著述，著作等身，其中自著《郘亭诗钞》《郘亭遗诗》《影山祠》，与郑珍合撰《遵义府志》，共辑《黔诗纪略》等尤为大端，其嘉惠后世，享誉学林，最为有名。晚清独山莫氏家族是一个具有全国影响力的文化家族，这在贵州历史上是比较少见的。

莫友芝生于内忧外患交织、社会急剧变革的晚清时代，因风云际会，所交皆当世名人。在黔时，即与黔中名儒郑珍等相善，又受乡试座师、时任贵州学政胡达源所激赏。胡氏为嘉庆二十四年（1819年）己卯科探花，宿学硕儒，名重一时，其子胡林翼为湘军统帅。太平军兴，莫友芝先后入湘军统帅胡林翼、曾国藩幕府。胡、曾幕府乃人才渊薮，莫友芝结识多当时名臣名儒，其学问人品也为世推重。

莫友芝生于茶乡，生平嗜茶，自称为"茶水客"，尤钟爱于家乡茶。他对贵州茶文化做出的贡献主要表现在三个方面。

第一，关注贵州茶史，注意搜辑黔茶文献，并载之乡邦志乘以广流传。他与郑珍合作共纂的《遵义府志》卷十七《物产》中就记载了有关黔茶的一些珍贵史料："茶:《方言》:'蜀西南人谓茶曰蔎。'杨雄《蜀都赋》:'蔓茗荧郁。'常璩《巴志》:'园有香茗。'《茶经》:'茶之出黔中，生思州、播州、费州、夷州。'《茶谱》:'涪州出三般茶，宾化最上，制于早春。'《太平寰宇记》:'茶生益州山谷，凌冬不萎。三月三日采，干而饮，令人不睡。'《明统志》:'茶，府县俱有。'施肩吾《蜀茗词》:'欲道琼浆却畏噴。'《仁怀志》:'小溪、二郎、土城、吼滩、赤水产茶，树高数寻。额征茶课。'按：五属惟仁怀产茶。清明后采叶，压实为饼。一饼厚五六寸，长五六尺，广三四尺，重者百斤，外织竹筐包之。其课本县输纳，多贩至四川各县。圃中间有种者，与湄潭茶同，亦不能多也。又有老鹰茶、苦丁茶、女儿茶、甜茶，皆生山谷。"在《遵义府志》还辑录了流传于独山、都匀、福泉一带的民俗歌谣花灯《采茶调》中的《十二月采茶歌》。记载如是："上元时，乡人以扮灯为乐。用姣童作时世装，随月逐家双双踏歌，和以音乐，艳以灯火，抑扬俯仰，极态增妍，谓之闹元宵。其中所唱《十二月采茶歌》如'三月采茶茶叶青，茶树脚下等莺莺''二月采茶茶花开，借问情侬几时来'音调清婉，莫详所自。考吴震方《岭南杂记》云：'潮州灯节，各坊市唱采茶歌尤妙，有曰"二月采茶茶发芽，姊妹双双去采茶；大姊采多妹采少，不论多少早还家。""三月采茶是清明，娘在房中绣手巾；两头绣出茶花朵，中间绣出采茶人。"有《前溪》《子夜》之遗，是知天籁自然，矢口成妙，不可以操土风少之也。'"这些民间的采茶歌谣既充满生活情趣和乡土气息，又具有赏心悦目，令人向往的原生态的天籁自然之美，故《都匀县志·风俗篇》也转录了这首民谣。

第二，撰写优秀的诗词来描写、咏题家乡茶，表达他对家乡茶的深厚感情。《题茶户壁》："摘捲玉丝丝，含锋颖似锥。辛勤火前作，休放子规啼。"描写了家乡茶农采摘青翠如玉、鲜嫩无比的茶芽，又争分夺秒将其煎炒成清香优雅的茶叶这一采茶制茶、辛勤劳作的过程。《金鼎山云雾茶歌》则历数了贵州先后所出的名茶：供不应求的贵定阳宝山贡茶；后起之秀、世所罕其匹的清平县香炉山茶；质优品高而为《图经》所失载的遵义县金鼎山茶；为时俗所争尚的湄潭县毛尖茶。这些生长于黔山贵水的茶之极品，在诗人的笔下各具特色，各擅胜场，可谓难分高下，共同构筑了生态奇特、芳菲清香的黔茶世界。好茶必以好水配之，《金鼎山云雾茶歌》的自注中也提到地处遵义城南，"清冽宜茶，为诸井冠"的易氏井。诗中最令人心仪向往者，是作者描写品饮金鼎山云雾茶时，那种"一瓯岂直热恼净，再盏真成仙骨拔。棱棱高秋入胸次，落落遥情起苍鹘。乾坤清气尔得多，此味真难俗人说"的超绝感受。陆羽《茶经》记述了黔茶产地的情况，"茶之出黔中，生思州、播州、费州、夷州"。莫友芝自言写作《金鼎山云雾茶歌》这首诗还有一个重要的目的就是"作诗为证陆羽《经》"，即列举贵州所产名茶以证陆羽《茶经》所记不虚。同时，莫友芝在诗的自注中也辑录了明代川黔茶政的相关记录以及黔北茶叶额征的情况："《续文献通考》：'洪武三十年置成都、重庆、保宁、播州茶仓四所，令商人纳米中茶，令自三月至九月，每月差行人一员于陕西、四川,谕把隘头目,不许私茶出境。成化七年罢播州茶仓。今土城里有茶引四十道,归怀仁县征解。"这些记录对于研究贵州明清时期的茶政是非常重要的。金鼎山云雾茶如此珍贵难得,而自己又如此爱茶,因此,在诗的最后,莫友芝也表达了他"但肯时时供一撮",希望能够时常品尝到哪怕一点点这种珍品茶也会心满意足的强烈愿望。《金鼎山云雾茶歌》是莫友芝咏茶诗歌中最重要的篇什,也是贵州茶文化史上重要的文献。《二月五日绳儿煮雪,试家山白茶,有怀息凡天津》一诗作于咸丰十年二月初五(1860年2月26日),其时莫友芝携次子绳孙滞留京畿赵州、保定一带候补地方小吏和准备参加当年的恩科会试。莫氏父子逆旅北国,生计困顿。加之当时清政府内有太平军的叛乱,外有英法联军对京津地区虎视眈眈,正处于内忧外患交织的危机之中,国家和个人的前途和命运都茫然无措。处此时局与境遇,莫友芝无奈之极,"北客过岁周,南嗜断茶味。渴来但饮湿,尘物常满胃。已令吟咏损,尚问幽并气"。平日的茶兴诗情自然大减。所幸儿子绳孙尚能体会父亲的心情,在飞雪载途,世路艰难之际,能够煮雪泡上家乡白茶以解父亲抑郁与乡思。"玉色盆盎盈,车声蟹鱼沸。冰芽珍一撮,璞盏候三沸。生香沁神骨,活碧浮鼙藂。""舌本彊忽除,心源濬成泲。""煢灯遂尖叉,计梳消佛喟。"正是喝到家乡的茶,忆起家山的温情,诗人才仿佛有了生命的活力、生活的意趣以及流荡灵动的文思才情。莫友芝的这首诗一方面表现了他对于家乡茶的热爱和眷顾,家乡的茶在他人生艰难困顿,心意萧条苦闷的时候给予他的温暖与慰藉;另一方面我们也可以从中获知,贵州黔南地区至少在一百五十多年前,莫友芝生活的晚清时代就已有白茶的生产,而且品质非常高雅。黔南今天给人的一般印象是只生产绿茶,很少有人知道黔南在历史上还生产优质白茶。所以,莫友芝的这首诗给我们提供了贵州茶叶生产历史的重要线索,也提醒我们,在当今贵州茶叶生产发展的布局中,除了要重视传统绿茶的生产和品牌的打造外,也要重视发掘黔南传统白茶的历史文化,开辟白茶生产的园地和白茶品牌的打造,以促进贵州茶业更加繁荣昌兴。

茶诗之外,莫友芝也以茶入词,其中一首《浣溪沙》云:"易井朝华一勺甘,瓯香浓淡只渠谙。怕教痴婢误姜盐。雀舌久疏织手点,鸡苏愁伴渴羌馋。最难春困午晴添。"这首小令写出了诗人品茶的闲适与意趣:以清冽甘甜的易井泉水煮芬芳优雅的雀舌,再佐以精美的茶点,以此解愁消困,可谓意味蕴藉,几多妙趣。

莫友芝题写的茶联,以集唐宋名人诗句为多,仅其已刊行的诗文集中就载有十余联:"闲临静案修茶品,高敞吟轩近钓湾。"上联集陆龟蒙《和袭美冬晓章上人院》;下联集陆希声《题顾正字谿居》。"暑天移榻就深竹,小鼎烹茶面曲池。"上联集方干《湖北有茅斋湖西有松岛轻棹往返颇谐素心因成四韵》;下联集李商隐《即目》,《全唐诗》"烹"作"煎"。"顾渚一瓯春有味,东风百里雪初晴。"上联集郑谷《宜春再访芳公言公幽斋写怀叙事因赋长言》;下联集李绅《初出泚口入淮》。"尝茶看画亦不恶,饮酒食肉自得仙。"上联集苏东坡《龟山辩才师》;下联集苏东坡《寄吴德仁兼简陈季常》。"藕味初能消酒渴,诗清都为饮茶多。"上联集梅尧臣《寄许主客》;下联集徐玑《赠徐照》。"云藏远岫茶烟起,桂染中秋月色香。"上联集王庭珪《春日山行》;下联集戴复古《庐山》。"自扫竹根培老节,愿携茶具作清欢。"上联集黄庭坚《寄题安福李令爱竹堂》;下联集梅尧臣《依韵和吴正仲闻重梅已开见招》。"自扫竹根培老节,漫烧石鼎试新茶。"上联集黄庭坚《寄题安福李令爱竹堂》;下联集戴昺《赏茶》。"闲语更端茶灶熟,安眠无梦雨声新。"上联集陆游《雪意》,《剑南诗稿》卷七十四作"闲话更端茶灶熟";下联集苏轼《次韵子由三首》之《东楼》。"八月秋涛供笔力,半瓯春茗过花时。"上联集陆游《感旧》;下联集陆游《闭门》。"探囊赠砚颇宜墨,坐石携泉旋煮茶。"上联集黄庭坚《次韵李之纯少监惠砚》;下联集赵抃《次韵范师道龙图三首》。"更续池塘惠连句,绝胜茅屋已公茶。"上联集周必大《万安韦邦彦字俊臣携王民瞻杨庭秀谢昌国绝句相过次韵勉之》,《文忠集》卷四作"更读池塘惠连句";下联集周必大《季怀设醴且示佳篇再赋一章以酬五咏》。"子固精神老坡气,茶山衣钵放翁诗。"上联集释觉范《南昌重会汪彦章》;下联集戴复古《读放翁先生〈剑南诗草〉》。"长吉精神玉溪骨,茶山衣钵放翁诗。"上联集释觉范《送庆长兼简仲宣》,《石门文字禅》卷二作"长吉精神义山骨";下联集戴复古《读放翁先生〈剑南诗草〉》。"瓣香急试博山火,好句真传雪窦风。"上联集杨万里《南海陶令曾送水沈报以双井茶》;下联集苏轼《再和并答杨次公》。这些集联广搜唐宋佳句,典雅厚重而意味悠远,是古今茶联的上乘之作。

第三,对家乡的茶的宣传和推介。作为一位热爱家乡茶,又走出了黔山贵水,有着广泛社会交游的著名学者和文化名人,当莫友芝将家乡的茶叶介绍给外界时，自然会引起人们的关注和兴趣，从而提高了黔茶的知名度。这对于黔茶而言，无疑是极好的宣传和推介，对于黔茶的生产也会起到一定的促进作用。

作为一个风化满门，极具影响力的文化世家，莫氏家族成员是以集体的力量对于贵州茶文化做出贡献的，而不是局限于莫友芝一人。莫友芝的父亲莫与俦的《寿人洞诗序》所记载的相关茶事就是很好的证明。莫氏家族对于贵州茶文化的贡献已名垂贵州茶史，是值得后人永远纪念的。

1911年辛亥革命推翻了清王朝的统治，结束中国两千多年的封建社会，同时也为中国的贡茶文化画上了一个句号。然而，虽然时代的变迁使中国茶文化从古代向现代过渡和转型，文化名人与茶文化的关系也发生了巨大的变化，但中国的茶文化在新的时代环境中继续发展，名人与茶文化之间依然有着数不清的故事。

民国时期，与贵州茶文化有着密切联系的太多是文学艺术家，其中以国画大师徐悲鸿、傅抱石，著名剧作家田汉，影后蝴蝶等人最有名。另外，包惠僧这位具有特殊身份的人物对于贵州茶业和茶文化的发展也做出过贡献，值得我们注意。

"纸烤茶"是黔南布依族"火中取宝"特制的一种茶叶。抗战期间，徐悲鸿、傅抱石等一批艺术家从桂林辗转来到都匀宣传抗日救国。在徐悲鸿的学生、时任都匀县长刘时范和省立都匀中学校长周华的一次宴请中，徐悲鸿、傅抱石不仅品尝到芳香扑鼻、独具特色的都匀"纸烤茶"，而且以艺术大师特有的敏锐，发现用以包裹"纸烤茶"的都匀白皮纸是上等的国画纸。徐悲鸿对都匀皮纸的评价是：纸张质量、色泽很好，适于重笔挥洒晕染，受墨苍润深沉，能获得宣纸绘画所不能得到的卓异效果，用来作画，更是得心应手。傅抱石则发现都匀皮纸具有"晕墨很慢，但浓淡分明，适合表现粗犷的笔触"的特点。都匀皮纸的发现，对两位大师的影响很大，成了他们后来各自精彩辉煌艺术创作的重要物质载体。据徐悲鸿的夫人廖静文说："此后，先生若画一百匹马，有九十九匹马是从都匀皮纸上奔出的。"傅抱石则利用都匀白皮纸的特性，融会、活用了各种传统皴法，独创出了"抱石皴"。"抱石皴"用散锋乱笔表现山石结构，笔法以气取势，磅礴多姿，自然天成。因徐、傅两位大师的发现，1963年，北京荣宝斋专门来都匀蜡纸厂采购了大批白皮纸，并将其命名为"都匀国画纸"，从此都匀白皮纸更是驰名中外,享誉画苑。这就是中国现代画坛两大宗师与都匀毛尖"纸烤茶"、都匀毛尖包茶纸之间的一段渊源佳话。

20. 田汉

田汉是我国现代著名剧作家、诗人,也是中华人民共和国国歌的词作者。他在经过都匀时写下"羊肥爱芝草,茶好伴名泉"的诗句,不仅赞扬了都匀的茶好,也赞美了都匀的水好。好茶配好水,茶水一体,茶味茶韵才天成。明代茶人许次纾在《茶疏》里说过:"精茗蕴香,借水而发,无水不可与论茶也。"与许次纾同时的另一茶人张大复在《梅花草堂笔谈》中讲得更为透彻:"茶性必发于水,八分之茶,遇十分之水,茶亦十分矣;八分之水,试十分之茶,茶只八分耳。""水为茶之母",陆羽《茶经·五之煮》也强调煮茶之水的品质,以"山水"即山中泉水为上。田汉可谓深谙中国茶道意蕴,虽然只是吉光片羽,也是贵州茶文化史上一朵精彩的小浪花。

21. 胡蝶

胡蝶是与贵州茶文化最早发生关联的现代艺人。胡蝶原名胡瑞华,有"民国第一美女"之称,是中国早期著名的影星、享誉影坛的一代影后。1960年,胡蝶主演的《后门》在日本举行的第七届亚洲电影节上,获得最佳影片金禾奖,胡蝶本人获得最佳女主角奖,并由此荣登"亚洲影后"的宝座,成为中国第一位"亚洲影后"。作为民国时期家喻户晓的"电影皇后",胡蝶一生赋有传奇性,有过风光无限的辉煌和荣耀,也经历过不少艰难与屈辱,但难能可贵的是,在外敌入侵之时,她能保持一颗爱国之心。1937年抗战全面爆发,胡蝶与家人离开上海,避难香港。1941年12月25日,香港沦陷,为了表达自己对日军侵略暴行的反抗,胡蝶把香港投降日称为又一个"蝶耻日"。1943年,一家日本电影公司欲邀胡蝶赴东京拍一部《胡蝶游东京》的影片,宣扬所谓"大东亚共荣圈""中日亲善"思想,达到欺骗世界舆论的卑鄙目的,胡蝶予以严正拒绝。胡蝶意识到日本人不会善罢甘休,为了避免遭受他们的迫害,遂举家迁往了大后方。1944年春,胡蝶参加国民政府组织的"劳军"演出,从重庆到贵州,辗转来到都匀,受到都匀社会各界的欢迎。胡蝶在都匀的演出引起了轰动,尤其她在演唱的抗战歌曲《最后一声》中唱的,"莫待明朝国恨永存","准备着冲锋陷敌阵","我们得要战争,战争里解放我们,拼的鲜血染遍大地,为着民族争最后光明"。这些歌曲进一步唤起了都匀驻军和广大都匀民众的爱国热情和抗战斗志。胡蝶在都匀期间不仅品味到清香的都匀茶叶，也感受到都匀深厚的茶文化。都匀胜景荷花池畔的观荷亭，有明代张翀撰题写的一副联语："云镇山头，远看青云密布；茶香蝶舞，似如翠竹苍松。"胡蝶对此联颇有心仪之喜，因为联中"茶香蝶舞"之谓与她的名字有关联。张翀在都匀红叶山留有摩崖遗迹"龙爪书"，其言"仁智之情，动静之理，栖此盘谷，饮此泉水"。胡蝶对此颇有感悟，认为"先哲箴言，多有人生哲理"。红叶山鹤戏亭下有龙王井，灵厓雨花，清澈冷洌，胡蝶触景生情，与陪伴人员言："动与静，聚与散，前贤之语，'茶香蝶舞'，此行贵地必'饮此泉水'也。"这就是一代影后与都匀和贵州茶文化的一段渊源。

22. 包惠僧

民国时期，还有一位与贵州茶有着深厚渊源且身份特殊的人物，那就是曾经做过中共一大代表，在大革命失败后脱离共产党组织，任职国民政府的包惠僧。1942年冬，任国民政府农林部参事的包　德（包惠僧），来到都匀，对都匀、麻江、丹寨等地的农林业发展情况进行考察。在调查研究的基础上，包惠僧撰写了几万字的《都匀宜发展茶叶、桐子、蚕桑》的报告。报告指出了都匀及周边地区特别适宜茶叶生长的自然条件，称"无垢茶""乃是茶树中的珍稀品种"，所产茶叶"肥厚绿亮，滋味鲜爽回甘"。包惠僧将调查报告抄录了一份留赠都匀发展茶叶、桐子、蚕桑产业参用。应该说，包惠僧对都匀茶业及其他农林经济的发展是做出了贡献的。同时，也给贵州茶文化增添了又一抹红色。

抗战时期，中国高校和科研机构纷纷内迁，黔茶也与众多的中外名人结缘。1939年10月，国民政府农业部中央农业实验所和中国茶叶公司在湄潭筹建实验茶场，刘淦芝出任中央农林部湄潭茶叶试验场场长。1940年浙江大学西迁湄潭办学后，很快与实验茶场深度合作，联手办学搞科研。其时，湄潭汇集了张天福、刘淦芝、李联标、徐国桢等重量级茶学专家，他们把湄潭的茶文化与现代科学技术结合起来，改进了湄潭茶固有的品质，引进了异地的优质茶种和杭州"龙井茶"的生产技术，使湄潭茶叶品质大幅提高，声名鹊起。新茶制作成功后，竺可桢、蔡邦华等浙大名流和社会各界都常去参观、品茶。湄潭有了龙井茶，极大地激发了浙大师生的爱国情感，也触动了浙大爱好诗词的教授们的灵感，江问鱼、苏步青、刘淦芝等人自发组成了闻名中外的"湄江吟社"，留下三百余首诗词，其中有 60 多首与茶有关。抗战的烽火，不仅使湄潭翠芽完成了从传统茶业到现代茶业的华丽转身，还留下与众多中国现代历史文化名人的佳话。

中华人民共和国成立后，党和政府对贵州茶的高度重视是前所未有的，与此同时，与贵州茶与茶文化结缘的名人也更多了。他们有老一辈无产阶级革命家，有宗教界人士，有茶叶和茶文化专家，还有外国元首。

第四章 贵州茶产业发展现状与问题分析

近年来，各级各部门和各有关单位对于茶产业的发展做了大量工作，给予了充分支持，取得了明显成效。通过分析贵州茶产业发展的现状，对消费者视角下贵州茶产业的竞争优势做了调研及实证研究，通过PEST、波特五力模型、SWOT工具对贵州茶产业发展环境予以分析，发现亟须突破的瓶颈问题及原因分析。

第一节　贵州茶产业发展现状

在贵州省委、省政府坚强领导下，贵州省农村产业革命茶产业发展领导小组提出"守正创新、正本清源、确立地位"战略思路，高起点谋划贵州省茶产业发展布局，将茶产业打造成为脱贫攻坚的支撑力量、乡村振兴的产业基础、优势产业的发展龙头、生态产业的重要抓手。贵州省茶产业发展取得历史性突破，茶产业规模连续六年排名全国第一，茶品质臻于全国上乘，品牌名扬天下，贵州作为茶的起源地正日益得到普遍认同，茶产业已成为助推贵州融入"一带一路"的靓丽名片，为贵州建成茶叶强省打下了坚实基础，正蓄积起贵州省茶产业发展新腾飞的磅礴力量和雄厚势能。

（一）黔茶产业全国综合地位大幅度提升

茶产业是贵州省委、省政府重点打造的"五张名片"产业之一。通过贵州省的共同努力，以"三绿一红"为主导的贵州茶品牌，其美誉度和区域综合影响力不断扩大，消费市场进一步拓展，黔茶走出去的步伐更快和更加坚实。贵州省茶加工企业加速实现集群集聚，实现加工标准化、规模化、连续化、清洁化，产品的性价比不断提高，茶产业的竞争力不断增强。茶基地的规模化、标准化、生态化、集约化水平得到进一步提升，初步奠定了贵州作为中国茶叶原料中心、加工中心的地位。截至2019年年底，贵州省茶园面积700万亩（其中投产面积601.7万亩），已连续7年居全国第一；全年茶叶产量40.1万吨、产值451.2亿元，同比分别增长10.7%、14.5%；茶产业辐射带动356.1万人，带动贫困户34.81万人，脱贫17.46万人，涉茶人员年人均收入10699.08元，其中涉茶贫困户人均年收入5722.79元。

1. 茶园面积全国第一

2019年，贵州省茶园面积752万亩，投产面积561万亩，茶园面积位居全国第一。改革开放以来，贵州省茶园面积占全国的比重上升了10.86倍，贵州省茶园面积从1978年的63.41万亩增加到2019年的752万亩，41年间年均增长6.22%，贵州省茶园面积占全国的比重从1978年的4.04%上升到2019年的16.17%，增长了11.96个百分点。2003年以来，贵州省茶园面积实现快速增长，从72.14万亩增加到2019年的752万亩，增长了9.42倍，16年间年均增长15.78%，图4-1所示为1978—2019年贵州省茶园面积与全国的比较。

2. 茶叶产量全国增长最大

据中国茶叶流通协会统计数据分析，2019年，贵州省干毛茶产量28.60万吨，在全国18个茶产区中排名第5位，贵州省干毛茶总产量占全国的10.24%。改革开放以来，贵州省茶叶产量从1978年的0.66万吨增加到2019年的28.6万吨，41年间年均增长9.63%，贵州省茶叶产量占全国的比重从1978年的2.46%上升到2019年的10.24%，增长了7.78个百分点。2003年以来，贵州省茶叶产量和茶园面积一样实现了持续快速增长，从1.77万吨增加到28.6万吨，增长了25.83倍，16年间年均增长18.99%，占全国的比重也从2003年的2.3%上升到2019年的10.24%，增长了7.94个百分点。图4-2所示为1978—2019年贵州省茶产量与全国的比较。

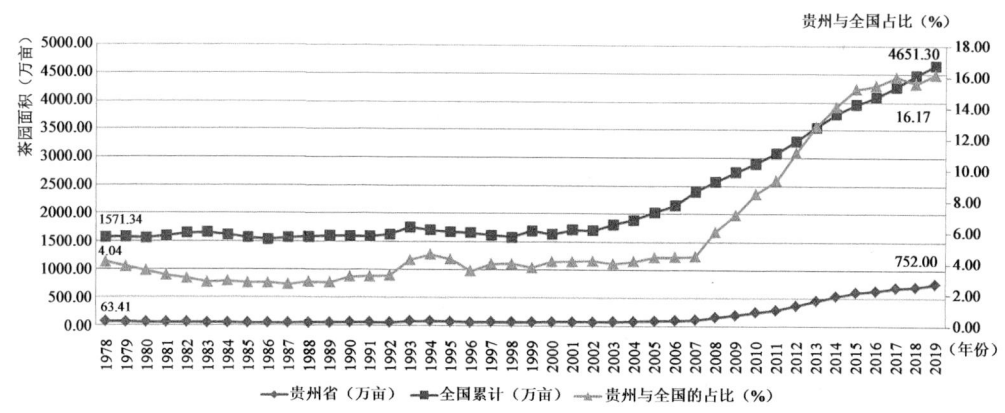

图4-1　1978—2019年贵州省茶园面积与全国比较

数据来源：国家统计局、全国茶叶流通协会、贵州省统计局综合。

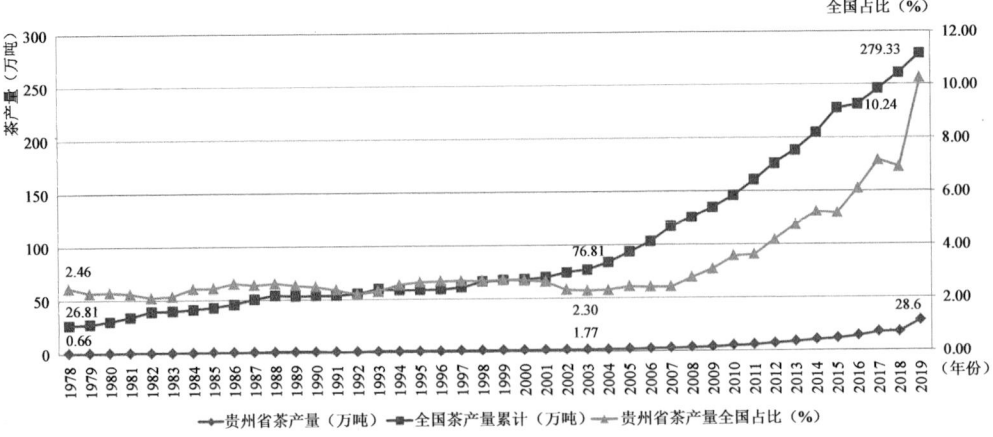

图 4-2 1978—2019 年贵州省茶产量与全国比较

数据来源：国家统计局、全国茶叶流通协会、贵州省统计局综合。

3. 区域公共品牌影响力大幅度提升

围绕以"三绿一红"为重点，加快推进具有黔茶特色品牌建设，重点加强宣传推广，使黔茶品牌的认可度、美誉度以及区域影响力不断扩展。自 2010 年浙江大学中国茶叶区域公用品牌价值评估以来，贵州省先后有 10 个品牌参与了公共品牌价值评估。2010 年以来，贵州省在国内各种传媒宣传黔茶的产业发展动态，采取多种措施，使贵州省茶叶的品牌影响力得到较大提升。2017 年，都匀毛尖茶被评选为中国十大茶叶公用区域品牌，湄潭翠芽茶被评选为中国优秀茶叶公用区域品牌。在 2020 年浙江大学中国茶叶区域公用品牌价值评估中，都匀毛尖茶品牌价值为 35.28 亿元，品牌影响力为全国第 10 位，湄潭翠芽茶品牌价值排第 24 名（2019 年），梵净山茶全国 29 名，凤冈锌硒茶品牌价值排第 39 名，遵义红品牌价值排第 80 名（2018 年），余庆苦丁茶品牌价值排第 88 名。表 4-1 所示为 2010—2020 年浙江大学中国茶叶区域公用品牌价值评估贵州茶品牌排名。

表 4-1 2010—2020 年浙江大学中国茶叶区域公用品牌价值评估贵州茶品牌排名

品牌名称	2010年	2011年	2012年	2013年	2014年	2015年	2016年	2017年	2018年	2019年	2020年
都匀毛尖茶	18	18	22	20	24	13	12	11	9	11	10
梵净山茶					36		41	35	31	31	29

续表

品牌名称	2010年	2011年	2012年	2013年	2014年	2015年	2016年	2017年	2018年	2019年	2020年
梵净山翠峰茶	74	56	61	61	64		62	53			
贵定云雾贡茶		86	81	71							
凤冈锌硒茶		59	67	74	70	56	51	45	44	42	39
湄潭翠芽茶	25	27	26	25	26	28	26	26	24	24	
遵义红										80	
石阡苔茶		70				65					
余庆小叶苦丁茶		75	80	86	85	85	83	82	85	91	88
正安白茶		90	87	92	89	87					

数据来源：浙江大学中国茶叶品牌价值评估课题组 2010—2020 年《中国茶叶区域公用品牌价值评估报告》综合整理。

（二）基地规模质量进一步提升

充分利用贵州省生态状况良好、环境条件优越、劳动力充沛等比较优势，经过近年的艰苦努力，通过中央财政现代农业生产发展资金等引导，集中使用各种配套政策，全面调动基层和茶农的生产积极性，整合资源集中扶持贵州省茶叶主产县茶园基地建设。

1. 以规模和标准化为基础，推进茶园向优势区域集聚

通过致力于推进贵州省茶园向优势区域集聚，形成了茶园产业带和产业板块，茶园的聚集效应、产业集群效应、规模效应逐渐得以体现，贵州省茶园面积从 2006 年的不足 100 万亩增加到 2019 年年底的 752 万亩，其中投产面积 561 万亩，2013—2019 年排全国首位，贵州省的不同类茶叶总产量达到了 36.2 万吨，其总产值达到 394 亿元。贵州茶园的规模和标准化建设上了一个新的台阶，为贵州省茶产业转型升级高质量发展奠定了坚实基础。

按照以农户为主体、户均建园 3~5 亩，新建茶园必须无性系的思路，贵州省 2008—2013 年连续 6 年年均新增茶园 70 万亩以上，占全国年新增茶园总面积的一半，形成了黔东北、黔西北、黔东南、黔中、黔西南五大产业带。截至 2019

年年底，遵义、铜仁、黔南茶园面积分别达 187 万亩、164 万亩、138 万亩，累计占贵州省茶园面积的 2/3。以铜仁、遵义、黔南、黔东南等茶区为主的武陵山区茶园面积达到 500 万亩以上，成为中国绿茶的新金三角。截至 2019 年年底，贵州省现有茶园面积在 30 万亩以上的县 3 个、20 万~30 万亩县 8 个、10 万~20 万亩县 15 个、万亩以上的乡镇 232 个、万亩以上的村 83 个。企业自有茶园 343 万亩，农户茶园 357 万亩，分别占总面积的 49%、51%。贵州省进入合作社管理的茶园 342.9 万亩，占贵州省茶园总面积的 48.9%；其中企业茶园 124.4 万亩、农户茶园 218.5 万亩。以实施标准园建设为抓手，集成推广先进适用技术，重点抓推广茶叶专用肥、茶园病虫害统防统治、机械化管护与采摘技术，促进茶园提质增效。2019 年，推广瓮福、茅台、开磷、金正大等优质茶叶专用肥 205 万亩；推广夏秋茶机械化采摘茶园面积 101.5 万亩。湄潭县指导 14 家企业实施统一病虫害防治、统一茶园肥料、统一茶青收购建设的示范基地 1.11 万亩。推动品牌企业、企业集团、出口企业到茶叶主产县的核心乡镇、规模茶场建设出口、品牌专属、有机茶、特色茶、茶资源综合开发利用等专用基地 205.5 万亩；推动茶园种（养）、茶旅一体化、林木产业等深度融合，建成产业融合茶园 117.07 万亩。开展良好农业规范、UTZ 及雨林联盟认证等认证面积 8.8 万亩；出口欧标产品茶园 54.87 万亩。湄潭县、余庆县、瓮安县全县域推进欧标茶建设，湄潭县在 2018 年 5 万亩基础上，2019 年再打造 10 万亩欧标茶园。协调支持凤冈茶海之心旅游景区等 7 个茶文化景区建设发展。

2. 加快形成大中小并举的企业集群

通过引进、培育，壮大茶叶企业规模。截至 2019 年年底，贵州省注册茶叶企业（含合作社）5705 家，其中国家级龙头企业 10 家，占贵州省国家级龙头企业 35 家的 28.6%，省级龙头企业 228 家，市级龙头企业 384 家。新建初制加工企业 219 家、精制加工企业 33 家，其中，依托企业集团新建改建茶叶精制加工中心 38 个、深加工企业 5 家。通过 SC 认证企业 691 家，ISO 9001、ISO 2000、HACCP 等质量体系认证 185 家，获得对外贸易经营资格 92 家。引进英国联合利华、太古、中粮、盘江、同济堂等国内外大型企业。推动茶叶企业资产并购、兼并重组，组建遵茶集团、都匀毛尖集团、六盘水市茶叶集团、凤冈茶产业发展联盟。

3. 以保证质量和绿色防控为发展方向，实行茶园质量安全的零容忍

出台《贵州省茶树病虫害绿色防控技术方案》，绿色生态防控技术在全省的各个县市通过试验、示范等不同方式强化推广应用。强化对农药等投入品的监管，制订了《贵州省茶园用农药规范化专营店（专柜）实施方案》。在全省全面实行茶园用农药专营店（专柜）制度，组织专项检查组赴全省主要茶区开展质量安全督查工作，并在全国率先禁用水溶性农药及草甘膦。贵州把茶叶质量安全放在首位，制定、修订了"绿宝石""贵州绿茶""遵义红""都匀毛尖""湄潭翠芽"等相关产业产品的各项标准，以欧标为基准，把农药残留、重金属含量等相关重要指标全面与欧标相对接。贵州创建了9个国家级出口质量安全示范区（县），通过利用大数据相关技术，首先在全国创立了可追溯的质量安全服务体系的数字云服务平台，从源头上保证茶产品严把关、高品质、可追溯。贵州严守茶叶质量安全，坚持做生态茶、干净茶，得到了农业农村部的高度赞誉。

4. 将茶园变旅游目的地

加快茶文化、茶产业与旅游体验相结合，结合黔南州、遵义湄潭和凤冈等十大最美茶叶文化旅游黄金线路，建设茶旅深度体验一体化的相关项目，茶旅深度体验旅游区域已变成多彩贵州的重要旅游目的地之一。

（三）推动实现黔茶加工业快速升级

重点围绕茶叶加工的标准化、清洁化、规范化工作，推动茶叶加工产业的快速发展，实现茶叶加工在加工质量、加工规模、加工效率上与产业发展规模协调发展。

1. 推行清洁化生产

以茶叶加工企业在制品不落地为前提，以机械化生产为基础，以质量管理体系认证为突破口，推行茶叶清洁化生产。推动茶叶加工企业对茶叶加工关键控制点进行深入研究和技术应用，2018年开展SC、ISO 9001、HACCP等认证，贵州省通过ISO 9001、HACCP质量管理体系认证企业164家，通过SC认证企业672家（其中新增68家），获对外贸易经营资格106家，新增27家。

2. 推进茶生产企业集群集聚

推动在茶叶主产县核心乡镇和茶叶专业村，按照茶叶初制就近加工，布局茶叶初制加工企业，扩大茶叶初制加工企业规模，形成大中小并举的企业发展规模聚集群。2018年贵州省注册茶叶加工企业及合作社达到4990家，其中国家级龙头企业7家，占全国总数37家的18.9%，省级龙头企业228家（2018年新增42家），市级龙头企业397家。推动茶叶企业以收购兼并、联合重组等多种方式，组建企业集团（联盟）。以省重点品牌和主打产品为核心，推动在各大品牌茶叶核心产区的产业园区、物流园区、茶叶批发市场等区域建立茶叶精制拼配中心，2018年已在贵阳综合保税区、清镇、湄潭、凤冈、正安、西秀区、江口、都匀、黎平主要产区建立精制拼配中心36个，实现贵州茶产业初精制分离和跨越不同区域、跨越不同季节、跨越不同品种拼配的数据化、智能化。

3. 加强标准宣贯

为贯彻落实国家新出台的行业标准，联合省质监局修订"三绿一红"4个产品标准，水浸出物、水分含量、7项农残和重金属指标均低于严于国际标准；制定全国第一个抹茶地方标准《贵州抹茶》。开展不同层次和不同形式的全产业链技术培训及标准宣贯1360余场次，共培训101500余人次，促进加工技能提升、标准宣贯加强。推动不同的茶区、相关品种的重点品牌和主要的茶叶企业能够严格按照相关标准加工生产，按照相关标准严格检验，建立追溯体系，以及严格按照标准营销。通过标准化的操作和引导，实现不同茶区一芽一二叶为原料的优质春茶规模集约化生产以及夏秋茶机械化采摘和加工。

4. 优化茶产品结构

以绿茶为重点，推动红茶、黑茶等多种茶类的开发与生产，提高茶青资源下树率，提高茶园综合效益。2018年，贵州省各类茶叶总产量36.2万吨，其中绿茶产量27.9万吨、红茶产量5.8万吨、黑茶产量2.1万吨、其他茶类产量为0.4万吨。2018年，依托贵州贵茶（集团）有限公司（简称"贵茶集团"）在贵州省建成碾茶生产线26条，在建11条，生产碾茶300吨，所有碾茶通过贵茶集团的最后一道工序加工成抹茶。铜仁作为中国抹茶之都正在加快形成，鼓励茶产业链的不断延伸，并给予相关支持，不断提高茶叶深加工产品的研发，追求高附加值的业态。培育了一批产业链比较完善的企业，诸如紫日科技、南方嘉木、陆圣康源等相关加工企业，研发出了车用茶枕、茶籽油和茶酒等比较高端的高附加值农业产品。贵州省有精加工企业318家，深加工企业28家。

（四）加强以"三绿一红"为主的品牌建设

2014年《贵州省茶产业提升三年行动计划（2014—2016年）》出台以来，贵州省将提升品牌竞争力作为茶产业转型升级的重要举措。贵州省上下通力协作，坚持"守正创新、正本清源、确立地位"的战略思路和工作举措打出一系列"组合拳"，有力推动了贵州茶关注度攀升、知名度提升、市场交易跃升。

1. 制订工作方案

将黔茶产业"守正"作为"强起来"的基础，将"创新"作为"强起来"的关键，制订了《贵州茶产业三年宣传行动方案（2019—2021年）》《贵州省农村产业革命茶产业发展推进工作方案》等，指导各新闻单位中长期针对贵州茶产业的贵州茶宣传工作，促进贵州省茶产业转型升级、助力农业高质量发展和农民增收，助推茶产业脱贫攻坚。

2. 聚焦品牌宣传推介，不断提升贵州茶知名度和美誉度

聚焦"1+10"（"贵州绿茶""都匀毛尖""湄潭翠芽""绿宝石""遵义红""梵净山茶""凤冈锌硒茶""石阡苔茶""瀑布毛峰""正安白茶""雷山银球茶"）等省重点品牌和主要区域公用品牌，开展多层次、多角度、多形式的品牌宣传推介。在贵州电视台、《贵州日报》、多彩贵州网等省内主要新闻媒体上办专刊、专栏、专版。《人民日报》、新华网、新浪网、《农民日报》等主流媒体网站对贵州茶叶均有较大篇幅报道。以"贵州绿茶·秀甲天下"为主题，组织企业集群参加省外主要目标市场的茶博会、农交会、贸易洽谈会，在城市商业广场、城市地标、旅游景区等人流量集中的地段举办万人品茗活动，开展"丝绸之路·黔茶飘香""品黔茶·赏樱花""品黔茶·赏红叶"等系列推广活动。2019年以来，贵州省先后在北京、上海、广州、深圳、南京、杭州等地开展了茶产业推介会。在省内连续举办贵州茶博会、都匀毛尖国际茶人会、梵净山抹茶文化节、黔茶飘香·品茗健康、景区品茗、茶艺大赛、斗茶赛、茶业经济年会、茶文化"六进"活动、"贵州冲泡"体验周等宣传推介活动，大力推广"高水温、多投茶、快出汤、茶水分离、不洗茶"的贵州茶冲泡方法，引导形成全社会饮茶、

爱茶、关心茶的良好氛围。据不完全统计，2019年全年电视、报纸杂志、网络等报道20344篇、广告36313条（次）。在省内高速公路沿线建立广告牌479块；设立户外广告牌5320块、户内广告牌4865块、流动广告6790条。

3. 不断提升品牌的市场竞争力

贵州省将"都匀毛尖"等品牌作为现代农业及农业产业化发展的重要示范，充分利用贵州省茶叶生长的自然地理环境优势，依托"都匀毛尖茶""湄潭翠芽""梵净山翠峰茶""贵定云雾贡茶""瀑布毛峰"等的品牌历史和民族文化传承，整合贵州省茶品牌文化，不断提升贵州省茶品牌在全国的核心竞争力和品牌知名度。2019年以来，贵州省领导率队先后赴北京、上海、广东、浙江、青海等地出席茶产业推介会，赴巴西等国展示推介贵州茶，黔茶品牌风行天下。丰富活动载体，以"贵州绿茶·秀甲天下"为主题，组织企业集群参加省外主要目标市场的茶博会、农交会、贸易洽谈会，在城市商业广场、城市地标、旅游景区等人流量集中的地段举办万人品茗活动，开展"丝绸之路·黔茶飘香""品黔茶·赏樱花""品黔茶·赏红叶"等系列推广活动。媒体立体宣传，《贵州日报》、贵州电视台、多彩贵州网等省内主要新闻媒体开办专刊、专栏、专版、专访，全媒体、立体化、滚动式集中持续宣传；《人民日报》、中央电视台、新华网、《农民日报》等中央媒体网站对贵州茶也开展强有力宣传报道，大力提升了贵州茶知名度和美誉度。

（1）充分利用贵州省茶叶生长良好的地理环境。依托贵州低纬度、高海拔、寡日照、多云雾的地理环境优势，加大对贵州茶叶的生态指标、功能指标的研究，加大对生长环境的核心竞争力宣传，形成以茶品质为支撑，以品牌提升为突破的黔茶品牌创建战略。主打品牌以"三绿一红"为主，同时也大力扶持了"梵净山茶""凤冈锌硒茶""石阡苔茶""瀑布毛峰"等其他产区公共品牌建设。

（2）充分挖掘及发挥企业能动力。切实把握好在品牌提升中"政府引导、企业主体"的原则，通过协会管理，围绕目标市场，组织茶叶企业参加北京、上海等地的茶博会，在贵阳、北京、深圳等城市举办品茗活动、免费品鉴贵州绿茶活动，通过企业的活动推广，提高了区域公共品牌及企业品牌的知名度。实现企业品牌的优势组合。

（3）挖掘文化内涵，提高品牌软实力。充分依托贵州省茶叶品牌所在区域的民族文化优势，深挖文化内涵，提高黔茶品牌的软实力。

4.加大区域品牌整合力度

针对品牌多而杂受到业内外普遍诟病，企业要求整合贵州茶叶品牌的条件下，全省不断加大对茶品牌的整合力度。通过协会管理、政府引导、企业主体等方式，湄潭翠芽、都匀毛尖、梵净山翠峰茶等区域公用品牌，其整合力度不断加大。

（1）从全省层面打造重点品牌。从全省层面，重点主推"三绿一红"茶品牌，同时也大力扶持铜仁的"梵净山茶""石阡苔茶"、遵义的"凤冈锌硒茶"、安顺的"瀑布毛峰"等地方区域茶公用品牌建设。

（2）从市州层面加大品牌整合力度。黔南州重点整合以"都匀毛尖""云雾贡茶"的区域公用品牌；遵义市重点整合了以湄潭翠芽、遵义红、正安白茶、凤冈锌硒茶为主的区域公共品牌；铜仁市根据茶叶市场发展区域，重点打造及整合了"梵净山"茶品牌；黔东南州重点打造及整合"雷山银球茶"品牌；安顺市整合茶叶企业使用"安顺瀑布茶"公用品牌，通过共同打造"瀑布"品牌，提升安顺茶产业的市场影响力；黔西南州通过整合资源，融合茶叶企业实现抱团发展，重点整合及打造以"万峰报春"等为主的茶业品牌；毕节市集中全市资源重点打造区域公用品牌，对"清水塘"牌"清池翠芽"予以重点打造。

（五）抓好市场拓展和渠道建设

1.拓展国内市场

围绕目标市场，立足省内市场、重点开拓省外市场、促进渠道落地。以一线城市茶叶消费市场和东北、西北、华北等非茶产区地方市场作为主攻方向，组织茶叶主产县、茶叶企业抱团出击、线上与线下联动，以嫁接方式为主，促进目标市场贵州茶叶营销渠道落地。部分省领导带队，到北京、上海、南京、广州、西宁、济南、青岛、大连、济宁等12个城市举办20场茶产业专场推介活动。凤冈县组织企业赴上海、西安、甘肃、山东、哈尔滨等地举办了凤冈锌硒茶推介活动，湄潭县组织茶叶企业赴上海、西安、沈阳、兰州、太原、西宁等地推介湄潭翠芽、遵义红。2019年，省级共组织384家茶叶企业，参加北京、上海、广州、杭州、深圳、香港、驻马店、厦门、重庆、济南、青岛、大连、济宁13个城市、地区22场茶博会及综合类展会。贵州茶企业到32个省（区、市）建立营运中心，共开设旗舰店、形象店、专卖店、代销点等13861个，其中产品进入吴裕泰、沃尔玛等大型商超系统8550个销售网点。

2. 巩固提升省内市场

积极推进茶文化与旅游融合发展，形成多点支撑。组织279家企业在省内60个景区开展"五一"品茗活动，265家企业在省内60个景区开展"十一"品茗活动；开展茶文化"六进"活动577次，营造全社会饮茶、爱茶、关心茶的良好氛围。加快推进湄潭中国茶城、贵阳太升茶叶市场、都匀毛尖茶城、安顺大明茶城、黎平中国侗乡茶城等产地茶叶批发市场改造升级，加快冷链物流、检验检测设施、信息平台等基础设施建设，提升服务功能。湄潭中国茶城入驻企业（商户）400家，年交易额18.6亿元；太升茶城入驻企业（商户）411家，年交易额21亿元。贵州省共建立销售点11876个，其中旗舰店、形象店、专卖店1484个，店中店3060个，专柜2107个，嫁接专业茶叶渠道销售网点5225个，进入大型连锁超市沃尔玛、盒马鲜生，省级红华、勇惠等便利店、乌江鱼等连锁餐饮店2950个。

3. 积极开拓国际市场

贵州省在拓展国内市场的同时，积极支持瓮安、余庆等县，铜仁市全市整体推进欧标茶园基地建设。鼓励支持企业参加各类茶叶博览会、贸易洽谈会等，搭建绿茶、红茶等茶出口通道，出口国家从传统的中东向北欧、东南亚、美国转移。2018年贵阳海关共检验检疫出口茶叶2834.6吨、货值6200.2万美元，茶叶已成为仅次于白酒、烤烟的贵州第三大出口食品。2019年，依托太古芬利、联合利华、中粮、湖南茶叶、浙茶集团等国内知名茶叶出口企业以及省内贵茶、茗之天下等本地出口企业，积极推动贵州省茶出口。其中贵茶公司出口金额约300万美元，茗之天下公司完成出口摩洛哥3000万元；七味茗香CTC红碎茶订单完成300吨；联合利华采购自铜仁、遵义和黔东南州的订单500余吨。2019年贵阳海关共检验检疫出口茶叶529批，数量4008.8吨，金额1.3亿美元，同比分别增长130%、41.4%和109.7%，销往缅甸、俄罗斯、德国、美国、日本、摩洛哥等国家及地区，茶叶成为贵州第一大出口农产品。凤冈县黔雨枝、浪竹、娄山春等13家企业通过自营出口和委托第三方出口茶叶1817吨，金额2.5亿元。

4.积极发展茶电子商务

积极引导支持茶叶企业入驻淘宝、天猫、京东等电商平台，在湄潭、凤冈等茶区建设茶园直供电子交易平台、网上商店，打造茶旅路线、主题餐厅、主题酒店、主题公园、专属茶园、品牌体验店等，线上线下联动，推动茶产业与电商融合发展。在 2019 中国·贵州网上茶博会线上展区共有 1486 家企业参展，淘宝、京东、苏宁易购、茶博会官网、云上遵义等平台在一个月时间总销售额突破 5000 万元；通过贵农网及网上茶博会上网展示销售的茶叶企业 57 家，入驻平台茶叶有红茶、绿茶、白茶、黑茶等 9 个大类，单品（SKU）数达到 338 个，茶叶网上销售额约 8700 万元。

5.实施双向结合拓展黔茶市场

贵州省坚持"走出去"与"请进来"相结合的方式，积极引进浙江、江苏等国内国际知名茶叶企业 49 家到贵州投资，总投资额 8.04 亿元。2019 年贵州茶博会前，省农业农村厅联合省投资促进局组成招商小分队赴福建、浙江开展精准招商，并邀请到日本伊藤忠（中国）集团有限公司、浙江省茶叶集团股份有限公司、安溪铁观音集团等大型企业参会；遵义市领导带队组成 4 个招商小分队赴 10 个省（区）销区，开展招商招展，邀请到经销商 666 人参会，同比增 139.57%。其中山东茶企 248 人包 2 架客机、广东茶企 120 人包 2 节高铁车厢来贵州参会。据初步统计，2019 年贵州的省外茶叶经销商数量同比增加近 20%，省内茶企接到的订单多、金额大。铜仁市在南京推介会上签订了茶产业发展项目和产销协议，现场签约 8 个项目，签约金额 4.5 亿元。黔南州在广州推介会上签订了 8 个合作协议，总投资 3.2 亿元；六盘水市在大连茶博会上签订协议，金额 1209.8 万元；贵州省余庆县凤香苑茶业有限责任公司在国际（杭州）茶博会上获得 1000 吨订单。贵茶集团 2019 年实现销售额 3 亿元、贵州湄潭兰馨茶业有限公司实现销售额 1.75 亿元。

（六）高品质严守质量安全，推动黔茶品质新提升

1.严格对标国际标准

贵州把茶叶质量安全放在首位，制定、修订了"贵州绿茶""都匀毛尖"等产品标准，农残、重金属等指标标准大规模与欧标等国际标准接轨。在全国率先

提出茶园禁用草甘膦和水溶性农药。在全国茶园 60 种禁用农药名单基础上，参照欧盟、日本及摩洛哥等国家茶园禁用标准，将茶园禁用农药名单设置为 128 种，组织开展以茶园为主的草甘膦等除草剂专项整治行动、以查处催芽素和违禁农药为重点的茶叶质量安全专项检查，督促各地开展质量安全风险排查，在 7 个茶叶主产县收缴经营环节除草剂 14 吨。从源头控制茶园投入品，在贵州省 9 个市州 40 个主产县 324 个 5000 亩以上乡镇全面实行茶园用农药专营店（专柜）制度，挂牌经营，建立销售台账和销向可追溯制度，实现登记备案制度。

2. 推进生态建园模式

早在 2008 年贵州省启动大规模建茶园时，就对贵州省 400 多万亩拟建茶园土壤取样，进行了 pH 值和铅等 7 项重金属指标检测，凡是土壤重金属背景值超标的土地一律不得建园。大力推进"林中有茶、茶中有林"的生态建园模式，在全国率先制订并发布了《贵州省茶园间作树木及技术要点》，推广茶园套种桂花、杉树、银杏、樱花等，茶园生态系统不断完善，生物多样性不断增加。2019 年，开展以草抑草、以草治草面积 20.36 万亩。全年建立林—灌—草立体生态系统示范点 162 个，推广面积 57.8 万亩。凤冈县实施"畜—沼—茶—林（花、果）"生态建园模式。引导开展茶园绿色防控，重点在出口基地、品牌专用基地、产业融合基地、茶旅基地、公路沿线茶园等基地，安插黄蓝板、投放天敌和性诱剂，实行病虫害统防统治面积 217.03 万亩。

3. 建设检测网络体系

在贵州省全面启动 43 个县级检测站、龙头企业检测室、重点市场和核心乡镇速测点的检测网络体系建设，省内具备茶叶检测资质的食品检验机构共 15 个。创建政府监管、行业自律、企业追溯、消费者查询的贵州省茶叶质量安全云服务平台，上线企业 60 家。

4. 茶叶品质得到公认

贵州严守茶叶质量安全，坚持做生态茶、干净茶。近几年，农业农村部和省内每年抽检茶样 1500 多个，重金属和农残均 100% 合格。2019 年农业农村部对贵州茶叶例行检测抽检茶样 40 个、省市场监管局监测茶叶及制品 1223 个、省农业农村厅质量安全监督抽检茶样 400 个，农药残留和重金属检测合格率 100%。

（七）谋定发展战略助推脱贫攻坚

茶产业已成为全省脱贫攻坚的支撑力量、优势产业的发展龙头、生态产业的重要抓手。

1. 制定茶产业发展战略文件

贵州省接连"出狠招"，大力扶持发展茶产业。于 2014 年、2017 年，相继出台贵州省茶产业提升三年行动计划、茶产业助推脱贫攻三年行动方案等有关政策举措。2018 年，出台《中共贵州省委贵州省人民政府关于加快建设茶产业强省的意见》（黔党发〔2018〕22 号），为茶产业步入新的历史阶段，加快推进贵州省茶产业转型升级、建设茶产业强省，助推脱贫攻坚、实现同步小康提供了强有力的政策支撑。

2. 发挥茶产业发展领导小组统领作用

成立以省领导为组长，以 16 个省直有关单位为成员的茶产业发展领导小组，以省农业农村厅原省茶办为基础，充实人员组建茶叶工作专班，统筹抓好全省茶产业发展工作。2019 年，领导小组先后召开了 4 次领导小组会议和茶产业省级财政资金整合、茶产业宣传推介等专题会议，研究部署推进全省茶产业发展各项工作，系统谋划、明确任务、细化职责、强化协同配合，共同持续发力，提出"守正创新、正本清源、确立地位"的战略思路和工作举措，出台《贵州省农村产业革命茶产业发展推进方案（2019—2020 年）》等文件，明确年度目标任务和 6 大类 33 项重点工作，确保落小落细落实，推动实现贵州省茶产业更好更快地发展。

3. 助推脱贫攻坚成效显著

贵州省茶园面积从 2006 年的不足 100 万亩增加到 2019 年年底的 700 万亩，其中投产面积 601.7 万亩，连续 6 年排名全国第一。2019 年，全年茶叶产量 40.1 万吨、产值 451.2 亿元，同比分别增 10.7%、14.5%；茶产业辐射带动 356.1 万人，带动贫困户 34.81 万人，脱贫 17.46 万人，涉茶人员年人均收入 10699.08 元，其中涉茶贫困户人均年收入 5722.79 元。

（八）打好两场战役构筑世界茶源新共识

1. 打好茶源中心论证战役

按照时间节点，"及时、有效、系统、科学"推进茶源中心论证工作。贵州省相关领导强调要正本清源，要用两三年的时间"说清楚"世界茶的源头在中国，中国茶的源头在贵州，并由省相关领导亲自带队深入湄潭、西秀、兴仁、普安、正安、毕节、习水等地就茶源头开展调研。贵州省社会科学院、贵州大学、贵州省农业科学院等从茶源历史综合渊源、茶生物进化、贵州古茶树分布等研究论证世界茶的原产地中心在贵州，并系统梳理古茶树、茶历史、茶文化、茶诗词、茶地名等资料，跟进第二颗茶籽化石鉴定。贵州作为世界茶树原产地中心和茶叶故乡，正日益形成共识。

2. 打好茶源中心宣传战役

围绕"中国茶、世界茶源头在贵州"主题，省内媒体和中央媒体开展了长时期大声势的宣传，各地各有关部门也通过举办座谈论坛、发表文章等丰富多彩的活动进行大力宣传，成效显著。2019 年 6 月 27 日，由省茶产业发展领导小组、省委宣传部、省农业农村厅指导举办的"中国古茶树高峰论坛"，探讨世界茶树发源地——贵州茶产业高质量发展之路，邀请了全国权威的古生物、植物、古茶树研究方面的专家虞富莲、杨世雄、肖坤冰、赵德刚等高端对话，共话如何运用茶园第一大省优势和丰富的古茶树资源推动贵州成为茶业强省，对贵州作为茶源中心作了更有力度和信服度的宣传。

第二节　消费者视角下的贵州茶产业竞争优势分析

（一）调查基本情况

茶叶消费是一种传统消费，也是一种成熟消费，在新的时代背景下消费者消费习惯究竟怎样？贵州茶品牌在全国消费者中的认知度如何？贵州茶产业竞争优势主要表现在什么地方？茶消费中存在哪些问题？为了更好地研究我国特别是贵州茶产业市场竞争力状况，以点带面地了解贵州茶消费市场趋势，通过网络调查形式对茶产品消费者相关内容进行调查分析。

1. 调查方法

通过相关资料了解中国茶叶的品种及其分类，对国内茶消费市场调查，获取国内消费者对茶叶的需求和对贵州茶叶的认知情况，本次研究以随机取样的形式对全国31个省、自治区、直辖市的1940名消费者做了问卷调查，回收问卷，受访者不包括学生职业和年龄低于20岁的未成年人，剔除不合格问卷后对问卷实证统计分析，得出本研究结论，以对黔茶产业发展提供政策决策参考。表4-2为被调查对象的区域分布。

2. 调查对象基本情况

被调查对象来自全国31个省、自治区、直辖市，各地区被调查样本占总调查样本的比例为：广东16.49%、上海16.13%、北京13.76%、江苏7.95%、山东7.47%、贵州0.47%。从性别看，男性占51.19%，女性占48.81%；从受教育程度看，初等学历（高中以下）占0.36%，中等学历（高中或中专）占4.52%，大学学历（大专或本科）占88.45%，高等学历（硕士及以上）占6.67%；从年龄分布看，青年（20~30岁）占38.69%，中青年（30~50岁）占58.33%，中老年（50岁以上）占2.98%；从月收入水平看，无收入占0.12%，低收入（月收入2000元以下）占1.19%，中等收入（月收入2000~5000元）占33.69%，中高收入（月收入5000~10000元）占47.14%，高收入（月收入10000元以上）占17.86%；从职业看，工人占2.86%，技术人员占15.00%，公司职员占37.26%，学者、教师占3.45%，企业管理人员占35.48%，政府、事业单位工作人员占3.33%，个体户/私营者占1.9%，离退休人员占0.12%，农民占0.12%，其他占0.24%。

表4-2 被调查对象的区域分布

单位：%

选项	比例
北京	13.76
天津	1.42
河北	3.44

续表

选项	比例
辽宁	1.78
上海	16.13
江苏	7.95
浙江	5.22
福建	3.44
山东	7.47
广东	16.49
海南	0.12
山西	1.07
吉林	0.83
黑龙江	1.19
安徽	1.54
江西	0.24
河南	1.66
湖北	1.90
湖南	1.90
内蒙古	0.95
广西	2.37
重庆	1.66
四川	4.03
贵州	0.47
云南	0.59
西藏	0.00
陕西	1.78
甘肃	0.24
青海	0.12
宁夏	0.12
新疆	0.12

(二)茶消费情况调查分析

分别从消费者了解茶的渠道,茶叶产品与茶延伸产品(茶饮料、固体浓缩饮料、茶食品等)的主要特性,茶叶与茶延伸产品的选择,购茶目的,饮茶频次,饮茶的主要目的,购买茶叶时优先考虑的因素,最想从媒体获得关于茶叶产品的信息,可接受的茶叶产品价格,茶叶产品品牌要求,平时最喜欢喝的茶叶种类,一般会买什么包装的茶,购买茶叶的主要途径,对中国10大名茶的认知状况,认为现有茶产品存在哪些问题等方面予以调查分析。

1. 了解茶的主要渠道来自网络及电视

人们了解茶的主要渠道来自网络(81.49%)、电视(67.26%)及朋友推荐(54.92%),通过广播(11.51%)、户外广告(8.90%)、楼宇广告(8.90%)及其他途径(2.02%)了解茶信息的比例较小,表4-3为消费者了解茶的主要渠道。

表4-3 消费者了解茶的主要渠道

单位:%

选项	比例
电视	67.26
广播	11.51
报纸杂志	28.35
网络	81.49
手机	43.53
楼宇广告	8.90
茶叶推销人员	39.5
朋友推荐	54.92
户外广告	8.90
其他	2.02

(1)年轻人了解茶信息主要来自网络及电视,中老年人了解茶信息主要来自网络及朋友推荐。从不同年龄段分析,20~50岁人群中,了解茶的主要渠道来自网络(20~30岁为82.46%,30~50岁为81.30%)及电视(20~30岁为64.00%,30~50岁为70.33%),而50岁以上人群中,了解茶信息的主要渠道来自网络(73.08%)及朋友推荐(65.38%),通过电视渠道了解茶信息的只占50.00%,依

靠朋友关系推荐茶的比例随着年龄的增加而增加。

（2）户外广告及楼宇广告的宣传效果不太明显。分析发现，人们通过户外广告及楼宇广告了解茶相关信息的比例较低，只有8.90%。相比较而言，年轻人对楼宇广告的关注不高，中老年人对楼宇广告的关注更大（20~30岁为6.77%，30~50岁为9.96%，50岁以上为15.38%）。

（3）手机成为年轻人获得茶信息的重要工具。平均来看，手机成为仅次于网络、电视、朋友推荐的重要渠道，但随着年龄的增加，通过手机了解茶的主要渠道比例逐渐下降（20~30岁为47.69%，30~50岁为42.07%，50岁以上为19.23%）。

2.茶叶产品的营养保健及文化传承特征最受关注

人们最关心的是茶的营养保健（79.6%）、文化传承（68.45%）及饮用解渴（65.72%）特征，对茶的性价比（29.06%）、使用方便性（25.15%）、时尚性（22.18%）等特征并不特别关注，如表4-4所示。

表4-4 人们最看重的茶叶产品主要特征

单位：%

项目	选项占比
饮用解渴	65.71
营养保健	79.52
礼品馈送	51.67
文化传承	68.33
时尚	22.14
使用方便	25.12
性价比高	29.17
其他	1.43

（1）年轻人最关注茶的营养保健及文化传承特征，中老年人最关注茶的营养保健及饮用解渴特征。从年龄段分析看，20~30岁人群中，最关注茶的营养保健（77.85%）、文化传承（72.31%）及饮用解渴（62.46%）特征；30~50岁的人群中，最关注茶的营养保健（80.49%）、饮用解渴（66.87%）及文化传承

（66.46%）特征；50岁以上人群中，最关注茶的营养保健（84.62%）、饮用解渴（84.62%）及文化传承（57.69%）特征。

（2）人们对茶的使用方便性及时尚性并不关注。相对而言，人们对茶产品的使用方便性及时尚性关注并不高，在20~50岁的人群中对茶叶的使用方便性和时尚性关注略高，50岁以上人群中，对茶叶的方便性及时尚性关注比例只有11.54%。

（3）茶产品的礼品馈送功能受重视。尽管茶产品的礼品馈送功能比例只有51.67%，但在不同年龄、职业及教育背景条件的消费人群中呈现出不同特征。一是中青年人群更关注茶产品的礼品馈送功能（20~30岁为52.31%，30~50岁为52.03%，50岁以上为42.31%）；二是学历高的人更看重茶产品的礼品馈送功能（大专或本科学历为53.36%，硕士及以上学历为43.10%，高中或中专学历为39.47%）；三是收入水平较高的人更看重礼品馈送功能（2000元以下为10.00%，2000~5000元为52.82%，5000~10000元为50.88%，10000元以上为55.63%）；四是个体户、私营者、政府、事业单位工作人员更看重茶产品的礼品馈送功能（个体户/私营者为68.75%，政府、事业单位工作人员为64.29%，技术人员为48.41%，工人为29.17%）。

3. 茶延伸产品的营养保健功能倍受关注

人们最看重茶延伸产品（茶饮料、固体浓缩饮料、茶食品等）的营养保健（72.74%）、饮用解渴（58.81%）特征，对茶延伸产品的品牌影响力（33.33%）、价格便宜性（21.67%）并不特别关注。在茶叶与茶延伸产品中，多数人选择两者兼有的产品，单独消费茶延伸产品的比例较低（茶叶30.24%，茶延伸产品13.93%，两者兼有55.48%，都不选的占0.36%）。

4. 多数人买茶的目的在于自饮及送礼

买茶的主要目的主要表现在三个方面，自饮（88.37%）、送礼（74.26%）、待客（62.75%），将茶叶作为装饰（4.27%）、收藏（13.76%）及其他用途（0.59%）的比例较小，消费者购买茶的主要目的如表4-5所示。

表 4-5 消费者购买茶的主要目的

单位：%

选项	比例
自饮	88.37
送礼	74.26
装饰	4.27
收藏	13.76
待客	62.75
其他	0.59

（1）年轻人买茶的主要目的是自饮和送礼，中老年人买茶的主要目的是自饮和待客。从年龄段分析看，20~30岁人群中，买茶的主要目的是自饮（87.08%）、送礼（81.23%）、待客（64.92%）；30~50岁人群中，买茶的主要目的是自饮（88.82%）、送礼（70.73%）、待客（61.59%）；50岁以上人群中，买茶的主要目的是自饮（96.15%）、待客（57.69%）、送礼（53.85%）。随着年龄的增大，买茶送礼的比例降低，而用于自饮的比例增加。

（2）学历较高的人买茶送礼及待客的比例较高。在高中或中专学历人群中，买茶用于送礼及待客的比例为57.89%；在大专或本科学历人群中，买茶用于送礼及待客的比例为75.54%、62.63%；在硕士及以上学历人群中，买茶用于送礼及待客的比例为72.41%、68.97%。

（3）个体户、私营业者买茶的主要目的是送礼。值得关注的是，在所有职业中，只有个体户、私营业者买茶的主要目的是送礼，比例达93.75%，且用于自饮、待客的比例只有75%及56.25%，此种现象值得关注。

5. 多数人饮茶的主要目的在于品尝欣赏及嗜好

人们饮茶的主要目的主要表现在两个方面，品尝欣赏（36.06%）、嗜好（24.44%），值得注意的是将饮茶作为交际目的的比例还比较低，仅占3.91%，消费者喝茶的主要目的如表4-6所示。

表 4-6　消费者喝茶的主要目的

单位：%

选项	比例
嗜好	24.44
品尝欣赏	36.06
保健	15.66
提神	19.22
交际	3.91
其他	0.71

6. 绝大多数消费者饮茶的主要习惯

饮茶已经成为人们生活中最平常的一项内容，每天都饮茶的人群比例达48.52%，每周饮茶达3~4次及以上的比例达31.91%，完全不饮茶的人仅占1.07%，消费者饮茶的频次如表4-7所示。

（1）男性饮茶的频次高于女性。在男性中，每天都饮茶的比例为53.83%、每周3~4次的比例为30.39%、每周1~2次的比例为11.83%、每周少于1次的比例为2.32%、不饮茶的比例为1.62%；女性中每天都饮茶的比例为42.96%、每周3~4次的比例为33.50%、每周1~2次的比例为18.45%、每周少于1次的比例为4.61%、不饮茶的比例为0.49%。

（2）学历越高饮茶的频次越高。以每天都饮茶的分布看，高中或中专学历的占28.95%，大专或本科学历的占48.39%，硕士及以上学历的占62.07%。

（3）年龄越大饮茶的频次越高。从年龄结构看，年轻人饮茶的频次不如年龄较大的人，以每天都饮茶的分布看，20~30岁的占42.46%，30~50岁的占52.03%，50岁以上的占57.69%。

（4）企业管理人员、个体户/私营者饮茶的频次高于其他职业人员。从职业看，每天都饮茶的企业管理人员占64.21%，个体户/私营者占62.5%。

表 4-7 消费者饮茶的频次

单位：%

选项	比例
每天都喝	48.52
每周 3~4 次	31.91
每周 1~2 次	15.07
每周少于 1 次	3.44
不喝茶	1.07

7. 购买茶叶时优先考虑的因素

总体而言，人们在购买茶叶时优先考虑的因素是口感（79.72%）、质量（72.12%）、品种（64.53%）及品牌（49.58%），而价格（37.01%）、包装（17.44%）、产地（19.22%）等不是主要考虑因素，购买茶叶时的优先考虑因素如表 4-8 所示。

表 4-8 购买茶叶时的优先考虑因素

单位：%

选项	比例
品种	64.53
品牌	49.58
口感	79.72
价格	37.01
包装	17.44
质量	72.12
功效	42.23
产地	19.22
其他	0.00

（1）受教育程度越高的人群购买茶时越在乎口感因素。分析发现，茶叶购买者中，文化程度越低，则越注重茶产品的质量因素，文化程度越高，越注重茶产品的口感，受教育程度与购买茶叶时优先考虑因素分析如表 4-9 所示。

表 4-9 受教育程度与购买茶叶时优先考虑因素分析

单位：%

学历	考虑因素								
	品种	品牌	口感	价格	包装	质量	功效	产地	其他
高中以下	33.33	0.00	66.67	33.33	0.00	100.00	0.00	0.00	0.00
高中或中专	36.8	44.74	68.42	63.16	5.26	73.68	34.21	15.79	0.00
大专或本科	65.99	50.67	79.84	36.16	18.41	72.18	42.47	19.49	0.00
硕士及以上	65.52	41.38	86.21	31.03	13.79	68.97	46.55	18.9%	0.00

（2）低收入人群主要在乎口感、价格、质量，高收入人群主要在乎口感、质量、品种。在低收入者（月收入 2000 元以下）中，最在乎的是茶叶的口感（80.00%）、价格（80.00%）、质量（80.00%）；在中等收入群体（月收入 2000~5000 元）中，最在乎的是茶叶的口感（76.41%）、质量（66.20%）、品种（60.92%）、价格（48.59%）；在高收入群体（月收入 5000~10000 元）中，最在乎的是茶叶的口感（79.09%）、质量（76.32%）、品种（65.99%）、品牌（52.14%）；在极高收入群体（月收入 10000 元以上）中，最在乎的是茶叶的口感（87.42%）、质量（71.52%）、品种（69.54%）、品牌（54.97%）。

（3）中青年人群更在乎口感，中老年人群更在乎质量。在 20~30 岁的青年人群中，优先考虑的因素是口感（81.23%）、质量（71.69%）、品种（63.38%）、品牌（52.00%）；在 30~50 岁的中年人群中，优先考虑的因素也是口感（79.67%）、质量（72.15%）、品种（65.24%）、品牌（48.58%）；在 50 岁以上中老年人群中，优先考虑的因素是质量（76.92%）、价格（65.38%）、品种（65.38%）、口感（61.54%）。

8. 购买茶叶产品时最想从媒体了解到的信息是产品质量、品牌知名度及茶品牌文化

对茶叶产品而言，人们在购买茶叶时最期望从媒体获得的信息是产品质量（27.05%）、品牌知名度（22.54%）、茶品牌文化（16.37%）、产地环境条件（15.30%）、产品功效（14.71%），对产品的促销信息（2.97%）、企业背

景（0.83%）等了解欲望不高。消费者对茶叶产品最想从媒体了解到的信息如表4-10所示。

表 4-10 消费者对茶叶产品最想从媒体了解到的信息

单位：%

选项	比例
产地环境条件	15.30
品牌知名度	22.54
茶品牌文化	16.37
产品质量	27.05
产品功效	14.71
促销信息	2.97
企业背景	0.83
其他	0.24

（1）男性更在乎品牌，女性更在乎质量。男性最想从媒体了解的茶产品信息是品牌知名度（26.22%）、产品质量（25.06%）、产地环境条件（16.24%）、茶品牌文化（15.31%），女性最想从媒体了解的茶产品信息是产品质量（29.13%）、品牌知名度（18.69%）、茶品牌文化（17.48%）、产地环境条件（14.32%），对促销信息及企业背景男女都不是很关注，但女性相对于男性更关注促销信息（男性：1.86%，女性：4.13%）。

（2）中青年人群更在乎品牌，中老年人群更在乎质量。在20~30岁的青年人群中最想从媒体了解的茶产品信息是产品质量（27.08%）、品牌知名度（22.77%）、茶品牌文化（17.85%）、产地环境条件（14.77%）、产品功效（13.23%），对促销信息（3.69%）、企业背景（0.62%）的关注比例较低。在30~50岁人群中，最想从媒体了解到的茶产品信息是产品质量（26.63%）、品牌知名度（22.56%）、茶品牌文化（15.45%）、产地环境条件（15.45%）、产品功效（15.85%），对促销信息（2.64%）、企业背景（1.02%）的关注较低。在50岁以上人群中，最想从媒体了解的茶产品信息是产品质量（34.62%）、品牌知名度（19.23%）、产地环境条件（19.23%）、茶品牌文化（15.38%）、产品功效（11.54%），在50岁以上人群对促销信息（0.00）、企业背景（0.00）基本不关注。

相比较看，一是中老年人群对购买产品的质量要求比中青年人群高（比20~30岁人群高7.54个百分点，比30~50岁人群高7.99个百分点），而中青年对品牌知名度要求均比中老年人高（品牌知名度50岁以上人群比20~30岁人群低3.54个百分点，比30~50岁人群低3.33个百分点），对茶品牌文化的要求比例相当。二是中老年人群对茶叶企业的促销信息及企业背景基本不感兴趣，而20~30岁人群对企业茶产品的促销信息比30~50岁人群更感兴趣，高出1.05个百分点，不同年龄消费者群体最想从媒体获得信息情况如表4-11所示。

表4-11 不同年龄消费者群体最想从媒体获得信息情况

单位：%

年龄	信息							
	产地环境条件	品牌知名度	茶品牌文化	产品质量	产品功效	促销信息	企业背景	其他
20岁以下	0	0	0	0	0	0	0	0
20~30岁	14.77	22.77	17.85	27.08	13.23	3.69	0.62	0
30~50岁	15.45	22.56	15.45	26.63	15.85	2.64	1.02	0.41
50岁以上	19.23	19.23	15.38	34.62	11.54	0	0	0

（3）受教育程度较高的群体更在乎产品质量及品牌文化，受教育程度较低的群体更在乎质量及产品功效。一是中等学历（高中或中专）人群主要关注产品质量及产品功效，普通高等教育学历（大学文化）结构群体主要关注产品质量及品牌知名度，高学历人群（硕士及以上）主要关注产品质量及茶品牌文化。高中及中专学历结构的人群最想从媒体了解的茶产品信息是产品质量（31.58%）、产品功效（26.32%）、茶品牌文化（15.79%）、品牌知名度（13.16%）、产地环境条件（10.53%），对促销信息（2.63%）、企业背景（0.00%）的关注仍然比例较低；大专或本科学历结构的人群最想从媒体了解的茶产品信息是产品质量（26.21%）、品牌知名度（23.79%）、茶品牌文化（16.13%）、产地环境条件（15.59%）、产品功效（14.11%），对促销信息（3.09%）、企业背景（0.81%）关注比例较低；而硕士及以上高学历结构的群体最想从媒体了解的茶产品信息是产品质量（36.21%）、茶品牌文化（18.97%）、产品功效（15.52%）、品牌知名度（13.79%）、产地环境条件（13.79%），对促销信息（0.00%）、企业背景（1.72%）

的关注比例极低。二是高学历人群对企业促销信息关注度较低,对企业背景的了解,在普通高等学历及中等学历人群中了解较多。

9. 多数人可接受的茶叶价格为中低端茶,对高价格茶叶需求人群较少

将人们可接受的茶叶价格区间按照如下划分:200元/500克以内为低价格茶;200~500元/克为中低价格茶;500~1000元/500克为中高价格茶;1000~2000元/500克为高价格茶;2000元/500克以上为昂贵茶。分析发现在购买茶叶时能够接受中低价格茶(200~500元/500克,50.65%)、中高价格茶(500~1000元/500克,21.23%)的比例较高,而接受低价格茶(200元/500克以内,19.69%)、高价格茶(1000~2000元/500克,6.52%)的比例较低,能够接受昂贵茶(2000元/500克以上,1.90%)的比例非常低。茶叶价格在1000元/500克以内的人群比例占到91.57%,可消费1000元/500克以上高价格茶的人群比例不到9%,人们能够接受的茶叶产品价格分布情况如表4-12所示。

表4-12 人们能够接受的茶叶产品价格分布情况

单位:%

选项	比例
200元以内	19.69
200~500元	50.65
500~1000元	21.23
1000~2000元	6.52
2000元以上	1.90

(1)购买高价格茶的男性比女性多。进一步分析发现,男性与女性对茶的消费不一定一样。一是男性与女性能接受茶叶价格区间基本相同。男性能够接受的茶叶价格主要为中低价格茶(200~500元/500克,48.72%)、中高价格茶(500~1000元/500克,21.35%)、低价格茶(200元/500克以内,19.95%)、高价格茶(1000~2000元/500克,7.66%)、昂贵茶(2000元/克以上,2.32%);女性能够接受的茶叶价格主要为中低价格茶(200~500元/500克,52.67%)、中高价格茶(500~1000元/500克,21.12%)、低价格茶(200元/500克以内,19.42%)、高价格茶(1000~2000元/500克,5.34%)、昂贵茶(2000元/500克以上,1.46%)。二是女性选择中低价格茶的比例比男性大。女性选择中低价格

茶（200~500 元/500 克）的比例为 52.67%，高出男性 3.95 个百分点。三是接受高价格茶叶的男性人群比女性人群占比高。能够接受超过 1000 元/克茶叶价格的男性人群占比为 9.98%，高出女性人群 3.38 个百分点。

（2）青年及中青年人群主要倾向购买中低价格茶，中老年人群主要倾向于购买低价格茶。表 4-13 为不同年龄人群消费者可接受的茶叶产品价格。一是随年龄的增加购买中低价格茶的比例减小，购买低价茶的比例增加，老年人群可接受的茶叶价格为中低价格茶。在青年（20~30 岁）人群中购买中低价格茶（200~500 元/500 克）、低价格茶（200 元/500 克以内）的比例为（58.46%，18.46%）。中青年（30~50 岁）人群中购买中低价格茶（200~500 元/500 克）、中高价格茶（500~1000 元/500 克）的比例为（45.93%，25.00%）。中老年（50 岁以上）人群中购买中低价格茶（200~500 元/500 克）、低价格茶（200 元/500 克以内）的比例为（42.31%，50%）。二是购买高价格茶、昂贵茶的人群主要是青年及中青年。在购买高价格茶（1000~2000 元/500 克）、昂贵茶（2000 元/500 克以上）的人群中，青年（20~30 岁）占比为（5.85%，0.62%），中青年（30~50 岁）占比为（7.32%，2.85%），中老年（50 岁以上）占比为（0，0）。

表 4-13　不同年龄人群消费者可接受的茶叶产品价格

单位：%

年龄	价格				
	200 元以内	200~500 元	500~1000 元	1000~2000 元	2000 元以上
20 岁以下	0.00	0.00	0.00	0.00	0.00
20~30 岁	18.46	58.46	16.62	5.85	0.62
30~50 岁	18.90	45.93	25.00	7.32	2.85
50 岁以上	50.00	42.31	7.69	0.00	0.00

（3）低收入人群主要购买中低价格茶，购买高价茶的主要是高收入人群。如表 4-14 为不同收入消费群体对茶产品可接受价格的偏好。低收入（月收入 2000 元以下）人群主要购买的是中低价格茶（200 元/500 克以内，200~500 元/500 克）占比分别为 60%、40%，而购买中高价格茶产品（500~1000 元/500 克及以上价格）的主要是高收入（月收入 2000 元以上）群体，其中收入越高购买茶叶的价格越高。一是随着收入的增加，购买低价格茶产品的逐渐减少，购买高价格产品

的逐渐增多。低价格茶（200元/500克以内）人群中，按无收入、低收入、中等收入、中高收入、高收入的比例分别为100%、60%、33.45%、13.85%、5.96%，购买中高价格茶（500~1000元/500克）以上的人群随收入的增加的占比增大，其中收入在2000~5000元和5000~10000元比例最高，占比分别为54.23%和53.65%。二是昂贵茶的人群中，没有中等收入及以下人群。在购买昂贵茶（2000元/500克以上）的人群中，中等收入（月收入2000~5000元）及以下人群占比为0，中高收入（月收入5000~10000元）占1.02%，高收入（月收入10000元以上）占7.95%。

表4-14 不同收入消费群体对茶产品可接受价格的偏好

单位：%

月收入	价格				
	200元以内	200~500元	500~1000元	1000~2000元	2000元以上
无收入	100.00	0.00	0.00	0.00	0.00
2000元以下	60.00	40.00	0.00	0.00	0.00
2000~5000元	33.45	54.23	10.92	1.40	0.00
5000~10000元	13.85	53.65	24.43	7.05	1.02
10000元以上	5.96	37.09	33.77	15.23	7.95

10. 多数人购茶时对茶叶品牌有要求

在购买茶叶时，多数人对茶叶的品牌有要求，有要求的比例达64.41%，没有要求的比例为13.40%，无所谓的比例为22.18%，消费者对茶品牌选择的要求状况。如表4-15所示。

表4-15 消费者对茶品牌选择的要求分析

单位：%

选项	比例
是	64.41
否	13.40
无所谓	22.18

（1）受教育程度越高的人群，对品牌的要求相对比例更高。消费者受教育

程度与购买茶产品时对品牌态度如表 4-16 所示。分析可知，初等学历（高中以下）组中对品牌有要求的比例为 0，中等学历（高中或中专）组中对品牌有要求的占 47.37%，大学学历（大专或本科）对品牌有要求的占 64.92%，高学历（硕士及以上）对品牌有要求的占 72.41%，这说明教育程度越高，在购买茶产品时对茶品牌的要求就越高。从对品牌要求持无所谓的结果分析看，初等学历（高中以下）组占的比例为 66.67%，中等学历（高中或中专）组中占 39.47%，大学学历（大专或本科）组中占 21.24%，高学历（硕士及以上）组中仅占 20.69%，同样分析可知，学历低的消费者对茶的品牌没有特别的要求。

表 4-16　消费者受教育程度与购买茶产品时对品牌态度

单位：%

学历	对品牌态度		
	是	否	无所谓
高中以下	0.00	33.33	66.67
高中或中专	47.37	13.16	39.47
大专或本科	64.92	13.84	21.24
硕士及以上	72.41	6.90	20.69

（2）月收入水平越高的人群，对品牌要求相对比例更高。一是收入越低，对品牌的要求就越无所谓。对品牌无所谓的人群中，无收入组中占 100%，低收入（月收入 2000 元以下）组中占 40%，中等收入（月收入 2000~5000 元）组中占 27.11%，中高收入（月收入 5000~10000 元）组中占 19.90%，高收入（月收入 10000 元以上）组中占 17.22%。二是收入越高，对品牌有要求的比例越大。在对品牌有要求的人群中，无收入组占 0，低收入（月收入 2000 元以下）组中占 60%，中等收入（月收入 2000~5000 元）组中占 53.52%，中高收入（月收入 5000~10000 元）组中占 68.01%，高收入（月收入 10000 元以上）组中占 76.16%。月收入状况与品牌要求如表 4-17 所示。

表 4-17 月收入状况与品牌要求

单位：%

收入	品牌要求			
	是	否	无所谓	小计
无收入	0.00	0.00	100.00	100.00
2000 元以下	60.00	0.00	40.00	100.00
2000~5000 元	53.52	19.37	27.11	100.00
5000~10000 元	68.01	12.09	19.90	100.00
10000 元以上	76.16	6.62	17.22	100.00

11. 茶叶包装中多数人偏好袋装及罐装

在购买茶叶时多数人对茶叶包装有选择，主要选择袋装（32.98%）、罐装（26.10%）、盒装（14.59%）、散装（12.69%）、礼盒装（5.81%），对包装持无所谓的人群比例只有7.83%，可见消费者对茶叶包装中选择简便装袋装、罐装的比例较高。表4-18为消费者对茶叶包装的选择倾向分析。

表 4-18 消费者对茶叶包装的选择倾向分析

单位：%

选项	比例
散装	12.69
袋装	32.98
盒装	14.59
罐装	26.10
礼盒装	5.81
无所谓	7.83

（1）年轻消费者人群更偏好于罐装茶，年龄较大的消费者更偏好于袋装茶。在青年（20~30岁）、中青年（30~50岁）中主要选择袋装（30.77%，34.15%）、罐装（29.23%，25.00%）包装，而在中老年（50岁以上人群中）中主要选择袋装（38.46%）、散装（26.92%）包装的较多。消费者年龄与对茶叶包装的选择倾向分析如表4-19所示。

表 4-19 消费者年龄与对茶叶包装的选择倾向分析

单位：%

年龄	包装选择					
	散装	袋装	盒装	罐装	礼盒装	无所谓
20 岁以下	0.00	0.00	0.00	0.00	0.00	0.00
20~30 岁	13.85	30.77	12.00	29.23	7.38	6.77
30~50 岁	11.18	34.15	16.46	25.00	4.88	8.33
50 岁以上	26.92	38.46	11.54	7.69	3.85	11.54

（2）收入较高人群选择罐装及礼盒装比例较大。在收入较低人群中，选择散装茶的比例较高。无收入人群中选择散装茶的比例为100%，低收入（月收入2000元以下）人群中选择散装茶的比例为20%，中等收入（月收入2000~5000元）人群中选择散装茶的比例为14.79%，中高收入（月收入5000~10000元）人群中选择散装茶的比例为11.08%，高收入（月收入10000元以上）人群中选择散装茶的比例为11.92%。低收入（月收入2000元以下）人群中选择罐装茶包装的比例为0，而在中等收入（月收入2000~5000元）人群中选择罐装茶包装的比例为23.24%，中高收入（月收入5000~10000元）人群中选择罐装茶包装的比例为27.46%，高收入（月收入10000元以上）人群中选择罐装茶包装的比例为29.80%。选择礼盒装的人群也随收入增加而比例增加。低收入（月收入2000元以下）人群中选择礼盒装包装的比例为0，而中等收入（月收入2000~5000元）人群中选择礼盒装包装的比例为3.87%，中高收入（月收入5000~10000元）人群中选择礼盒装包装的比例为4.53%，高收入（月收入10000元以上）人群中选择礼盒装包装的比例达13.25%。表4-20为不同收入消费者人群对茶叶包装的选择。

表 4-20 不同年龄阶段消费者人群对茶叶包装的选择

单位：%

月收入	包装选择					
	散装	袋装	盒装	罐装	礼盒装	无所谓
无收入	100.00	0.00	0.00	0.00	0.00	0.00
2000 元以下	20.00	30.00	40.00	0.00	0.00	10.00

续表

月收入	包装选择					
	散装	袋装	盒装	罐装	礼盒装	无所谓
2000~5000元	14.79	35.92	12.68	23.24	3.87	9.51
5000~10000元	11.08	32.49	16.12	27.46	4.53	8.31
10000元以上	11.92	29.14	12.58	29.80	13.25	3.31

12.茶产品存在的主要问题

多数人认为茶产品存在的主要问题表现在品质不易辨别（74.40%）、虚假宣传太多（55.60%）、品牌太杂难以选择（53.10%）、假冒伪劣产品较多（55.60%）、价格偏高（47.38%）、饮用不方便（16.90%）、文化内涵不足（13.10%），针对不同消费人群对当前茶产品存在的主要问题有所不同，如表4-21所示为茶产品存在的主要问题调查结果。

表4-21 茶产品存在的主要问题调查结果

单位：%

存在问题	所占比例
价格偏高	47.38
品质不易辨别	74.40
品牌太杂，难以选择	53.10
饮用不方便	16.90
虚假宣传太多	55.60
假冒伪劣产品较多	50.36
文化内涵不足	13.10
其他	1.31

（1）受教育程度高的人认为存在的主要问题是品质不易辨别及假冒伪劣产品较多，受教育程度较低的人认为存在的主要问题是品质不易辨别及价格偏高。在中等学历（高中或中专）人群中，认为存在的主要问题是品质不易辨别（68.42%）、价格偏高（60.53%）、虚假宣传太多（52.63%）、假冒伪劣产品较多（50.00%）；在大学学历（大专或本科）人群中，认为存在的主要问题是品质不易辨别（73.92%）、虚假宣传太多（56.05%）、品牌太杂难以选择（54.17%）、

假冒伪劣产品较多（50.00%）；在高学历（硕士及以上）人群中，认为存在的主要问题是品质不易辨别（84.48%）、假冒伪劣产品较多（55.17%）、品牌太杂难以选择（53.45%）、虚假宣传太多（53.45%）。

（2）年轻人认为存在的主要问题是品质不易辨别及虚假宣传太多，年龄较大的人认为存在的主要问题是价格偏高及品质不易辨别。在青年（20~30岁）人群中，认为存在的主要问题是品质不易辨别（75.08%）、虚假宣传太多（57.85%）、品牌太杂难以选择（53.23%）、假冒伪劣产品较多（50.77%）；中青年（30~50岁）人群中，认为存在的主要问题是品质不易辨别（70.19%）、虚假宣传太多（54.47%）、品牌太杂难以选择（54.27%）、假冒伪劣产品较多（49.19%）；在中老年（50岁以上）人群中，认为存在的主要问题是价格偏高（76.92%）、品质不易辨别（69.23%）、假冒伪劣产品较多（65.38%）、虚假宣传太多（50%）。

（3）高收入人群认为存在的主要问题是品质不易辨别及虚假宣传太多，低收入人群认为存在的主要问题是虚假宣传太多及假冒伪劣产品较多。一是收入较低人群中，认为主要问题是虚假宣传太多、假冒伪劣产品较多及价格较高。认为虚假宣传较多、价格偏高的人群随着收入的增加而减少。低收入（月收入2000元以下）人群中认为虚假宣传较多的比例为90.00%，假冒伪劣产品较多的比例为80.00%，价格偏高的比例为70.00%；中等收入（月收入2000~5000元）人群中认为虚假宣传较多的比例为52.82%，假冒伪劣产品较多的比例为51.06%，价格偏高的比例为54.93%；中高收入（月收入5000~10000元）人群中认为虚假宣传较多的比例为55.67%，假冒伪劣产品较多的比例为47.86%，价格偏高的比例为45.34%；高收入（月收入10000元以上）人群中认为虚假宣传较多的比例为58.94%，假冒伪劣产品较多的比例为53.64%，价格偏高的比例为37.75%。二是高收入人群认为存在的主要问题是品质不易辨别、虚假宣传太多、品牌太杂难以选择。在月收入超过5000元人群中，普遍认为茶产品存在的主要问题是品质不易辨别、虚假宣传太多、品牌太杂难以选择。其中，中高收入（月收入5000~10000元）人群中认为品质不易辨别（74.56%）、虚假宣传太多（55.67%）、品牌太杂难以选择（55.42%）；高收入（月收入10000元以上）人群中认为品质不易辨别（77.48%）、虚假宣传太多（58.94%）、品牌太杂难以选择（56.29%）。表4-22所示为不同收入群体认为茶产品存在的主要问题。

表 4-22 不同收入群体认为茶产品存在的主要问题

单位：%

月收入	存在的问题							
	价格偏高	品质不易辨别	品牌太杂，难以选择	饮用不方便	虚假宣传太多	假冒伪劣产品较多	文化内涵不足	其他
无收入	0.00	0.00	0.00	0.00	0.00	0.00	100.00	0.00
2000 元以下	70.00	60.00	30.00	20.00	90.00	80.00	20.00	0.00
2000~5000 元	54.93	73.24	49.65	11.62	52.82	51.06	12.32	1.41
5000~10000 元	45.34	74.56	55.42	20.91	55.67	47.86	13.35	1.26
10000 元以上	37.75	77.48	56.29	16.56	58.94	53.64	13.25	1.32

（三）贵州茶品牌竞争力分析

1. 中国十大名茶认知

（1）在用户网络调查中都匀毛尖全国排名第 11。2018 年，将曾经被各种渠道入选进中国十大名茶的 16 种茶叶品牌在调查用户中予以选择调查，被调查者 16 中选 10，按照被选中的获票率高低排序，得到中国的十大名茶是：安溪铁观音（1）、洞庭碧螺春（2）、云南普洱茶（3）、西湖龙井（4）、黄山毛峰（5）、祁门红茶（6）、信阳毛尖（7）、武夷岩茶（8）、庐山云雾（9）、峨眉竹叶青（10）。其中都匀毛尖排名第 11 位，表 4-23 为基于网络调查的全国十大名茶排名。

表 4-23 基于网络调查的全国十大名茶排名

茶品牌	调查得票率（%）	得票排名	百度指数	百度指数排名	所在省市（区域）
安溪铁观音	91.67	1	677	9	福建安溪县
洞庭碧螺春	88.81	2	2520	1	江苏苏州市
云南普洱茶	84.76	3	331	12	云南西双版纳
西湖龙井	81.79	4	1459	4	浙江杭州市
黄山毛峰	78.93	5	1244	5	安徽黄山（徽州）

续表

茶品牌	调查得票率（%）	得票排名	百度指数	百度指数排名	所在省市（区域）
祁门红茶	68.10	6	1200	6	安徽祁门县
信阳毛尖	67.86	7	1948	2	河南信阳市
武夷岩茶	67.14	8	532	10	福建闽北
庐山云雾	62.26	9	294	13	江西九江市
峨眉竹叶青	58.93	10	926	7	四川峨眉山市
都匀毛尖	55.24	11	392	11	贵州都匀市
君山银针	55.12	12	722	8	湖南岳阳洞庭湖
四川茉莉花茶	49.05	13	8	15	四川乐山犍为县
六安瓜片	46.55	14	1518	3	安徽六安市
蒙顶甘露	23.57	15	288	14	四川省名山、雅安两县的蒙山
湖南蒙洱茶	20.24	16	0	16	湖南新化县奉家山蒙洱冲
雷公山银球茶	13.76			11	

数据来源：网络问卷调查及百度搜索系数❶

（2）品牌搜索百度指数都匀毛尖全国排名第11。百度指数通过对百度的海量数据统计分析，一方面通过进行关键词搜索热度分析；另一方面通过深度挖掘相关舆情信息、市场需求，以及与用户特征相关的多方面数据特征，是品牌知名度在网上的一种重要体现，百度指数越大，表示搜索与关注的人越多。百度指数包括来自PC端的关键词搜索指数，以及通过移动互联网移动端的无线搜索指数，随着以手机为主的移动互联网的普及推广，通过手机获取信息的用户越来越多。将曾经被各种渠道入选进中国十大名茶的16种茶叶品牌在百度搜索指数中搜索统计，按照整体搜索指数高低排序，得到中国的十大名茶的百度指数排名：洞庭

---

❶ 2019年7月17日百度搜索指数（半年日均）数值为参考，部分品牌名茶没有创建百度关键词，百度指数无数据。

碧螺春（1）、信阳毛尖（2）、六安瓜片（3）、西湖龙井（4）、黄山毛峰（5）、祁门红茶（6）、峨眉竹叶青（7）、君山银针（8）、安溪铁观音（9）、武夷岩茶（10）。其中都匀毛尖排名第 11 位，其他品牌的排名为云南普洱茶（12）、庐山云雾（13）、蒙顶甘露（14）、四川茉莉花茶（15）、湖南蒙洱茶（16）。

（3）中国茶叶区域公用品牌价值都匀毛尖全国排名第 11 位。2019 年，浙江大学 CARD 中国农业品牌研究中心、中国茶叶区域公用品牌价值评估课题组评估都匀毛尖品牌价值为 32.9 亿元，在全国排名第 11 位（2018 年都匀毛尖品牌价值为 29.9 亿元，在全国排名第 9 位）。2019 年排名前 20 位的茶叶区域品牌是：西湖龙井（1）、普洱茶（2）、信阳毛尖（3）、福鼎白茶（4）、洞庭山碧螺春（5）、大佛龙井（6）、安吉白茶（7）、蒙顶山茶（8）、六安瓜片（9）、安化黑茶（10）、都匀毛尖（11）、福州茉莉花茶（12）、武夷山大红袍（13）、祁门红茶（14）、峨眉山茶（15）、坦洋工夫（16）、太平猴魁（17）、赤壁青砖茶（18）、庐山云雾茶（19）、武当道茶（20）。进入前 100 名的贵州茶叶区域公用品牌价值排名为：都匀毛尖（11）、湄潭翠芽茶（24）、梵净山茶（31）、凤冈锌硒茶（42）、遵义红（80）、余庆苦丁茶（91）。

2. 贵州十大名茶认知

用户网络调查中都匀毛尖在贵州排名第 1 位。对曾经入选贵州十大名茶的 11 种茶叶品牌按照 11 选 10 调查，以获票率高低排序，贵州的十大名茶为：都匀毛尖茶（1）、梵净山翠峰茶（2）、贵定云雾贡茶（3）、凤冈明前毛尖茶（4）、凤冈绿宝石茶（5）、凤冈锌硒茶（6）、湄潭翠芽茶（7）、金沙"清水塘"清池翠片茶（8）、遵义红（9）、石阡苔茶（10）、雷公山银球茶（11）。部分贵州品牌名茶没有创建百度关键词，百度指数无数据，基于网络调查的贵州十大名茶排名状况如表 4-24 所示。

表 4-24 基于网络调查的贵州十大名茶排名状况

品牌名称	调查得票率（%）	得票率排序	百度指数	指数排名
都匀毛尖茶	65.95	1	476	1
梵净山翠峰茶	42.94	2	0	
贵定云雾贡茶	36.42	3	0	

续表

品牌名称	调查得票率（%）	得票率排序	百度指数	指数排名
凤冈明前毛尖茶	35.11	4	0	
凤冈"绿宝石"茶	31.20	5	0	
凤冈锌硒茶	25.03	6	0	
湄潭翠芽茶	24.08	7	347	2
金沙"清水塘"清池翠片茶	21.12	8	0	
遵义红	18.39	9	0	
石阡苔茶	18.15	10	112	3
雷公山银球茶	13.76	11	0	

数据来源：网络问卷调查及百度搜索系数❶

3. 贵州茶业的竞争力认识

贵州茶业竞争力较强。调查结果显示，认为贵州茶叶竞争力较强及很强的人群达 67.97%。调查对象中不了解贵州茶叶的仅占 8.42%，认为贵州茶业竞争力较强的比例为 48.40%、竞争力很强的比例为 19.57%、竞争力一般的比例为 21.71%、没有竞争力的比例为 1.90%，贵州茶产业竞争力状况如表 4-25 所示。

表 4-25　贵州茶产业竞争力状况

单位：%

竞争力程度	比例
竞争力很强	19.57
竞争力较强	48.40
竞争力一般	21.71
没有竞争力	1.90
不了解贵州茶叶	8.42

4. 贵州茶叶品牌的主要弱势

和全国其他地区茶叶品牌比较，贵州茶叶的弱势主要在于宣传力度小，品牌

---

❶ 2019年7月17日百度搜索指数（半年日均）数值为参考，部分品牌名茶没有创建百度关键词，百度指数无数据。

影响力低，生产厂家多，生产技术落后，质量不稳定等。综合起来，贵州茶叶品牌的弱势主要表现在：一是宣传力度小，品牌影响力低；二是品牌多乱杂，知名品牌较少；三是生产厂家多，生产技术落后，质量不稳定；四是政府投入及扶持力度小。认为文化底蕴不深厚，生产成本高、茶叶价格较高的比例并不高，分别只占28.57%及20.71%，贵州茶叶品牌的主要弱势如表4-26所示。

表4-26　贵州茶叶品牌的主要弱势

单位：%

贵州茶叶品牌的主要弱势	比例
生产成本高，茶叶价格较高	20.71
宣传力度小，品牌影响力低	70.48
生产厂家多，生产技术落后，质量不稳定	47.38
品牌多乱杂，知名品牌较少	47.74
政府投入及扶持力度小	34.52
文化底蕴不深厚	28.57
其他	0.83
对此问题不了解	5.24

第三节　贵州茶产业发展环境及竞争力分析

综合利用PEST环境分析模型、波特5P竞争力模型及SWOT模型对黔茶的综合竞争力分析，分析了贵州省茶产业发展的综合环境及核心竞争力。

（一）PEST分析

PEST分析也称PEST分析法，主要用于对宏观环境的分析。通过对不同行业、企业自身宏观环境因素等的分析，找到企业或行业发展中针对环境问题的应对措施。PEST主要包括对行业、企业中与政治（Political）、经济（Economic）、社会（Social）和技术（Technological）相关的外部环境因素影响对行业、企业发展的影响。通过PEST分析模型，对影响贵州茶产业发展的政治、经济、社会、技术主要环境因素分析和识别，找到有利于黔茶的发展战略和发展环境，从长远意义上更有利于黔茶产业快速、健康、可持续地发展。

1. 政治要素

当前是贵州省茶产业发展的最好时期，良好的政治环境对助推贵州省茶产业的跨越式发展具有重要的环境支撑作用。

（1）国家出台了系列茶产业发展的相关政策。2009年5月，《全国茶叶重点区域发展规划》（2009—2015年）由农业部办公厅发布，《规划》将贵州打造为全国长江上中游特色和出口绿茶重点区域发展。2012年3月，《国务院关于支持农业产业化龙头企业发展的意见》中明确对加快发展农业产业化经营、做大做强龙头企业做出了相应的指导意见。2012年6月，出台了《国务院关于加强食品安全工作的决定》，明确了加大茶产品的食品安全监督力度，提出加强食品安全工作的工作目标，进一步健全食品安全监管体系等。

（2）国发2号文件对茶产业发展的支持。2012年1月，《国务院关于进一步促进贵州经济社会又好又快发展的若干意见》文件发布，该文件的出台为贵州茶产业快速发展营造了一个良好的宏观政策环境。贯彻落实好该文件，是对贵州省茶产业发展的良好政策机遇。文件指出，要努力提高贵州省的茶叶加工能力和加工水平，全面提升黔茶知名度和市场竞争力，积极推进黔茶产业基地建设，走一条高产高效、品质优良、绿色有机、加工精细的现代农业发展道路。

（3）贵州省委、省政府把茶产业发展放在突出位置。2007年，贵州省委、省政府下发了《关于加快茶产业发展的意见》（黔党发〔2007〕6号），确定把茶产业的发展作为一个核心的产业来抓。2012年贵州省茶产业发展大会提出，要求整合资源、合力推动，使贵州省茶产业继续加快发展、提速转型。2013年10月，贵州省领导强调，加快推进茶产业强省建设，提出将茶产业作为贵州省的绿色产业、优势产业、富民产业来抓。2014年，出台《贵州省茶产业提升三年行动计划（2014—2016年）》，提升行动从品牌创建、市场拓展、加工升级、基地提升、质量保障、科技创新、金融服务和文化宣传八个方面入手，多措并举推进贵州省茶产业转型升级发展。2017年，出台《贵州省发展茶产业助推脱贫攻坚三年行动方案（2017—2019年）》等有关政策举措。2018年，出台《中共贵州省委贵州省人民政府关于加快建设茶产业强省的意见》(黔党发〔2018〕22号),为茶产业步入新的历史阶段,加快推进贵州省茶产业转型升级、建设茶产业强省,助推脱贫攻坚、实现同步小康提供了强有力的政策支撑。

(4)"守底线、走新路、奔小康"政策引领。贵州省深入贯彻《中共贵州省委关于深入贯彻落实习近平总书记视察贵州重要讲话精神走出一条有别于东部不同于西部其他省份发展新路的决定》的文件精神,全面落实好"守底线、走新路、奔小康"的要求,做好包括茶产业在内的"五大名片",努力实现贵州省经济社会发展的历史性新跨越。成立以贵州省领导为组长,以16个省直有关单位为成员的茶产业发展领导小组,充实人员组建茶叶工作专班,统筹抓好贵州省茶产业发展工作。2019年2月以来,贵州省茶产业发展领导小组先后召开四次专题会议,研究部署推进贵州省茶产业发展各项工作,系统谋划、明确任务、细化职责,强化协同配合,共同持续发力,推动实现贵州省茶产业更好更快发展。

2. 经济要素

经济的快速发展和人民生活水平的不断提高使消费结构发生了改变,国民的生活从只注重经济总量向健康休闲时代转变,人们在实现小康生活的同时对健康的要求更加迫切。随着消费者对黔茶所具有的特殊保健功效科学认识的加深,黔茶消费需求将会逐渐增大,消费群体不断扩大,为黔茶的持续健康快速发展创造了条件。

(1)中国经济的高速增长。改革开放40多年,中国的经济稳步增长,成为全球最大经济体之一。据相关部门数据统计,中国未来GDP仍会继续增长。茶叶行业是传统产业,其运营本质上更多还停留在农业阶段而非工业阶段。2014年我国茶叶产值达1349亿元,占GDP的比重为0.21%左右,2018年我国茶叶产值达2157亿元,占900309亿元GDP的比重为0.23%左右,随着茶叶行业规模化、品牌化的发展,第二产业和第三产业比重上升,茶叶行业在国民经济中的地位也在稳步上升。

(2)经济增长对消费结构的改变。茶叶市场受一个国家或地区的整体经济发展水平的影响。随着我国经济的快速发展,人均GDP不断提高,人们生活水平的提高使消费者对茶叶的需求和购买力也大幅度上升。消费者对茶叶的需求从普通的解渴饮料逐渐向更讲究茶产品品牌化和高端化的方向转变,茶叶消费需求开始由散装大宗茶向品牌名优茶叶消费转变,商务礼品也由对健康有害的烟酒向高品位象征的高档茶叶转变。

（3）人均可支配收入对消费结构的改变。全国城镇居民人均可支配收入由 2007 年的 13786 元增至 2018 年的 39251 元，11 年年均增长 9.98%。我国经济的快速发展将是影响消费者行为的最重要因素。预计未来 10 年，我国经济仍将保持持续高速增长，中产阶级及富裕消费者群体将新增到 2.7 亿元。消费者收入的变化导致支出模式也会发生相应变化，国民食物支出的比重逐渐降低，在休闲娱乐、健康保健等方面的支出增加，茶叶作为主要的休闲消费产品之一，其消费比例也将会有一定提升。随着消费者收入的增加和消费观念的转变，小众消费形式也逐渐壮大，相对于大众消费市场，小众消费市场更讲究品牌效应，符合高端消费者需求的品牌化、高端化茶叶在未来具有广阔的市场空间。

（4）黔茶作为贵州省经济发展的新引擎。近年来，我国经济结构性转轨加速，步入了新常态发展阶段。自 2014 年以来，贵州省茶产业沿着《贵州省茶产业提升三年行动计划》目标，从品牌创建、市场拓展、加工升级、基地提升等八个关键环节入手，结合茶产业发展趋势，多措并举，走出了一条高速增长之路。2018 年，出台《中共贵州省委贵州省人民政府关于加快建设茶产业强省的意见》（黔党发〔2018〕22 号），茶产业步入高质量发展新的历史阶段。2014 年，全年茶叶总产值 165 亿元，占贵州省 GDP 总值的比例达 1.78%，高出全国平均水平 1.57 个百分点，而 2018 年，全年茶叶总产值 394 亿元，占贵州省 GDP 总值 14806 亿元的比例达 2.66%，高出全国平均水平 2.43 个百分点。贵州省茶产业已进入了加速发展的关键时期，进入了由茶产业大省向茶产业强省转变的重要时期。贵州茶产业不断发展，使得更多的农民收入不断增多，使得农业产业结构之间的比例更加合理。所以，贵州省委、省政府优先发展茶产业，并对茶产业的发展与深化充满希望，贵州省形成了一个产业发展的良好环境，走农业结构调整的路子，抓好茶产业发展、发展茶文化、做深做透茶叶这篇文章。

3. 社会与文化要素

中国文化之所以受到世界的追崇，与茶作为中国文化传播的媒介密切相关。现代茶文化蓬勃发展和茶文化活动的广泛开展，不仅丰富了广大人民群众的物质文化生活，而且有力地促进了社会的和谐与进步和茶产业的发展。

（1）茶文化促进了社会的和谐与进步。茶是我国的"国饮"。"茶为国饮"增进国民的身体健康，有利于反腐倡廉和精神文明建设，促进国际国内交流和和谐社会发展，促进了农民的致富和社会进步。

（2）茶文化促进了茶产业的快速发展。中国经济建设的飞跃发展促进了文化事业的快速发展。在大力弘扬茶文化背景下，近几年来我国茶文化热兴起，"多喝茶、喝好茶"理念得到多数人认可，促进了茶叶产品的多元化消费，促进了中国茶叶生产、贸易、茶旅游业的发展。茶叶市场的繁荣、茶农的富裕，带动了地方经济的全面发展。借着茶文化热对茶叶产区名优茶的开发，为茶产业的进一步发展奠定了坚实基础。茶区利用各自的优势条件，加强茶旅游文化建设，建成了一批富有民族特色和茶文化内容的旅游景点，受到了中外游客的欢迎。

（3）茶文化成为贵州茶产业发展的新优势。大力发展茶产业是贵州省守好发展和生态两条底线、发挥后发优势的重要举措。坚持创新发展、融合发展、延长产业链、提升附加值，以茶兴业、以茶惠民、以茶养文，茶产业和茶文化成为贵州发展的新优势。贵州省民族文化底蕴深厚，旅游资源丰富，做好茶与文化旅游的融合，发挥茶文化的优势，提升茶文化对黔茶的核心竞争力。通过大力加强平台建设、内容建设，广泛开展斗茶、茶艺表演、茶具展示等丰富多彩的茶文化活动，不断增强品牌活力，推进茶旅一体化新业态发展，增强游客的体验性、参与性，让更多的消费者感知茶、认识茶、喜欢茶。

4.科技要素

科技创新不仅能够提升产品的标准化水平，也是茶产业发展的精髓，没有科技的进步，就很难带来茶产业的现代化，科技要素对茶产业转型升级、高质量发展至关重要。

（1）科技发展是茶产业发展的重要支撑。我国茶产业没有形成国际航母型企业的重要原因就是科技落后。随着科技的发展，茶叶种植及生产逐渐改变了"靠天吃饭"的传统生产模式，实现产品的标准化和规范化。在茶叶种植和加工方面，通过科学技术提升和稳定了茶叶的品质，大大提高了茶叶的生产与加工效率，降低了成本。在深加工方面，利用科技手段研制茶的衍生产品，提升了茶叶的附加值。利用大数据、人工智能、物联网、互联网、电子商务、质量跟踪技术等科技手段，有效推动了茶产品在流通领域中的科技应用。

（2）科技手段提升了消费者对黔茶的信任度和安全感。随着加工工艺水平的提高，以及茶产业质量及安全性等科技手段的应用，黔茶安全性、卫生性、健康性不断提高,逐步满足了消费者对茶产品质量及安全的更高层次要求。科学技术在茶叶种植、生产加工及销售渠道中的广泛应用,提升了消费者对贵州茶叶的信任感和安全感。加强茶叶科技在黔茶产业中的推广应用,适当地把握好科技要素对黔茶产业的推进作用,将有力地促进黔茶产业的跨越式发展。

(二)波特五力模型分析

波特竞争力模型,又称波特五力分析模型(Michael Porter's Five Forces Model),由迈克尔·波特于20世纪80年代初提出,它认为行业中存在着决定竞争规模和程度的五种力量,这五力是"供应商的议价能力、购买者的议价能力、潜在新进入者的威胁、替代品的替代能力、行业内竞争者现在的竞争能力"。将波特五力分析模型用于黔茶产业的行业竞争战略分析,可有效地分析黔茶产业中企业及客户的竞争环境。波特五力分析模型中不同力量的组合变化影响着某行业的战略变化,如图4-3所示。

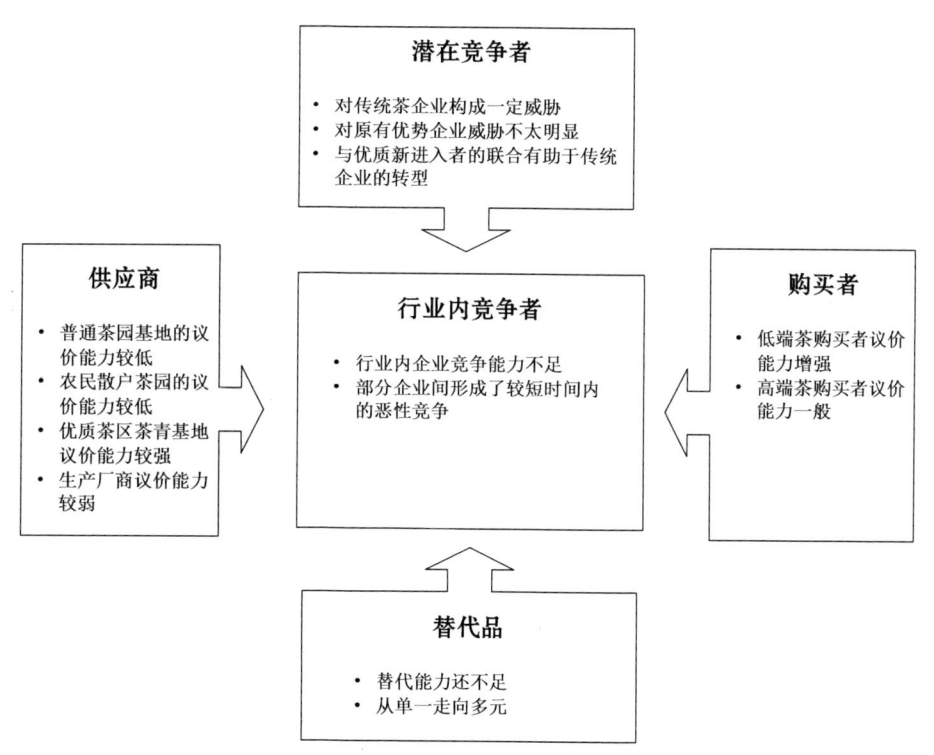

图4-3 黔茶产业波特五力分析模型

1. 潜在竞争者进入的能力分析

茶产品行业竞争程度不断加剧，潜在竞争者的进入对传统茶企业构成一定威胁，但对原有企业威胁不太明显，实力较强的新进入者对原有大企业威胁较大，与优质引进企业的联合有助于传统企业的转型，但黔茶产业企业总体上利润空间继续呈现逐步缩小趋势。

（1）对传统茶企业构成一定威胁。贵州茶叶所具有的一些独特优势使贵州茶产业的利润较社会平均利润水平略高，与其他地区比较，黔茶的独特性使其市场发展空间更大、核心竞争优势更能显现。贵州省吸引了国内外众多的投资者进入到茶行业，特别是国内外实力较强的潜在竞争者对贵州省茶产业投资，会导致黔茶企业数量不断增加，一定程度上加剧了黔茶产业的市场竞争，对贵州传统茶产业企业构成了一定威胁。

（2）对原有优势企业威胁不太明显。贵州茶产业集中度偏低，从某种意义上说，原有的企业共同分担了新进入者的威胁。新进入者多数是以招商引资引入，以技术领先者及大企业集团的形式进入，在市场份额中占有的是高端市场或其他延伸产品市场，因此即使是新进入者对黔茶产业原有企业威胁时刻存在，其威胁的影响性也不是特别明显和容易察觉。

（3）与优质新进入者的联合有助于传统企业转型。贵州茶产业的发展，需要引进一批实力雄厚、技术及管理先进的企业，这类企业一般都是作为招商引资引进来的实力较强的企业，综合实力较强，因此对原有中小茶产业企业构成的威胁相对较小。以前传统的大中型茶企在资金实力、经营管理、产品研发、市场网络体系及人才拥有等方面的实力都不及新引进的先进企业，受到的威胁较大。在政府引导下引进的实力较强企业如果能够与本地大中型企业联合经营，也有助于促进原有企业的转型发展，通过适当的整合促进原有企业的技术改进、工艺提升、管理进步和效益增加。

2. 行业内竞争者现在的竞争能力

相对发达地区而言，贵州省行业内企业竞争能力不足，其产品的市场占有率较低，部分企业间形成了较短时间内的恶性竞争，影响了茶产业的良性发展。

（1）行业内企业竞争能力不足。从产业发展生命周期看，黔茶当前处于成长期阶段，贵州茶产业具备了一定规模，形成了一定的产业格局，与全国其他地区相比较，整体水平还比较低下，竞争能力不足。总体上贵州省茶叶企业规模普遍偏小，为数不多且规模较大的茶叶企业，其产业格局还不够稳定。黔茶产业发展速度迅速，产业在总体上还处于较大范围的调整中。从茶产业市场结构看，当前生产企业普遍为中小型企业，市场集中度不高，企业整体竞争能力不足。在茶叶主产区，茶叶基地建设、支撑技术、产品类型、消费市场等方面同质化倾向严重。贵州省的茶叶知名品牌不多，相对而言多集中在中低档产品中，研发设计的能力有待于提高，市场化的管理和宣传推广不够。

（2）部分企业间形成了较短时间内的恶性竞争。尽管部分本省企业在激烈的市场竞争中通过差异化战略获得了快速发展，但本省企业和外省企业之间在黔茶茶青选择、基地选择、黔茶价格制定等方面常常出现恶性竞争现象，更有部分企业参与到假冒伪劣产品生产及销售中，导致区域品牌质量和信誉受损。

3. 替代品的威胁

我国茶叶行业可能的替代品主要包括新型的茶饮料、碳酸饮料、咖啡等。从替代品分析看，没有能特别影响并替代贵州茶产业发展的因素，黔茶的替代品替代能力均不是很强，对黔茶产业威胁不足。

（1）替代品的替代能力还不足。沿海及贵州周边地区茶叶的某些替代品价格具有比较优势，但对于消费者而言其所包含的功效和品牌带来的效应没有深化，对于同等减脂效果的产品，但是其价格比较高昂、消费群体少、含有多种非天然的化学成分，部分用户对其还有恐惧心理，与茶叶健康自然的诉求有区别，对茶产品的替代能力不足。贵州省提高了茶产品的地方标准，这些标准高于全国标准，如将相关的品牌的一级、二级（包括珍品、特级）的水浸出物含量都确定在40%以上，在全国很少有一个茶区敢把水浸出物的标准定在40%以上，国标只有34%，我们比国标高6个百分点，原因就是因为只有贵州的地理环境条件能够生产出这么优质的茶叶，这无疑提高了新进入者的进入门槛。

（2）替代品从单一走向多元。除直接消费茶叶外，还通过对茶叶有效物质的提取，包括茶色素、茶多酚等在内的茶叶提取物正广泛地改变消费结构，茶产品从单一走向多元化发展。在过去20年，虽然我国人均茶叶消费增加了近3倍，相对而言我国的每人平均年茶叶消费量非常少，大约为0.4千克，而世界每人平均消费茶叶为0.5千克，没有达到世界消费基准，所以茶消费的潜力巨大。中国以绿茶生产为主，贵州省又是茶叶种植及生产加工大省，尽管茶产品的替代产品包括其他茶类以及咖啡等饮料不断涌现，也成为年青一代的消费主流，但茶叶消费的总体需求还是增加的。替代品的威胁主要来自替代品的特色、顾客嗜好、价格及地域等，黔茶特殊的品质、独特的口味及保健功能、文化内涵等是其核心竞争力，这也是全国其他茶类难以复制的品质特征。

4. 购买者的议价能力

黔茶产品的购买者从生产厂家的角度看是流通渠道的经销商、终端茶叶消费者等，这里的议价能力主要是购买者通过其压价，要求生产商提供较高产品质量、服务质量的能力，从而影响行业中现有企业的盈利能力。

（1）低端茶购买者议价能力增强。中国有着悠久的茶文化历史和习惯，茶叶是人们生活的重要一部分。对一般的普通消费者来说，茶是日常生活中必不可少的一部分，可以提神和缓解口渴。贵州省以绿茶生产为主，无论从品牌影响力还是产量，贵州茶叶竞争能力都仍然不足，国内绿茶品牌众多，黔茶产量不断增加，导致黔茶市场呈现供过于求状态，由于生产工艺、产品特征等原因，贵州省茶产品平均价格在全国最高，茶产品市场正在逐步由卖方市场向买方市场过渡，购买者的议价能力增强。

（2）高端茶购买者议价能力一般。现代生活节奏越来越快，日常生活中的人们比较焦虑，对于办公室工作的现代白领，喝茶有助于舒缓自己，也可以美容养颜、提神醒脑。相较于比较高层次的消费者而言，重在感受体验茶文化，在茶文化的氛围中修身养性，提高自身的文化品位。根据影响购买者议价能力的因素分析可以看出，对于黔茶的高端产品，由于消费者对产品的认知并不成熟，消费者的议价能力还不高，消费者对价格的敏感度还不强。但随着买方市场的逐渐形成、利润驱使使新进入者逐渐增多，消费者特别是大宗消费者的议价能力会不断增强。

5. 供应商的议价能力

从行业看，黔茶生产加工企业的供应商主要包括茶青的茶园基地、出售茶叶产品的农民以及相关的劳动力等。从供应看，黔茶的茶青供应商主要有农民自己的茶园、公司基地自己的茶园、单独企业的茶园、生产厂家作为企业向市场的供应等。

（1）普通茶园基地的议价能力较低。由于黔茶加工企业对原料供应商的控制，很多企业自己公司与茶园要么形成联盟，要么形成"公司+基地"形式，这样能够保障黔茶特有的原料品质质量。即使是单独的"基地+农户"企业，为了防范由于市场变化导致茶青无法售出现象，也需要尽量与公司达成"公司+基地+农户"的合作模式，这种合作使茶青供应商的讨价还价能力较低。

（2）农民散户茶园的议价能力较低。在国家政策的大力支持下，全省茶园的茶叶产量不断提高，特别是农民种植茶园的积极性增加，茶生产加工企业为了保证茶叶稳定的销量，与农户开始寻求广泛合作。但由于农民散户茶园的规模和质量有限，作为农民茶园的供应商讨价还价能力相对较低。

（3）优质茶区茶青基地议价能力较强。贵州省特殊的地理环境使贵州的茶青成为全国最好的茶青供应基地，特别是黔南州、遵义市、黔东南州的优质茶青基地更是省内外茶生产加工企业青睐的原料生产加工地。黔茶产业市场集中度普遍偏低，茶青供应商较分散，企业在选择茶青供应商方面选择空间较大。随着科技的不断发展，受黔茶产业平均利润率较高驱使，将不断有新的资本加入。由于外地购货商到贵州省以高价形式收购茶青，导致优质茶青外流，无形中提高了优质茶区茶青基地的议价能力。

（4）生产厂商议价能力较弱。随着贵州省对茶产业发展的高度重视，政策上也提出了集中人力、物力和财力，扶持和鼓励大企业、大集团，通过以点带面，全面提升黔茶品牌知名度和影响力的方式支持贵州茶产业做大做强。但对一些从事着基本而规模不大的普通生产、批发、零售商而言，却很难见到实质性突破发展。在政策上虽然有对茶产业发展有支持，但补贴都是给茶农的，作为中间商、批发商、普通生产厂家什么也没有。贵州茶品质绝对好，就是价格不占优势。贵州茶的生产比较原生态，人工采茶，人工加工，这些是特色，但也是贵州茶发展的障碍。因此贵州茶能够走出去，一个是在品牌上还没有有效的提升，另外就是成本较高、价格较贵、在管理上还明显不足。现在贵州茶议价能力有所增强，但总体来看还是较弱。

（三）SWOT 分析

SWOT 战略分析的实质就是充分利用黔茶产业的自身优势，分别从优势、劣势、机会、威胁四个方面分析贵州省茶产业发展中内外环境的变化给对黔茶产业带来的影响。

1. 优势

贵州的地理环境优势、政府政策优势,茶叶种植栽培历史和生产发展实践表明,贵州具有全国其他省区所不具有的产茶优势条件。

(1) 自然优势好,品质特征卓越

一是茶树得天独厚的自然生长环境。茶树系多年生灌木型木本常绿叶用植物,具有喜温、喜湿、耐阴、忌碱等特性,贵州高海拔、低纬度、气候温和等得天独厚的自然条件,很适宜茶树的生存和繁衍。第一,茶树年生长周期主要由气温条件决定,贵州境内气温条件对茶树生长十分有利。第二,茶树为叶用植物,降水要求较高,而贵州恰好雨量充沛,是茶叶生长和内在品质形成的最有利条件。第三,茶树是耐阴作物,光照对茶树影响较大,贵州恰好是高原山区云雾集聚,特殊的地理环境条件促进和改善了茶叶对光线的有效利用,有利于增进茶叶品质提升。第四,茶树是适于酸性土壤的深根植物,在 pH 值 4.5~6.0 的酸性土壤中生长良好,贵州全省境内土壤呈微酸性,其生态环境条件是全国满足茶树生长发育条件最优的地区。除了贵州自身的茶树种以外,即使是外地的茶树种在贵州种植,其茶叶品质都比在当地种植质量要高。

二是丰富的茶树品种。贵州省是茶树的原产地,现有各种类型茶树品种达 600 余种,是我国保存茶树品种资源最丰富的省份。贵州有地方优良品种十余种,包含绿茶、红茶品种,还有可开发的大树茶,这些品种经历长期的自然选择,对当地的生态环境具有特强的适应性。

三是卓越的内在品质。贵州茶园土壤多为酸性黄土壤,生物多样性丰富,茶叶虫害天敌较多,茶园病虫害较轻,农药施用量少,茶区大气环境受污染程度较低。按照《无公害茶产地环境条件》《有机茶环境条件》等要求,贵州省大部分茶区均适宜发展无公害有机茶。在茶叶产品抽样检测中,贵州省茶叶合格率达 98% 以上,高于农业部 95% 的标准要求 3 个百分点。贵州绿茶样品中游离氨基酸含量大多在 4.0% 以上,水浸出物一般在 43% 以上,普遍高于其他省名茶标准,呈现出贵州省茶叶良好的内在品质、优秀的耐冲泡特性。贵州不仅高档春茶产品品质独特,大宗秋茶产品品质也很优秀,在国内外市场对绿茶需求逐年递增的态势下，大力发展绿茶产业具有较大的市场空间。

（2）有都匀毛尖等为代表的全国知名茶叶品牌

全省将全国十大名茶"都匀毛尖"等品牌作为现代农业及农业产业化发展的重要示范，充分利用贵州省茶叶生长的自然地理环境优势，依托"都匀毛尖茶""湄潭翠芽茶""梵净山翠峰茶""贵定云雾贡茶""瀑布毛峰"等品牌历史和民族文化传承，整合贵州省茶品牌文化，不断提升贵州省茶品牌在全国的核心竞争力和品牌知名度，品牌优势为黔茶名优茶发展奠定了良好的基础。

近15年来，贵州省有绿茶、红茶等各类名优茶70个，有57个名优茶入选了《中国名茶志》。2010—2019年，在浙江大学中国农业品牌研究中心、中国茶叶品牌价值评估课题组对我国茶叶区域公共品牌评价中，贵州省的都匀毛尖茶、湄潭翠芽茶、梵净山翠峰茶、凤冈锌硒茶、石阡苔茶、余庆小叶苦丁茶、贵定云雾贡茶、梵净山茶等茶叶区域公共品牌进入了前100名。2019年评估中都匀毛尖茶品牌价值达32.9亿元，品牌价值排第11名；湄潭翠芽茶品牌价值达25.22亿元，品牌价值排第24名；梵净山茶品牌价值达23.40亿元，品牌价值排第31名；凤冈锌硒茶品牌价值达19.57亿元，品牌价值排第42名。

（3）严格的产品质量标准及生产工艺保障

一是制定及实施严格的黔茶产业标准。贵州省茶产业发展被喻为是国内茶业界"最大的潜力股"。在《贵州省茶产业提升三年行动计划（2014—2016年）》《贵州省发展茶产业助推脱贫攻坚三年行动方案（2017—2019年）》《中共贵州省委贵州省人民政府关于加快建设茶产业强省的意见》等政策指引下，贵州省建立了10项茶叶品牌标准制订工作，其中都匀毛尖、湄潭翠芽、石阡苔茶等茶叶地方标准相继出炉，为规范贵州省茶产业标准化生产与管理发挥了重要作用。

二是有传统和现代相结合的生产技术和科研成果。在继承和发扬传统生产技术的基础上，引进、消化、吸收龙井茶等名优茶的加工工艺，不断提高名优茶的生产技术及生产工艺。开拓了以"都匀毛尖""湄潭翠芽"等为主要代表的贵州名优茶。这些名优茶不仅生产技术精湛，色、香、味、形独特，而且多次荣获农业部、商业部及贵州省的多项殊荣。贵州名优茶不仅作为饮用品，而且逐渐成为馈赠亲友、招待国际友人的社交礼品，其优秀的产品质量广受到消费者的欢迎和好评。

（4）悠久的历史文化底蕴

从资料文献记载，贵州种茶历史已有3000余年历史，是一个茶文化底蕴较深厚的产茶地区。贵州高原被古生物专家称为"化石王国"，是古茶树和茶文化的发祥地，是名副其实的"古茶之乡"。贵州是一个多民族的省份，有17个世居少数民族，孕育了丰富多彩的民族文化。千百年来各民族同胞在长期的生产劳动中，积累了富于民族特色的茶礼和茶俗。独特的茶树原生地文化、独特的民族茶文化、独特的民俗民间茶文化和独特的历史文化和人文景观是黔茶产业发展的优秀文化资源。

2. 劣势

尽管贵州省的茶产业发展迅速，前景也较好，但就其内部而言还存在一些不容乐观的问题。

（1）生产成本过高

茶叶生产成本主要源于采摘成本和茶叶加工两个环节。贵州省茶叶以绿茶为主，与全国其他省份比较起来，其生产成本过高，全国茶园面积最大，但茶园单位产量和单位产值最低。

一是茶园生产及管理水平低，产出低。第一，茶树良种普及率低。全省良种茶园占茶园总面积近60%，但无性系良种仅占20%左右，远低于全国平均水平，与世界先进水平更是差距较大。有些地方茶农自购非良种栽植，造成茶园品种杂乱，影响茶叶产量和质量。第二，名优茶产量少，茶园利用率不高。长期以来贵州省茶农形成了仅采摘清明前后40天左右茶叶的传统。受地方传统观念、资金、地理环境条件等原因影响，对夏秋茶开发不足，茶叶资源浪费严重，茶企综合效益没有提升，茶农收入较少，茶农积极性不高。

二是采摘专业化程度低，原料成本高。贵州茶叶基地的机械化程度低，采摘成本高、效率低。人工采摘导致成本增加。除了名优茶多数需要人工采摘来确保质量外，许多茶区大宗茶的茶叶采摘也是人工进行，人工采摘效率较低，成本极高，直接影响了茶产品的售价。通常1千克干茶需要约4.5千克茶青制作，导致成本增加。

三是加工技术落后，生产成本增加。成品加工环节以传统手工工艺为主，无疑增加了制茶成本。茶叶采摘、加工机械化自动化程度较低，成本下降困难。据初步调查统计，贵州省大约与250个的大中小茶场建立合作关系，但茶场的员工受教育培训程度低，生产线的工人主要是季节性的临时工，缺乏专业性的茶加工应用知识，依靠经验和感觉以及简单的培训来完成加工过程，对于比较适用的茶叶加工技术不能及时推广应用发展，不仅成本无法降低，质量管控也存在困难。

（2）龙头企业带动作用不强

黔茶企业没能充分地利用和培植好市场经济资源，没能发挥好龙头企业的示范引领作用。

一是龙头企业数量少，规模小。通过抽样调查发现，全省大多数茶叶种植及加工企业规模都较小。从员工总数看，50人以内的企业仅占70%，100人以内的企业占80%，企业员工人数超过100人的企业仅有20%。从2018年年底资产总额分析看，资产总额1000万元以下的企业占35.3%，资产总额1000万~5000万元的企业仅占47.1%，超过5000万元的企业仅为17.6%。

二是龙头企业带动和示范作用不强。茶产业龙头企业没有很好地发挥龙头的作用，带动和示范作用不强。部分龙头企业生产产品质量上不去，向上要的多，依靠自身发展开拓的少，甚至有应付检查的状况。受茶叶市场等多种原因影响，企业生产设备空置率高，甚至企业大门紧闭，各茶区龙头企业的数量和产能、基地规模不配套，企业科技创新能力不强，中小茶企比例较大，产品结构单一，茶企对新产品、新工艺、新技术的掌握及引进滞后，企业带动和示范作用亟待提高。

（3）茶园规模和产出不匹配

尽管贵州省茶园种植面积位居全国第一，茶叶产量也是全国增长最大，茶叶产值增长全国最快，但贵州省单位面积茶园产出在全国却较低。2018年，在全国18个茶主产茶区中，贵州省单位种植面积产量为291.29吨/万亩，全国排第15位，仅为全国平均值的62.19%，为最高值福建省的22.54%。单位种植面积产值为0.4106亿元/万亩，全国排第12位，为全国平均值的103.06%，为最高值山东省的21.56%。

（4）农民发展理念较落后，科技人才缺乏

一是农民发展理念比较落后。贵州是"老、少、边、穷"地区，经济发展比较落后，广大茶区生产力发展比较落后，自给自足的自然经济居于主导地位。封闭式的小农生产方式不利于现代经营模式的运行机制，尤其是缺乏茶叶生产专业化、商品化和现代化的理念，影响了茶业产业化的发展。不少产茶区茶农把劳动力和资金投入到其他有利可图的经销领域，致使茶叶生产自身的积累能力较低，生产发展后劲缺乏。

二是科技人才缺乏，茶农文化素质不高。茶叶种植及加工是一项技术性很强的专业生产活动。由于贵州整个农业基础比较薄弱，茶产业生产的商品化、社会化、标准化程度较低。贵州省广大茶区科技人才十分缺乏，技术服务力量薄弱，缺少专业的茶叶科学研究机构和专业技术学校，农业科技推广体系和服务体系尚待加强。广大茶区茶农文化素质较低，对茶农缺少有组织的专业技术培训，制约了茶叶生产的快速发展。

（5）缺乏科学的经营管理，产品市场竞争力较弱

贵州省乡村茶场多数还是家庭联产承包责任制和统分相结合的双层经营管理体制，传统的生产及销售管理模式无法适应现代市场竞争发展需要。

一是乡村茶场经营管理不善濒临倒闭。多数乡村茶场由于缺乏现代经营管理，采取一言堂家长式管理，缺乏科学合理的经营管理制度，多数茶场经营不善濒临倒闭。

二是掠夺式经营使茶园逐年衰败。一些茶园承包者为了自己尽量多谋利，往往进行掠夺式生产经营，对茶园不投入或少投入，致使承包期间茶园产量逐年减少，管理水平下降，茶叶品质逐渐降低。

三是省外茶商低价收购损害茶农利益。许多乡村茶场（和茶农）一直沿用"企业+客户"的营销方法，缺少商业服务机构中间环节支撑，茶叶销售渠道不畅通，给省外茶商直接到贵州茶区乡村茶场低价收购茶叶以可乘之机，致使茶区商品和资金双向流失，损害了广大茶农利益。

四是市场宣传力度不够，市场竞争力不强。产茶地区和生产企业缺少对黔茶的对外宣传，缺少媒体推荐和网络服务。由于对外宣传不够和营销手段落后，导致品牌知名度不够，产品市场竞争力不强。

3. 机会

（1）优越的政策导向，扶持有保障

国家政策对贵州未来茶产业发展的明确规划性指示，国家对贵州低碳环境、

农业产业园等政策的大力扶持，为贵州茶产业的发展提供了良好的政策环境保障。同时贵州省委、省政府先后出台了一系列支持茶产业发展的政策、标准及法规，明确贵州省大力发展茶产业的目标和任务，规划了贵州省茶产业的建设规范。黔南州、遵义市、黔东南州、铜仁市、毕节市等也出台了茶产业发展的一系列政策措施，贵州省委、省政府及各市州系列政策、标准及措施，为贵州省茶产业发展指明了方向，是贵州省茶产业跨越式发展的政策导向，是贵州省坚持大力发展茶产业的政策后盾。

（2）市场需求持续增长

贵州作为重要的绿茶产区及其绿茶在国内国际市场上的需求迅速升温。随着对黔茶保健功能和作用的不断挖掘，贵州茶业文化内涵不断丰富，市场开拓不断增强，黔茶受到越来越多消费者的青睐，国际国内潜在市场十分广阔。通过市场状况分析认为，贵州茶产业市场将从较高收入人群产品消费转变为高、中、低档消费者群体兼容的消费市场形态，黔茶在21世纪将日益成为国内外消费者广为青睐的日常生活保健饮品，是中国茶业增长最快的亮点之一。

（3）贵州茶产业发展进入了高速发展期

无论是贵州省茶园种植总面积、采摘总面积、茶叶产量、茶叶总产值还是茶生产加工水平，与全国比较起来，都有了较大提升。通过多年来的努力，贵州初步形成了茶叶基地上规模、区域公共品牌知名度快速提升、市场占有率有效提高、产品影响力不断增强、茶加工企业产业集群大中小并举的良好局面。通过开展以"贵州绿茶·秀甲天下""都匀毛尖100周年纪念"等为主题的宣传推介活动，黔茶的品牌知名度、品牌价值和综合影响力也不断增强，为实现茶产业跨越发展注入了新的活力，黔茶不仅成为贵州省的一张名片，也有望成为中国茶产业的一张重要名片。

（4）发展生态农业之路的机遇

打造黔茶成为贵州省农业的支柱性产业，为贵州省生态农业发展迎来了重要的机遇。农业部制定的《关于加快西部特色农业发展的意见》中明确提出，把支持西部优势特色产业发展列为重要内容。依托贵州高海拔、低纬度、寡日照、多云雾、无污染特征的茶叶产区的优势，把生态优势转化为发展优势，能极大地提高发展质量，真正实现转型发展。

4. 挑战

面对全球茶叶市场的激烈竞争和挑战，各个国家都采取了不同的应对策略。包括制定产业发展战略、提高茶叶产品质量、开发新型保健茶饮料、降低生产成本，打造强势的茶产业跨国企业集团等应对措施。贵州是全国茶叶主产区之一，尽管综合优势逐渐显现，但与福建、浙江、四川、云南等省相比，在茶园建设、名优茶开发、市场开拓、产业组织等方面存在较大差距，贵州茶产业的转型发展存在严重挑战。

（1）国际国内市场竞争日趋激烈

尽管黔茶正处于高速增长时期，但高增长、高利润及良好的收益预期也同时吸引了大量业外资本的流入。各界投资黔茶产业的资金，激化了黔茶产业内部的矛盾，由于贵州省茶种植规模与生产投入规模的加大，黔茶市场竞争更加激烈。其他省份各主要茶叶产区地方政府都在大力发展茶叶产业，除了贵州外，浙江、河南、安徽、湖北、湖南、四川、广西等地也投入较大力量发展茶叶产业，力争打出新品牌、极力抢占国际国内市场。加之乌龙茶、黑茶、红茶等在市场上消费群体逐渐增多，品种齐全，不可避免地挤压黔茶市场份额空间。

（2）国内茶产业的同质化竞争加剧

一是国内同质化竞争加剧。随着经济的快速发展，人们开始追求高质量的消费，对于健康和保健也越来越重视，对于茶产品的消费也越来越多。随着茶产业的发展，茶产品的类型多种多样，茶产业链不断延伸，茶旅一体化不断拓展。但是，传统茶产业的市场生存空间越来越小，对以绿茶为主要产品优势的黔茶产业面临产品同质化竞争加剧的状况，国内茶产业之间同质化的竞争加剧。

二是省内同质化竞争加剧。贵州省茶叶品牌多、杂、乱现象突出，缺乏主推品牌。除了"三绿一红"品牌以外，贵州省茶企品牌茶叶的质量和数量、规模存在很大差异，良莠不齐，同时不同品种、不同品牌的茶产品，制作工艺、包装、外形等方面高度同质化。同类、同品级的茶流行假冒品牌现象，虚标一个产地，价格就可翻上好几番，原产地不透明，产品差异不明显，缺乏对茶叶产品内在竞争力的营造。因此，贵州省内茶行业真正要解决的是在产品差异上下苦功，能在用户细分、场景细分、产品多元、茶叶深加工、茶产品跨界突破、饮茶生活方式倡导等方面全面突破，减少因为同质化问题导致的恶性竞争。

（3）茶产品质量安全监控的难度和风险

一是在茶叶质量安全管理上存在隐患。在大的区域性品牌下生产企业众多，对企业特别是中小企业的产品质量监督管理存在困难。个别茶园农药监管制度不健全，农药及化肥使用管理存在盲区，个别大宗茶加工企业其环境卫生不达标。

二是产品质量监督管理人才及设施投入不足。由于机构编制有限，品牌质量及管理企业较多，品牌授权管理工作因资金、人才、设备缺乏而倍感乏力。

（4）品牌管理混乱及市场监管困难

贵州省茶叶品牌多属于地域公共品牌，具有"公共物品"特征，利用其品牌的企业众多，品牌管理上呈现了很多新问题，品牌创建、品牌价值保护和品牌创新有待加强。

一是品牌管理还没有达到真正统一。区域性公共品牌从操作层面没有实现真正统一，个别县市仍在推广使用本地的企业品牌，从贵州省市州级层面看，虽然有不少市州提出了举全州之力打造某几种区域公共品牌（如黔南州、遵义市、毕节市），但缺乏系统性的推进措施，品牌知名度、影响力和市场占有率提升缓慢，距离全国知名品牌差距甚远。

二是企业各自为政，品牌鱼龙混杂。这些表现在：第一，小品牌鱼龙混杂，增加了品牌管理的难度。品牌使用标准的落实困难导致了不论什么茶企都只想从区域公共品牌上获取利益，导致整体品牌下各个小品牌经营混乱，在茶市的茶叶质量参差不齐的条件下，消费者逐渐对区域公共品牌失去信任（如都匀毛尖），品牌贬值严重，区域品牌发展受到限制。第二，企业各自为政，市场抵御能力差。许多小微茶叶加工企业各自为政，恶性竞争，不提高产品质量和维护区域公共品牌的整体信誉，而是相互杀价、质价不符、以次充好，未经品牌使用授权企业授权假冒某知名品牌的现象时有发生，消费者很难辨别真伪，严重扰乱了知名品牌茶产业的市场竞争秩序，影响了区域公共品牌的品牌声誉。

第四节　急需突破的瓶颈问题及原因分析

通过前述竞争环境分析，综合对贵州省各市州的调研分析，贵州省茶产业转型升级中存在如下亟须解决的突出问题。

（一）品牌综合竞争力仍需进一步加强

虽然近几年黔茶知名度和综合影响力不断提升，但与全国知名茶品牌比较起来，贵州省的茶品牌综合竞争力还是较低，市场占有率、综合竞争力仍然不足。

1. 品牌价值与茶叶大省地位不够匹配

在 2010—2015 年浙江大学 CARD 中国农业品牌研究中心、中国茶叶区域公用品牌价值评估课题组专家评估中，与全国其他品牌比较起来，贵州省茶品牌价值均不高，除了都匀毛尖品牌在 2018 年进入前 10 名（第 9 名）外，还没有品牌价值进入前 10 名的茶品牌。2015 年，都匀毛尖品牌价值、品牌影响力上升到全国第 11 位，虽然品牌价值与 2014 年以前相比有较大提升，在贵州众多茶叶品牌价值中也名列第一位，但与西湖龙井、信阳毛尖、洞庭碧螺春等还有较大差距。贵州省其他茶品牌如湄潭翠芽茶、梵净山翠峰茶、凤冈锌硒茶、石阡苔茶、余庆小叶苦丁茶、贵定云雾贡茶、梵净山茶等只有湄潭翠芽茶、梵净山茶、凤冈锌硒茶品牌价值进入前 50 名，但品牌价值的综合竞争力仍然较低，市场地位不容乐观。

2. 消费者对黔茶品牌的关注度不够高

以 2019 年 7 月通过百度搜索指数对贵州省的十大茶品牌分析发现，只有都匀毛尖的周平均搜索指数为 476，为贵州省最高，全国排名第 10 位，排名第 1 位的云南普洱茶周平均搜索指数为 4381，是都匀毛尖茶的 9.2 倍。在 2019 年课题组在"中国十大名茶"消费者抽样调查中，贵州省都匀毛尖品牌其品牌受消费者关注的百分比也只有 55.24%，而排名前 5 位的分别是福建安溪铁观音为 91.67%、江苏碧螺春为 88.81%、云南普洱茶为 84.76%、浙江西湖龙井为

81.79%，安徽黄山毛峰为78.93%，在中国名优茶中贵州省茶品牌受消费者关注的程度比较低。

3. 品牌宣传推广还不强

一是茶叶流通方式影响了黔茶品牌的推广。在名优茶开发生产的初期茶叶销售主要以茶叶交易市场为主，客户以散茶客户为主流。随着品牌茶消费意识的提高，以高档包装的礼品茶超出了大众消费者的消费可接受条件，规模小、实力弱的茶叶企业难以承受高昂的包装和宣传费用，选择散茶批零、赚取加工费和获取较低利润维持生存的方式，降低了黔茶品牌的档次，制约了高端茶叶品牌的发展，茶叶的流通方式影响了贵州省茶叶品牌的提升。

二是黔茶品牌宣传长远计划性仍需完善。由于资金投入不足且主要是以政府投入为主等原因，贵州省茶公共品牌知名度和影响力提升速度较慢。在品牌宣传方面还没有一个长远的、系统的方案，在报纸、电视媒体、高速公路广告牌和旅游景区广告投入方面也是以地方政府为主，企业投入广告宣传较少。在对茶企业调研中发现，企业被动式参加政府组织的宣传推介活动较多，其他类型宣传推介活动参加较少，参加推介活动不积极，参加茶叶评选不积极。部分企业认为黔茶品牌推广是政府的事情，与自己关联度不大，在品牌推广方面还比较缺乏政府、种植基地、生产企业形成协同配合、抱团发展的良好局面。

（二）茶资源综合利用率有待进一步提高

贵州省茶叶以绿茶为主，与全国其他省份比较起来，其生产成本过高，全国茶园面积最大，但存在茶园单位产量和单位产值在全国偏低、资源的综合利用率低。

1. 在全国及周边比较其茶园产出较低

2018年，贵州省的茶园种植面积位居全国第一，茶叶产量也是全国增长最大，茶叶产值增长全国最快，但贵州省单位面积茶园产出在全国却较低。

2. 茶树良种普及率较低

贵州省良种茶园占茶园总面积近60%，但无性系良种仅在20%左右，远低于全国平均水平，与世界先进水平存在较大差距。有些地方茶农自购非良种栽植，造成茶园品种杂乱，影响茶叶产量和质量。

3. 茶叶的种植及采摘方式对资源的综合利用率不高

一是种植方式分散。受贵州山地条件限制及自给自足小农经济的影响，茶园连片种植、规模化种植、标准化种植程度不高，导致茶基地基础设施建设、茶树种植布局、病虫害防治、机械化提升、标准化管理等方面改善存在困难，加之农民多数在茶园种植及茶叶采摘期间才对茶园进行管理，农闲期间则外出务工，缺乏对茶园全天候的科学化管理，茶园产出效率较低。

二是采摘方式原始。贵州省的茶叶生产主要呈现出以绿茶的名优茶为主的主导状态，长期以来形成了仅采摘开发清明节前后40天左右茶叶的传统。由于地方传统观念、资金、地理环境条件等原因，对夏秋茶开发不足，造成茶叶资源严重浪费，茶产业的综合效益没有得到较好体现，茶农收益提升较慢，茶农积极性不高。加之名优茶的地方标准等级少、标准要求高，不能全面涵盖夏秋茶和大宗茶等问题，更降低了黔茶综合效益的提升。

三是采摘机械化程度低。贵州茶叶基地的机械化程度低，采摘成本高、效率低，特别是人工采摘导致成本增加，除了名优茶多数需要人工采摘来确保质量外，许多茶区大宗茶的茶叶采摘也是人工进行，人工采摘效率较低，茶叶采摘机械化自动化程度较低，成本下降困难，成本极高，直接影响了原材料的成本。

（三）生产加工方式有待进一步优化

贵州省茶叶生产加工整体上技术落后、生产成本较大，加工的产业化水平较低，产品的附加值不高，导致产品质量无法得到有效保障。

1. 加工技术不够先进，生产成本较大

成品加工环节以传统手工工艺为主，增加了制茶成本。茶叶加工机械化自动化程度较低。据初步调查，全省茶场从业人员文化素质较低，绝大多数是没有接受过茶叶专业技术培训的农民，企业一线工人多数为生产季节到来时临时聘请的农民工，对茶叶生产加工专业知识缺乏，仅凭简单的培训后的经验和传统习惯完成初级产品生产加工，规模化、标准化、清洁化、自动化的先进茶叶生产技术难以推广，成本降低、质量管控存在困难。

2. 茶生产加工的产业化水平较低

从当前全省茶产业发展状况看，加工企业的发展明显跟不上新建茶园的发展

速度，特别是在黔南州、遵义市、铜仁市等新建茶园规模大的市州，加工企业数量和产能与基地的规模不配套，贵州省现有的茶叶加工企业中，大部分企业规模小、实力弱，加工企业分散，厂房和加工设备陈旧，技术相对落后，离标准化、清洁化、自动化、智能化生产的差距较大。由于缺乏一批规模大、辐射带动能力强的龙头企业，致使贵州省茶产业发展的内生能力相对低下，加工企业新工艺、新技术的引进相对滞后，以农户为主体的全省茶产业规模小，市场竞争力低、产业化程度不高。

3. 生产茶产品的附加值不高

当前贵州省茶产品结构单一的局面尚未从根本上得以改变，茶叶销售仍然是以散形茶为主，精细化、标准化、集约化生产管理水平不高，经营较为粗放，加工企业只重视春茶生产，夏秋茶、大宗茶多数仅仅停留在原料坯茶水平，精制茶比例低，茶叶综合利用水平较低，茶产品的附加值不高，茶延伸产品如茶食品、茶饮料、茶保健品、茶日用品、茶旅游等相关产业开发尚处于起步阶段。

（四）产品质量及安全有待进一步提升

1. 茶园模式导致产品质量及安全不够稳定

贵州省茶园主要是以农户为主体的模式、以企业办基地的模式以及"公司＋农户＋合作社＋基地"等模式，前两种建园方式前期快速推进了基地的发展，但在质量及安全上存在较大风险。以农户为主体的经营模式集约度不高，施药施肥不统一，存在较大安全隐患，而企业基地规模过大又带来了采摘矛盾，下树率不高，同时由于与其他农作物、散户茶园交叉，也仍然存在安全隐患。部分市州（如遵义）采用了严控源头、严格抽检、严肃查处的措施，推行经销商书面承诺制度（如湄潭），实施茶叶基地、茶青市场、成品茶市场、加工企业进厂出厂等"五项检测"制度，建立茶用物资配送中心，生产企业实行茶青质量连户管理等方式。推行网络化管理、龙头企业及专业合作社统一物资采购、发放等方式，最大限度地保证茶产品质量安全（如凤冈县）。但总体上仍然存在产品质量及安全不易把控的状况。

2. 生产加工条件不够先进

茶区主要分布在少数民族地区，工业生产加工基础较差，茶叶生产加工企业多数是中小微企业、茶叶合作社，加工生产技术落后、加工产品质量不稳定，各个中小企业各自形成一个体系，小而全的茶叶加工生产使产品的质量无法保障，产品缺乏市场竞争力。全省茶叶加工行业还缺乏厂房和生产线设计建造标准，厂房和机械设备普遍简陋，环境和加工场所条件差，影响了产品质量。

3. 产品质量监督及管控较为困难

一是在茶叶质量安全管理上存在隐患。在大的区域性品牌下生产企业众多，对企业特别是中小企业的产品质量监督管理存在困难。个别基地茶园的农药使用监管制度不健全，在农药及化肥使用上存在管理盲区；个别大宗茶加工企业环境卫生不达标。二是产品质量监督管理人才及设施投入不足。由于机构编制有限，产品质量及管理的企业较多，区域公共品牌授权管理及产品质量监管等工作因资金、人才、设备缺乏而倍感乏力。

（五）茶产品市场化建设仍需进一步深化

1. 茶叶流通体系不够完善

一是茶叶批发市场规模化尚未形成。一级销售市场相对比较混乱，交易方式落后，市场比价功能、供需调节功能、信息采集和传播功能没有得到有效发挥。

二是茶叶的终端销售尚显不足。外地市场销售企业规模小、销售能力弱，国内市场开拓力度不够，国内"边销茶"市场尚未开发，出口渠道较窄，依赖浙江、广东、上海等省（市）的转口现象较为严重。

2. 市场营销渠道较为困难

贵州省茶产业营销模式主要还停留在传统模式上，即批发、零售、坐商等，对以互联网为基础的电子商务等现代营销手段虽有一定起步，但规模不大。茶品牌生产企业的产品销售渠道单一、销售区域不够大，产品创新科技含量不足，销售平台、专卖店、电商、微商等方面技术落后，使销售渠道单一，新兴销售渠道起步及发展困难，制约了贵州省茶产业市场营销渠道的转型。贵州省茶电商从业人员比例小，茶市场营销渠道的现代化转型迫在眉睫。

3. 黔茶产品的消费者市场定位需要改进

通过对不同收入群体消费者茶产品价格偏好的研究分析发现：对中等收入、低收入群体的消费者，消费茶产品价格主要倾向于200元/500克以内；即使高收入群体的消费者中，主要能承受的价格区间是 500~1000 元/500 克。在消费 1000~2000 元/500 克茶叶的收入群体中，没有低收入群体；消费 2000 元/500 克以上茶叶的收入群体中，没有中低收入群体。贵州绿茶由于产品特性、制作工艺和生产成本等原因，多数茶叶产品的生产工艺复杂，生产成本高，如较好产品质量的都匀毛尖茶其销售价格基本高于 1000 元/500 克，而多数黔茶产品的主要消费对象是中高档消费者，对数量庞大的中低收入消费群体而言黔茶大宗产品开发不足。

4. 茶产品产业链延伸不够

通过对茶叶及茶延伸产品的消费者偏好调查发现，单独消费传统茶饮品的客户有 30.24%，而单独消费茶延伸产品的客户有 13.93%，两者兼有的客户达到 55.48%，时代的变化使消费者群体的消费偏好发生改变。贵州省茶叶生产以绿茶的传统茶饮品为主，其主要目标市场是传统茶饮料，由于产品特性及生产成本等原因，贵州省的茶叶销售价格较高，导致消费者群体较窄。从种植及生产加工环节看，黔茶产业的技术创新不足，茶产品的产业链延伸不够，在新型茶延伸产品及其他中低端茶系列产品生产开发方面几乎为空白，传统茶饮品与都市快节奏的生活方式不适应，同时由于大量茶叶资源未被充分利用，影响了茶农的收益，降低了茶农茶叶种植增收的积极性，更影响了黔茶产业及品牌的做大做强。

（六）资金、人才及基础设施投入有待进一步增加

贵州省茶产业发展面临发展资金严重不足，用人观念落后、人才缺乏、教育培训不足、基础设施落后的状况，严重影响了茶产业的快速发展。

1. 发展资金不足

一是社会资金融入机制尚未形成。贵州省产茶地区经济基础薄弱，地方财力有限，可用于茶园建设的投资有限，虽然近几年在政府的大力推动下，整合了部分资金用于茶园的建设，但其投入与发展规模相比仍然严重不足，社会资金参与茶产业的机制尚未完全形成，招商引资困难，数量有限，银行贷款门槛高、周期短，影响了地方茶产业的快速发展。

二是基地及生产企业融资困难。由于缺乏资金扶持优质品种培育、规范的生产基地建立以及生产加工企业融资支持，茶叶基地、生产加工企业特别是中小

型企业融资困难，导致茶青收购不足，加工企业机器开工不足。主要表现在：第一，茶青收购不足。茶叶生产期企业所需周转资金大，企业缺少流动资金，对茶青收购不足，影响了茶农种植茶叶的积极性。第二，机器闲置，企业资源浪费。由于茶青量不足，机器开工不足、机器闲置，浪费了企业生产资源。第三，企业扩大再生产资金不足。企业扩建和技改增添设备需大量资金，有的企业为了加快资金回笼，低价出售茶叶，降低了企业整体利润，资本累积放慢，企业扩大再生产投入资金不足。第四，加工企业厂房用地及产权办理难影响融资。由于加工企业厂房用地及产权难以办证，茶园的承包使用权又不能作为企业的抵押担保，导致茶叶企业无法从银行及其他融资机构获得贷款，企业融资困难，资金缺口很大。

三是企业品牌推广投入不足。通过对贵州省茶企抽样调查研究发现，多数企业还是愿意投入一定资金用于自己的品牌宣传，不同规模的企业投入的份额不一，小企业投入资金较少，大中型企业品牌投入资金较多，为年营业额的5%~10%。在企业品牌宣传推广方面，也由于资金投入不足等原因导致地方公共品牌知名度和影响力提升速度较慢，在龙头企业培育、良种选育扩繁、系列产品开发等方面面临较大困难。企业品牌宣传投入不足，使报纸电视媒体、高速公路广告牌和旅游景区广告投入也多数以地方政府为主，企业投入广告宣传很少。企业一般只参加政府组织的宣传推介活动，其他类型的宣传推介活动参加较少，参加推介活动积极性不高。

2. 人才缺乏、教育培训不足

全省从产业源头的采茶工、技术工人、管理人员、销售人员、科研人员、高级管理人才甚至是服务客人的茶艺师等人才均比较缺失。人才及教育培训的短板严重制约了全省茶产业的发展。

一是技术性人才缺乏。贵州省主要茶产区因缺乏熟练的技术性人才，造成茶园管护不到位，茶园修剪、施肥不合理，幼龄茶园不套种、不除草，茶园林下经济难开展；茶园位置相对偏僻，技术性人才不愿意到偏远区域工作；刚刚投产的茶企技术性人才缺乏，导致企业在制茶工艺中凭感觉制茶，加工和营销方面的技术人才紧缺制约了茶产品品质的提升。

二是管理性人才缺乏。在对贵州省茶产业企业抽样调查中发现，有43.3%的企业存在管理层凭经验指挥,大小问题由"一把手"拍板;只有30%的企业建立了相对规范的企业管理制度,但覆盖面小、内容不规范、执行起来容易走样。大多数茶企缺少科学化的管理手段,管理方式粗放、管理人才缺乏,以管理促效益对中小企业成为一句空话。

三是高级人才缺乏。在高级人才培养教育方面,仅22.7%的企业老板或总经理在大学中有个人智囊团,很少有企业老板或总经理具有MBA或硕士以上学位;仅27.3%的企业聘任过专家、教授从事技术指导或企业管理指导。这些数据说明,贵州省内大多数茶企业还处于企业发展的最初级阶段,现代管理理念及高级人才缺失使茶产业企业缺乏创新驱动的必要条件。

四是人才培养欠缺。抽样分析发现,贵州省茶企业中对员工或经理人员进行年培训次数主要集中在5次以内,其中没有进行培训的占13.6%,1~5次的占40.9%,6~10次的占9.1%,11~20次的占13.6%,超过20次的仅为13.6%。企业派专人到本地或外地茶叶企业、培训机构等参观学习的次数也主要集中在1~5次,占45.5%。这些数据表明,在人才培养上,大多数企业在人才培养和培训上较为欠缺。

五是人才流失较多。茶叶企业在人才严重缺乏的同时,也普遍存在人才流失严重的现象。通过调查发现,83.3%的企业存在经常的人才流失。究其原因,主要在于薪酬太低、人才管理观念落后、工作环境条件太差等原因。人才流失导致茶企高层经营管理人才、高层次技术人才和中层次经营管理人才不稳定,影响了企业的持续健康发展。

3. 基础设施不够完善

一是水电基础设施不到位。茶园基地的水、电等设施建设项目不配套或跟不上,加上企业或农户对茶园投入有限,茶园后期管护不到位,茶青下树率低,茶园产量和茶青品质下降,茶园经济效益不高,茶园质量难以提升。二是交通基础设施较差。茶园交通不便,茶园的维护、保养、监管不方便,茶叶采摘成本更高,运输条件差致使茶鲜受损。三是茶园农田水利基础设施较差。由于农田水利及生产性基础设施较差,导致茶园的水肥不足,茶叶产量过低,茶叶抵御自然灾害能力不强,满足不了高效茶园基地的创建要求。

(七)政府职能及政策环境有待进一步完善

1. 贵州省茶产业的规划布局不够合理

一是茶园及生产加工基地缺乏科学布局。由于政府统一规划不足及资金缺乏等原因,对贵州省茶园及生产加工基地缺乏统一的科学布局。一些地区新种植的茶园规模小、布局分散、管理不便,加工设施不配套,再加上部分地区种管脱节、茶树有种无收、投资回报率低。另外部分地区为了完成种植任务,不加论证、舍近求远、盲目从省外引进本不适宜于贵州种植的所谓高产品种,致使新种植茶园失去贵州的地方特色,新茶产品的市场竞争力降低。

二是重点发展的黔茶品牌区域分布不尽合理。贵州省出台的《贵州省茶产业提升三年行动计划》中重点打造的黔茶品牌是"三绿一红",大力扶持"梵净山茶""凤冈锌硒茶""石阡苔茶""瀑布毛峰"等公共品牌。在重点打造的黔茶品牌中,黔南州1个,遵义市3个。在大力扶持的品牌中,铜仁市2个,遵义市1个,安顺市1个。而黔东南州、黔西南州、贵阳市、安顺市、六盘水市中,除了黔东南州的"雷公山银球茶"是2009年的贵州省十大名茶外,其他几个市(州)没有知名茶品牌,如表4-28所示。

表4-28 贵州省重点茶品牌分布状况

地区	茶园面积排名	全国品牌价值前100名(最高位)	全国十大名茶	贵州省十大名茶	三年行动计划黔茶品牌"三绿一红"	三年行动计划黔茶大力扶持品牌
遵义市	1	湄潭翠芽25位、凤冈锌硒茶56位、余庆小叶苦丁茶75位		湄潭翠芽茶、绿宝石茶、凤冈锌硒茶、"春江花月夜"牌明前毛尖茶、贵定云雾贡茶	湄潭翠芽、绿宝石、遵义红	凤冈锌硒茶
铜仁市	2	梵净山翠峰茶56位、石阡苔茶70位、梵净山茶36位		梵净山翠峰茶、石阡苔茶		梵净山茶、石阡苔茶
黔南州	3	都匀毛尖13位、贵定云雾贡茶71位	都匀毛尖	都匀毛尖茶、贵定云雾贡茶	都匀毛尖	

续表

地区	茶园面积排名	全国品牌价值前100名（最高位）	全国十大名茶	贵州省十大名茶	三年行动计划黔茶品牌"三绿一红"	三年行动计划黔茶大力扶持品牌
黔东南州	5			雷公山银球茶		
毕节市	4			"清水塘"清池翠片		
黔西南州	8					
贵阳市	9					
安顺市	7					瀑布毛峰茶
六盘水市	6					

2. 贵州省茶产业管理机构不够健全

除了黔南州、遵义市、铜仁市的茶产业管理机构相对健全以外，其他市（州）均存在无独立机构、无独立办公经费（如黔东南等）情况，导致许多工作无法开展。许多市（州）具有发展优势茶产业条件（如黔东南、毕节、安顺、黔西南等），但茶产业管理机构的不健全导致茶产业的推动工作较为被动。

贵州省在发展茶业的同时部分县（区）按照省委、省政府及市委、市政府的统一部署，成立了茶叶生产办公室，负责指导该县（区）的茶叶生产发展工作。但县级层面的大部分人员是从各部门临时抽来的，有的县茶办只有一个或几个工作人员在进行工作。部分区县除了拥有茶业专业技术人员外，茶叶专业人才、管理人才均比较缺乏。市（州）级茶办只能按要求完成茶园建设任务，不能及时做好跟踪服务。在茶产业相关项目衔接方面，是由区县级茶办向省级差别直接报告，没有经过市州级茶办，导致市州级对县区级茶产业的统筹协调工作脱节。

3. 用地指标获取困难

茶叶加工厂房建设难获用地指标。茶叶加工厂房建设虽然用地不多，但由于土地使用权属村集体，加上国土部门对农村土地转变使用性质必须通过严格审批，通常可能会造成茶叶加工企业的厂房建设难获用地指标的情况，结果就是茶企在建设加工厂房时底气不足，不愿过多投入资金，厂房简陋现象随处可见、加工设施差，企业无法做大做强，企业品牌、产品、质量等无法得到保障。

第五章　转型升级推动茶产业提质增效

为适应国际国内茶产业发展的新要求和新趋势，按照现代农业发展要求，接二连三、顺势而为，以市场引导、政府推动、创新驱动，全面加快推进贵州省茶产业的转型升级、提质增效，实现贵州茶产业的跨越式发展。

第一节　茶叶基地转型

（一）科学布局茶叶基地

以茶叶规模化、标准化、科学化生产为目标，结合黔茶品牌发展，科学布局全省茶叶基地。

按照茶区的主要功能，重点打造都匀毛尖、湄潭翠芽、梵净山茶三大品牌为引领，加强茶区的集群集聚发展，对贵州省茶园种植区布局为三大茶区：黔南黔西南茶区、黔北黔中茶区、黔东黔东南茶区，如表5-1所示。

表5-1　贵州省茶区布局分布

茶园种植区	主要范围	茶区功能	品牌依托
黔南黔西南茶区	黔南州：都匀、贵定、瓮安、惠水、平塘、独山、罗甸；黔西南州：晴隆、安龙、普安；安顺市：平坝、普定、西秀、紫云；六盘水市：六枝特区、水城区	高档名优绿茶产业带，大叶种早生绿茶和花茶产业带，优质出口绿茶产业带，白茶产业带	重点打造："都匀毛尖"作为贵州省名优绿茶一级品牌，打造"贵定云雾贡茶、瀑布毛峰"作为二级品牌。黔南州作为"都匀毛尖茶"的核心区，其他市（州）作为"都匀毛尖茶"品牌的拓展区
黔北黔中茶区	遵义市：遵义、余庆、湄潭、凤冈、正安、道真；贵阳市：开阳；毕节市：金沙、纳雍、黔西、威宁	富硒（锌）优质绿茶产业带，"高山"有机绿茶产业带，优质出口绿茶产业带，苦丁茶、红茶产业带	重点打造："湄潭翠芽"作为贵州省名优绿茶的一级品牌，打造"凤冈锌硒茶、绿宝石、遵义红、余庆小叶苦丁茶"作为二级品牌。遵义市作为"湄潭翠芽"的核心区，其他市（州）作为"湄潭翠芽"的拓展区

续表

茶园种植区	主要范围	茶区功能	品牌依托
黔东黔东南茶区	铜仁市：万山特区、碧江区、石阡、松桃、沿河、应将、德江； 黔东南州：黎平、丹寨、雷山、岑巩、台江、镇远	名优绿茶产业带，优质出口绿茶产业带，"高山"生态无公害有机绿茶产业带，优质出口绿茶产业带	重点打造：扶持"梵净山茶"作为贵州省名优绿茶的一级品牌，打造"石阡苔茶、雷山银球茶"作为二级品牌。铜仁市作为"梵净山茶"的核心区，黔东南州作为"梵净山茶"的拓展区

1. 黔南黔西南茶区

以黔南州的7个县为核心区，以安顺市、六盘水市茶区的9个县市区为拓展区，打造以都匀毛尖品牌为主的高档名优绿茶产业带、大叶种早生绿茶和花茶产业带、优质出口绿茶产业带、白茶产业带。品牌打造中，重点打造"都匀毛尖"为名优绿茶一级品牌，打造"贵定云雾贡茶、瀑布毛峰"作为二级品牌。在黔南州建设名优茶生产加工的基地，专业批发市场、茶旅文化示范基地及茶文化博物院。区域内16个茶叶主产县茶园面积占三个市（州）茶园总面积的70%以上，建设一批规模化、标准化和专业化程度较高的茶叶基地。

2. 黔北黔中茶区

以遵义市的7个县市为核心区，以贵阳市、毕节市茶区的5个县为拓展区，打造以"湄潭翠芽"品牌为主的富硒（锌）优质绿茶产业带，"高山"有机绿茶产业带，优质出口绿茶产业带，苦丁茶、红茶产业带。品牌打造中，重点打造"湄潭翠芽"作为全省名优绿茶的一级品牌，"凤冈锌硒茶、绿宝石、遵义红、余庆小叶苦丁茶"作为二级品牌。在遵义市建设名优茶生产加工基地，专业批发市场、茶旅文化示范基地。区域内12个茶叶主产县茶园面积占三个市茶园总面积的60%以上，建设一批规模化、标准化和专业化程度较高的茶叶基地。

3. 黔东黔东南茶区

以铜仁市的7个县区为"梵净山茶"核心区，以黔东南州的6个县为"梵净山茶"拓展区，打造以"梵净山茶"品牌为主的名优绿茶产业带、优质出口绿茶产业带、"高山"生态无公害有机绿茶产业带、优质出口绿茶产业带。品牌打造中，重点扶持"梵净山茶"作为全省名优绿茶的一级品牌，打造"石阡苔茶、雷山银球茶"作为二级品牌。在铜仁市建设名优茶生产加工基地，专业批发市场、茶旅文化示范基地。区域内 13 个茶叶主产区县茶园面积占 2 个市（州）茶园总面积的 50% 以上，建设一批规模化、标准化和专业化程度较高的茶叶基地。

（二）高标准建设茶园

围绕"规模、标准、科学、生态"的发展原则，不断扩大基地规模，切实提高茶园综合产量，大力提升科技应用水平，持续创新土地开发模式，高标准建设黔茶基地。

1. 从茶园规模向茶园产量提升转变

在贵州省茶园已经做到全国最大基地规模后，未来 5~10 年将重点放在降低生产成本、提高产品性价比、实现规模及效益经济的有效融合重点上。在贵州省基地规模已经为全国最大的情况下，建议"十四五"期间贵州省茶园种植面积总体控制在 850 万亩之内，重点提升可采茶园的综合产出率。力争在 2025 年贵州省单位面积种植茶园产量实现翻番，全国排名进入前 10。单位种植面积产值实现翻番，从 4106.39 万元 / 万亩增加到 5000 万元 / 万亩以上，全国排名从第 12 位上升到前 8 位。

2. 坚持科学种植，提高茶园种植科技水平

在全省茶园基地建设上，要实现对全国其他茶产业大省的赶超跨越，就必须坚持科学规划、科学种植、科学管理。对茶园在实现连片开发、规模化种植的同时，坚持生态种植、适宜种植、缓坡种植和相对集中连片种植的原则，转变观念，充分利用土地，提高茶园产出。在茶园规划和建设实施过程中，充分利用农业基础设施建设的契机，配套完成水电路等基础设施，实现机械化生产，降低劳动强度和生产成本，实现规模化生产，提高生产效率。

改造低产低效茶园，推广茶园机采、机剪，建设一批茶叶生产示范基地，使基地具有优良的生态环境、完善的基础设施、先进的机械化作业、标准化的管理模式。

3. 坚持名优茶特色种植，将传统与现代相结合

充分利用都匀毛尖、湄潭翠芽等国内名茶公共品牌效应，扩大地方良种茶树种植比例，确保"三绿一红"中都匀毛尖茶、湄潭翠芽茶等名优茶独特的产品特质，坚持传统人工采摘、人工制作及现代加工相结合，精茶精制、高价限量产，

切实提升名优茶品牌的用户美誉度，实现名优茶种植模式的转型。

4. 创新茶叶基地土地开发模式

创新土地开发模式，加大茶叶生产基地建设。一是对新建茶园的规模化建设。在茶叶基地规模没有达到要求的黔南州、遵义市、铜仁市等凡适宜种茶的土地开发项目形成的新增耕地，一律按照集中连片、标准化、规范化种植优质茶叶。二是创新解决基地开发投资问题。以政府投资融资、社会资本投资等多种方式解决土地开发投资难的问题。土地开发项目达到新增耕地标准的国土部门应予以验收，产生的新增耕地指标按有关规定比例分成，新增耕地指标原则上优先用于重点产茶区市州内建设项目的耕地占补平衡，所收的耕地开垦费继续用于土地开发建设茶叶基地，实现滚动发展。适宜种茶的土地开发项目不种植茶叶的，国土资源部门不予立项和验收。

（三）抓好良种体系建设

在贵州省茶良种体系建设上，对名优茶以地方良种为主，大宗茶以优质优选良种为主，统一建立良繁基地、生产标准、组织供应，完善建设好黔茶良繁体系。

1. 加大地方名优茶良种体系培育

贵州省是古茶树发源地，都匀毛尖茶、湄潭翠芽茶、梵净山翠峰茶、石阡苔茶等名优茶的地方品种，是支撑贵州省名优茶做大做强、品牌核心竞争力提升的关键所在，在茶树品种选择上，名优茶以地方良种茶树为主，大宗茶以高产茶为主。如黔南州都匀毛尖茶及贵定云雾贡茶的野生茶树就至少有 10 个株系，多数是生产都匀毛尖茶的优质原料。扩大地方良种茶树种植比例，确保黔茶名优茶品牌独特的产品特质，其核心竞争力不可替代，更是提升都匀毛尖茶等品牌的重要基础。

2. 加大茶叶无性系良种繁育力度

重点支持建立苗圃基地，加大对优质苗圃基地建设进行补贴的额度，加大茶叶无性系良种繁育力度，确保无性系良种茶苗供应。对苗圃基地向上申报的土地整治、水系配套、机耕道建设等予以优先安排。严厉打击生产、贩运、销售假冒伪劣种苗行为，确保种苗质量安全。

第二节 生产加工转型

（一）加工企业转型升级

以提高质量、提高效率、提高安全、降低成本为宗旨，推行企业清洁化、标准化和规模化生产。以现代科技为支撑，加大生产茶企的科技化投入，提高加工企业的科技化程度，提高茶叶加工的机械化、自动化水平，降低产品成本，提升产品质量。

1. 推行企业清洁化生产

加大推行贵州省茶产业企业清洁化生产力度，从生产环节角度全面提升产品质量。以技改为切入点，推行生产标准化、清洁化，对管理方式落后、加工条件差、不符合食品卫生标准要求、资源极大浪费的茶叶初制企业，加快企业QS、ISO、HACCP等认证，鼓励和推动企业按QS、HACCP要求进行全程卫生质量管理，完善标准，加强监管，全面提升茶叶生产效率和品质。

2. 推行标准化及规模化生产

以科技创新为依托，推进茶叶的初制、精制分工进程，形成初制加工标准化、精制加工规模化、拼配加工数据化及智能化。

一是提升清洁化及规范化初制加工企业比例。淘汰原始落后的生产加工，支持标准化及规范化的小型初制加工、小型清洁化生产线建设，提高贵州省茶叶加工企业中清洁化及规范化比例。

二是提升初制加工企业产能及技术装备水平。加大初制加工企业中的新技术运用，加大厂房等基础设施建设，加大对加工设备更新方面的扶持力度，全面提升初制加工企业的生产能力、技术水平和装备水平。

3. 提升精制加工水平

以茶叶产品精制加工龙头企业为示范引领，实现贵州省茶产品加工的大规模、大批量、多品类拼配，全面提高黔茶产品的标准化、规模化及协作化水平。

建立完善适应精制加工的茶叶拼配技术体系和产品生产标准体系。提升精制加工设备、技术、人员水平，加强质量检测、冷链物流等配套能力建设，提高精制加工的生产效率、产品产量、产品质量。

（二）建设园区培育龙头

以工业园区建设为依托，加大对龙头企业的扶持和培养力度。

1. 建立绿色生态产业园区

以茶园茶青就近、初次加工为基本单元，优化茶叶加工企业布局，将绿色、生态工业园区作为贵州省茶叶精深加工主阵地，提高茶叶下树率及茶产品加工的综合利用水平。在茶叶主产区的茶园集中区乡（镇）等地建设适当规模的茶叶加工产业园区，实现茶叶加工企业的园区化管理，提高生产效率、降低生产成本、提高产品质量。

2. 培育龙头企业

重点扶持及培育龙头企业，强化龙头企业的示范引领作用。

一是对龙头企业加大扶持力度。对厂房建设、设备采购、企业申报、产品开发等给予扶持。鼓励开拓市场、创新，采取多种融资方式做大做强。利用政府茶产业专项基金等优惠政策，扶持小微茶企做大做强、做特做优，形成茶业的产业集群。

二是对龙头企业强化绩效管理。将对龙头企业的管理与龙头企业的发展、对本地产业、就业等的贡献挂钩，避免部分龙头企业只寻求政府扶持，却不对社会做贡献的情况。对龙头企业之间，采用差异化的管理模式，加大对龙头企业的考核，对真正发挥示范引领作用的龙头企业加大扶持力度。

第三节 质量安全管理转型

（一）提升质量安全意识

各级农业、工业、技术、人力资源等部门，加大对茶农、茶园、企业、中间商批发零售市场、相关科技人员等开展质量、安全培训，提升黔茶产业质量安全意识，确保品牌整体质量安全信誉。

（二）提升质量安全管理

1. 有效控制茶园投入品

鼓励有条件的乡（镇）村组建立茶产品质量管控的统防统治队伍，积极推广生态调控、绿色防控，降低农残，零容忍农药及草甘膦。

2. 完善茶质量检测认证

一是建立完善质量检验检测体系。整合现有检测资源，按省级以上水平建立健全茶叶检验和监测平台，严格按照标准化体系要求规范标准样制定和监督实施。建立完善感官评审、农药残留、理化检验、重金属、有害微生物检测等质量检测体系，加强对茶园、生产基地、生产企业的监控和抽检。

二是建立标准化生产。建立从茶树育苗、茶树栽种、茶叶采摘、茶初制、精制，茶产品包装、仓储、销售等环节的生产技术标准，建立完善茶质量检测认证的标准化生产。

三是加强茶业全程质量安全监控。强化贵州省茶叶质量安全管理，推行贵州省级茶产品质量安全追溯制度，标准生产，实现茶产业全程质量安全监控管理。

（三）实现质量安全追溯体系全覆盖

借鉴国外茶园、酒庄等生产经营模式，建立可追溯制度，探索"有记录、可查询、可跟踪、可追究、可召回"的贵州省茶质量安全可追溯体系，提升黔茶质量，建立覆盖贵州省的茶质量安全追溯体系。建立省级、市（州）级茶叶质量安全示范区，率先实施名优茶的强制性质量安全追溯体系建设，以最严格的质量管控体系实现黔茶产业质量追溯系统的全覆盖，确保黔茶产业的生态安全、质量安全，让黔茶质量安全信誉在国内茶产业中处于领先地位。建立严格的茶园管理，详细逐笔记录茶园农事；合理配备质量安全督查队伍，茶农按清单施肥用药；建立茶产品档案数据库，实现茶产业链系列产品可追溯；建立茶产品质量安全管理信息系统。

加强茶产业质量信息化建设，充分依托物联网、大数据、智能监控等技术，将种植基地、生产企业、市场营销等所有环节相联系，实现茶产品的全路径跟踪、质量追溯。

（四）加大质量安全违法处罚力度

1. 健全质量监督举报网络

建立健全全天候的质量监督举报网络，畅通举报渠道，对茶产业中的质量及安全违法经营行为严厉打击，切实维护黔茶品牌形象。

2. 打击生产经营中的质量违法不规范行为

将生产质量作为确保黔茶品牌信誉和用户信任的生命线，以最严厉方式，打击假冒伪劣、以次充好、农残隐瞒、重金属超标等违法行为，规范茶审评及行业咨询。

第四节　市场建设转型

（一）转型提升黔茶品牌

1. 重点培育黔茶出山的一级品牌战队

针对黔茶品牌重点不突出、有名无实、管理混乱等矛盾，集中力量重点培育黔茶出山的一级品牌战队。在"三绿一红"的基础上，以全国十大名茶都匀毛尖品牌打造为重点，兼顾其他品牌茶企，选择一批规模较大、发展成长性好、产业带动能力强的重点茶叶龙头企业，整合资源，集中力量培育黔茶产业发展的一级战队。充分发挥一级战队在茶品牌打造、基地建设、生产加工、市场开拓等方面的领军引领作用。引导重点企业通过招商引资、兼并、重组、联合、收购和控股重组、上市等模式抱团发展，做大做强。根据一级战队每年发展状况，对黔茶产业实施动态管理和调整。

2. 加强品牌宣传推广

以提升品牌知名度及品牌产品市场占有率为目标，以"正本清源、守正创新、确立地位"的思路，不断加大黔茶品牌宣传推广的力度。

（1）重点宣传中国茶、世界茶源头在贵州。分别从生物进化、考古发现、文化传承三个方面，重点宣传"中国茶、世界茶源头在贵州"，以铺天盖地的宣传形成轰炸效果。

（2）重点宣传贵州茶价廉物美。从地理区域条件、营养特征、品质特征、价格特征、高中低三类消费者等方面，结合黔茶大数据中心、贵州绿茶官网、黔茶产品网上商城及茶生产企业，加大互联网精准营销和精准宣传力度，建立黔茶的精准宣传、精准营销体系。

（3）实施品牌建设推广差异化。研究制定黔茶品牌发展壮大战略，重点突出品牌差异化个性化，对贵州省内的茶公共品牌，减少公共品牌的同质化无序竞争。围绕"三绿一红"品牌战略，以将黔茶打造成为世界有名、全国领先知名品牌为核心，实施对黔茶品牌的重点化、多元化、差异化宣传推广。

（4）加强黔茶品牌生态功效宣传。深入研究不同品牌黔茶产品中的保健功效、文化内涵等，减少同一产品在同一功效宣传下的同质化竞争。聘请专业机构量身打造黔茶品牌提升，在中央及地方媒体开辟专栏、专题节目、网络宣传、户外宣传、活动宣传等措施，扩大黔茶品牌认可度。

3. 扶持品牌凝聚合力

（1）加大对企业品牌建设扶持。在公共品牌建设的同时，重点推进企业的品牌，通过公共品牌建设提升企业产品品牌知名度、影响力，通过企业市场品牌培育提高消费群体认知度、渗透力，打造以公共品牌为基础的知名产品品牌企业，实现区域品牌与企业品牌双赢。

（2）凝聚政企合力。建立政府、基地、企业、市场、社会等之间的良好品牌发展环境。整合各种资源形成发展合力，各层面及领域宣传推荐黔茶品牌，迅速扩大黔茶品牌国际国内影响力、市场占有率。

4. 加大品牌管理

（1）严格品牌的统一规范管理。严格执行统一标准化管理，定期使用茶叶品牌公共品牌产品，提高品牌准入门槛，确保茶产品质量。建立"品牌、包装、质量、宣传、价格、店面标准化"的"六统一"品牌管理体系。未经省级茶叶主管部门，市（州）政府批准，任何企业和个人不得以区域公共品牌和个人名义参加各种名茶奖（茶叶事宜）的选拔评比活动。

（2）加强品牌维护。一是建立诚信。引导各环节企业依法经营、诚实守信、遵守商业道德，履行承诺，把诚信作为企业品牌建设生命线纳入企业信用考评体系。企业进入企业信用体系的机制。二是加强品牌知识产权保护。加强对茶产业相关地理标志，认证标志、专利推广的申请、品牌监管等，申报中国驰名商标，加强企业的自我保护、行业保护和司法保护。三是严厉惩罚对公用品牌的损害行为。茶叶企业切实维护茶叶公用品牌发展，严厉惩罚对茶叶公用品牌的不利行为。四是加强对假冒伪劣品牌产品的打击。对全省茶品牌商标进行长期检查、维护，规范茶叶品牌使用。通过法律、市场、舆论等手段，加大清理非法品牌和假冒伪劣产品的力度。

（二）加强黔茶市场建设

1. 加强专业批发市场建设

重点对贵阳市、都匀市、遵义市、铜仁市的茶城、干茶叶批发市场扩大规模、完善管理、增强其辐射带动能力。以大数据、人工智能、"互联网+"为推手，提升专业批发市场功能，鼓励专业批发市场从线下运作到线上线下结合的方式发展。

2. 加强茶青贸易市场建设

在规模茶区建设一批茶青贸易市场，使茶青向加工能力较强的企业集聚。做好茶青品质、价格的保障，避免优质茶青外流，加强对黔茶企业原料供给渠道的保护，确保茶产业持续健康发展。规范茶青市场，保护茶农利益、保证茶农种茶积极性。

3.加强外省及无形市场建设

拓展黔茶产品的市场空间,加快与省外主要茶市场协作,支持龙头企业、经销商、经纪人到省外开办茶叶专卖店、专卖柜和专销区等。提高黔茶信息化水平。重点在全国的著名茶叶批发市场加强贵州茶叶及茶品牌的推广销售,主要包括广东省芳村茶叶批发市场、深圳市东方国际茶叶批发市场、江南茶博园茶叶批发市场、福建泉州安溪茶叶批发市场、福州五里亭茶叶批发市场、广西西南茶叶批发市场、浙江省浙东茗茶批发市场、云南省茶叶批发市场、北京马连道茶叶批发市场、上海大统路茶叶批发市场、山东省济南市茶叶批发市场,以及内陆城市中安徽黄山茶城、峨桥茶叶批发市场以及河南省郑州市茶叶批发市场等。

(三)转型市场营销网络

1.全方位培育黔茶目标消费市场

加大对茶产业市场开拓的力度,全方位、多层次培育黔茶叶消费市场和消费者目标群体,建立名优绿茶为主、高中低齐头并进的黔茶目标消费市场。在大力拓展并发挥贵州省名优绿茶优势的同时,抢占中、低端大宗茶市场,让普通百姓对黔茶"喝得起、喝得值、喝得放心"。

2.从传统销售向现代销售转型

(1)构建一个中心、五大平台。以遵义市为经验借鉴,着力打造"一个中心、五大平台",即绿茶交易集散中心,期货交易、电子商务、金融服务、茶旅一体化、冷链物流平台五大平台。

(2)加大产品及文化宣传推广活动。开展推行规模茶企在省内设立销售公司。开展茶产品、茶品牌、茶文化宣传推介和展示交易活动,鼓励茶企与"国酒茅台·国品黔茶""黔茶汇"等营销平台合作。

(3)提升黔茶电子商务水平。支持茶企构建专卖店、专柜、茶馆等营销网络;鼓励茶企在淘宝、天猫、阿里巴巴、京东、苏宁易购、一号店等国内电商主流平台开设营销网店。完善黔茶电子商务销售平台建设,充分利用信息化手段,借助互联网和电子商务,大力发展应用"互联网+农业"和农村电子商务,变革生产及商业模式,倾力打造黔茶品牌成为国内国际知名的绿茶品牌。

3. 积极开拓国外市场

（1）加强对国际市场的研究。加大对国际市场茶产品的消费者偏好及市场的研究，根据国际市场需求变化，充分发挥贵州省茶产品的比较竞争优势，积极开发适合国外消费者习惯的适销对路的茶系列产品及茶延伸产品。

（2）引导企业品牌入驻国内外大型卖场。引导有实力的省内茶叶企业通过自身发展与其他企业抱团发展相结合的方式，建立茶产品外贸品直销专营店、连锁店，积极支持贵州省外贸茶叶产品进入知名大型超市。

（3）建设并充分利用好跨境电商平台。建设黔茶跨境商务平台，不断加大与跨境贸易商务平台的建设与合作，多渠道拓展国外市场，开发国外茶叶中低端市场，提高黔茶市场的国际国内知名度、竞争力和市场占有率。

（4）鼓励龙头企业走出国门。鼓励一大批龙头企业纷纷走出国门，把营销网店布局到俄罗斯、巴基斯坦、英国、法国、德国、美国、加拿大、新加坡、马来西亚等国家和地区。鼓励茶企建立"买全国、卖全国、买世界、卖世界"的茶叶营销理念，使黔茶不局限在贵州，而是走向全国、走向世界。

（四）推进大数据茶产业融合

1. 建设中国"黔茶云"大数据中心

中国还没有茶产业大数据中心。依托贵州大数据发展基础，加大大数据与茶产业的深度融合。通过"黔茶云"大数据中心建设，推进黔茶产业生产基地、生产加工、茶旅融合的智能化发展。采集政府、科研机构、高校、茶叶基地、生产企业、交易市场、茶用户数据，通过人工、终端和机器智能统计、分析、整理和挖掘，完善茶产业数据统计、决策支持、行为分析和市场预测、风险预警等功能，为省内外政府茶管理机构、高校、科研机构、茶叶基地、生产企业、交易市场及普通消费者服务。

充分利用贵州大数据中心平台建设，加大茶产业精准扶贫力度，让大数据与大扶贫有效融合。茶大数据中心设置在贵州（贵阳市），收集及处理政府、科研机构、高校、茶叶基地、生产企业、交易市场、茶用户等数据，包括经济统计数据、进出口数据、价格数据、生产数据、气象数据、企业行为数据等，通过人工、终端和机器智能统计、分析、整理和挖掘相关数据的关系、本质，使大数据中心平台具有数据统计、决策支持、行为分析和市场预测、风险预警等功能。对数据分析和研究成果进行可视化展示，通过专业的服务展示平台、移动平台等服务于政府、科研院所、涉茶企事业单位、社会公众，切实为省内外政府机关、高校、科研机构、茶叶基地、生产企业、交易市场、普通消费者服务。茶行业大数据产业链构成如图5-1所示，茶叶大数据中心平台的基本框架如图5-2所示。

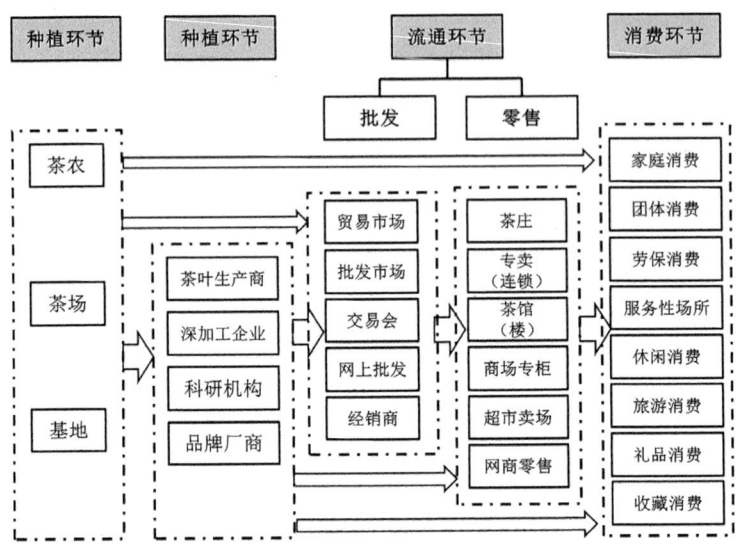

图5-1　茶行业大数据产业链构成

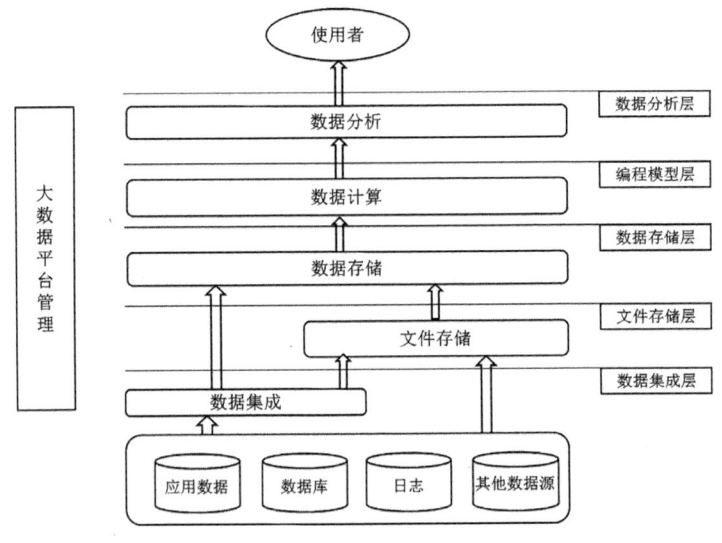

图5-2　茶叶大数据中心平台的基本框架

2. 建设黔茶公共品牌官网

将"贵州绿茶"官网（http：//www.guizhougreentea.com）域名更改为".gov.cn"政府官方管理，主办部门及机构更改为"贵州省农业农村厅"，借鉴"都匀毛尖官网"建设经验，将官网功能和全省茶产业发展紧密结合，使官网真正成为展示黔茶品牌形象、推介贵州茶产品、传播茶文化、服务茶受众、推动茶产业发展的又一引擎和强大助推器，将官网打造成为企业及消费者质量安全认证的重要平台，黔茶产业跨区域合作的对外开放平台，构建"机制＋技术＋法律"的质量安全认证机制，让黔茶假冒伪劣制造者"不想假、不敢假、假不成"，全面提升黔茶产品质量及用户美誉度，维护黔茶公共品牌、茶叶企业、茶叶消费者的合法权益，提升黔茶品牌政府公信力。

第五节　综合产业竞争力提升

（一）培育黔茶龙头企业

加大对黔茶龙头企业扶持，发挥龙头在黔茶产业中的示范引领作用。

1. 扶持两个专营品牌龙头企业做大做强

贵州省重点扶持两个以"都匀毛尖""湄潭翠芽"作为专营品牌的龙头企业，实现区域性公共品牌及企业品牌的有效融合和品牌效应最大化，支持两个龙头企业作为全省茶产业发展的标杆企业做大做强，全面提高黔茶品牌的国际国内市场竞争力。

2. 培育大型黔茶龙头企业做大做强

集中扶持3~5家大型茶龙头企业，支持符合条件的龙头企业上市，以发行债券、兼并重组、收购控股等组建企业集团，使其尽快做大做强，增强黔茶产业整体竞争能力。

3. 鼓励中小型企业发展

引导和支持潜力型的中小企业发展，构建大中小企业结合的黔茶企业群。在融资信贷、用地、税收、人才、技术等方面给予龙头企业扶持。

（二）优化产品结构，延伸黔茶产业链

1. 重点培育传统核心竞争力产品

以本地茶种、独特气候环境优势为依托，以具有区域核心竞争力的名优茶产品为主导，重点培育传统绿茶品牌产品，提高贵州名优茶绿茶在全国及国际市场的竞争力，生产加工具有国际先进水平的高端绿茶产品。

2. 开发关联产品，延伸茶产业链

加大对国际国内茶产品市场的消费者偏好及市场研究，根据国际市场需求变化，充分发挥贵州省茶产品的比较竞争优势，开发设计茶产品的延伸产品。

（1）适当增加茶叶品种。顺应市场消费需要，在深度发展贵州省绿茶产业的条件下，加大茶树品种结构调整力度，适当增加茶产品种类等。主抓绿茶，做大红茶，推进黑茶、乌龙茶、白茶等品类及茶叶精深加工产品的开发力度；在做好名优茶的同时，重点抓好优质大宗茶的生产，提高茶叶资源利用率和效益。

（2）开发茶延伸产品。通过多种方式，从茶的物理、化学成分等多重属性入手，开发超微茶粉、茶饮料、茶药品、茶食品、茶化妆品等产品，提高黔茶产品的附加值和综合效益。

3. 推进茶旅融合发展

加强茶叶产业与旅游产业相结合，实现城乡建设、旅游开发、茶业发展和茶文化推广一盘棋，加快配套完善旅游基础设施和公共服务设施，规划建设一批能够反映黔茶文化底蕴的茶文化生态博物馆、茶植物博览园、茶基地旅游综合体等文化旅游设施。结合贵州省各茶区少数民族地区的文化积极开展黔茶文化活动和经贸活动，推动城旅、茶旅、文旅融合式、一体化发展。

（三）构建茶产业标准化体系

1. 推进标准化建设

通过农村土地流转、大户承包、家庭农场等模式，促进茶园的集中发展，形成一批专业村、产业带及产业示范基地。推进贵州省规模化、标准化、生态化茶园建设，按照现代茶园要求，推进茶园的标准化发展。加强对化肥及农药的管

理，实行茶园的农业投入品定点专供。建立植保专业队，实行统防统治，推广使用物理、生物等先进技术的病虫害防治方法。

2. 加强品牌产品鉴别甄别体系建设

加大对"都匀毛尖""湄潭翠芽"等品牌名优茶产品质量及安全问题鉴别方法的宣传普及工作，建立多渠道的等级防伪标志和辨别体系，建立从生产—加工—销售的产品身份认证管理体系，通过互联网及信息技术等让消费者快速辨别所售"黔茶"产品真伪。

（四）提升文化软实力

充分挖掘黔茶文化内涵，利用产地环境、地方良种茶树、独特传统工艺、差异产品特征、历史典故等，提升黔茶文化软实力。

1. 构建黔茶文化体系

（1）黔茶文化挖掘整理。围绕茶全产业链发展各个环节系统梳理，挖掘整理包括领袖、贡茶、佛茶、民族、大健康、山水等在内的黔茶特色文化，建议编撰《贵州省茶历史文化档案》，策划具有远景的黔茶文化推广方案。

（2）加大硬件基础设施。建设完善文化硬件基础设施，如都匀市毛尖小镇、巴拿马博览会中国馆、黔茶文化一条街等，遵义市贵州茶文化生态博物馆、茶工业旧址、天下第一壶等，提升黔茶文化现场体验感。

（3）筹办茶文化活动。通过筹划大型国际性茶事活动，提升文化影响力。

（4）营造茶文化氛围。鼓励在贵阳、都匀、遵义等城市，普及茶消费活动，营造贵州人爱贵州茶的茶文化消费氛围，对茶消费相关的企业实施减免税优惠政策；在各级媒体播放、刊登茶文化知识，培育茶艺演艺人员、茶文化人员。

2. 提高文化市场占有率

挖掘整理茶历史、民俗、茶艺、书画、手工艺品等，提升品牌知名度。适当奖励挖掘整理茶文化活动形成成果。加大招商引资，扶持企业建设全国、多元的茶文化营销渠道，推进茶文化电商发展，提升茶文化市场占有率。

（五）加强茶产业科技创新及人才培养

1. 提升茶产业科技水平

（1）成立黔茶产业研究院。鉴于贵州省没有针对茶产业发展的科研机构现状，建议由贵州省社会科学院牵头，贵州省农业农村厅、贵州省商务厅、贵州大学、贵州省农业科学院等联合，成立贵州省茶产业发展研究院，加强茶产业的政策研究，为政府、企业、茶消费者提供决策支撑服务。

（2）提高自主创新能力。鼓励企业依托贵州大学、贵州农学院、贵州省农业科学院茶科所等，建立茶叶技术研发中心、质检中心，提高企业自主创新能力和核心竞争力。注重培养企业科技创新人才和创新团队建设。建立和完善农科教、产学研一体化服务机制，加快推进科技成果转化。促进不同部门、不同学科之间的协作，深化与中国农业科学院茶叶研究所、华南农业大学、西南大学等科学研究机构的合作。

（3）加大对新产品的科研力度。根据市场需求，加强名优茶品质提升和夏秋茶技术研发，推进茶叶清洁化、连续化加工和茶食品、茶饮料、茶用品、茶药品、茶保健和茶化工等新产品的开发。

（4）加大对茶树良种的研发。加大对优良品种研发及推广力度，在地方种中选育和推广一批具有自主知识产权的地方优良品种，重点发展名优茶的开发，提升黔茶区域特色。为适应开发规模化、标准化和多元化产品的需要，研发质量好、产量高，适宜机械化、规模化、标准化作业的大宗茶品种，有效提高茶区劳动力资源季节性均衡配置。

（5）加大对不同茶区科学化布局的研究。根据贵州省内不同区域茶叶的品质特征、品牌定位、自然环境、发展基础、产品类型和发展方向不同，加大对适制优良茶树品种、茶区分布、产业加工模式等的研发力度，对不适宜发展茶产业的区域不重点发展茶产业，避免贵州省茶产业发展区域的遍地开花，实现茶产业发展的科学化布局。

2. 加大茶产业科技创新投入

加大对茶项目资金物资投入，为科技工作者在技能培训、深化试验课题研究等方面提供资金保障。提高科研人员待遇，为贵州省茶产业发展提供技术储备和科学发展依据。加大对茶叶生产型加工科研机构的扶持力度，通过产业推动、技术拉动，推动茶加工产业的转型升级，提高产业的科技贡献率。

3.加强人才队伍建设力度

（1）加强与省内外高校协作。扩大省内外高校在黔茶叶专业招生规模，加大对省内高校茶叶相关专业师资、学科建设、招生规模、学校基础设施建设的支持力度。

（2）加强实用性人才的培养。加强与高等院校、优秀茶园、加工企业、集贸市场、电商平台等合作，培养茶叶种植、加工、生产管理、质量检测、市场营销、电子商务等实用性专业技术人才。鼓励创办民间茶叶培训学校、机构、培训班等。在茶主产区、工业园区、龙头企业、市场等建立教学实习基地。实施全产业链的茶产业生产实用技术培训，为茶叶加工企业、合作社、茶园基地、专业大户、集贸市场等培训实用性的人才。

第六章　完善政府职能提升要素保障

第一节 完善组织领导机制

（一）强化组织领导机制

高规格成立贵州茶产业发展领导小组，由分管副省长任领导小组组长，将发展黔茶产业作为贵州省经济工作的重点来抓。由贵州省发展和改革委员会、贵州省财政厅、贵州省农业厅、贵州省社会科学院等部门相继参与研究、制定、落实支持贵州省茶产业发展的配套政策措施，把贵州茶产业作为一产为主、接二连三的综合经济工作来抓。

（二）做好发展规划

制定《贵州省"十四五"茶产业发展规划（2021—2025年）》，系统谋划未来5~10年贵州省茶全产业链发展整体布局，将贵州茶产业打造成为国内领先、世界知名的名片产业。

（三）健全茶产业管理机构

针对贵州省茶产业管理机构不统一、人员编制不足等情况，建议改革完善全省茶产业的主管机构，促进贵州省茶产业的持续健康发展。

1.统一主管机构

（1）省级层面。在省级层面，继续设置贵州省茶产业联席会议办公室（省农业农村厅主管下副厅级单位，简称"省茶办"）主管，实行一套班子、两块牌子，协调解决贵州省茶产业发展重大问题。内部主要机构设置有综合协调组、品牌市场组、基地与质量安全组、加工与标准化组。

（2）市（州）层面。市（州）机构设置参照黔南州、铜仁市等设置，统一为"××市（州）茶产业化管理办公室"［市（州）农业局主管下副处级单位，简称"市（州）茶办"］主管，内部主要机构设置根据市州茶产业发展状况设置，参照黔南州、遵义市、铜仁市的做法后全省统一。

（3）县（区）层面。县（区）机构设置参照黔南、铜仁市等设置，统一为"××县（区）茶产业化管理办公室"[县（区）农业局主管下副科级单位，简称"县茶办"]主管，内部主要机构设置根据县（区）茶产业发展状况设置，参照黔南州、遵义市、铜仁市部分县（区）的做法后全省统一。

2. 确定人员编制及人才结构

由省、市（州）、县（区）编办根据产业发展情况及机构设置情况予以研究，设置专业的机构及人员。创新人才模式，试行聘用制及合同制，引进茶叶专业人才、管理人才，促进地区茶产业的快速发展。人员编制、人才结构以有效促进各地区茶产业发展为宗旨。

3. 保障工作经费

省级财政及地方财政部门需根据茶产业发展及机构人员编制状况，加大对市（州）、县区机构运行的支持力度，省级财政及地方财政积极推动具有茶产业发展条件的市（州）大力发展黔茶产业。

4. 强化市（州）级茶办职能

鉴于市（州）级茶办只能按要求完成茶园建设任务，不能及时做好跟踪服务，重种轻管，在茶产业相关项目衔接方面，是由县（区）级茶办向省级差别直接报告，没有经过市（州）级茶办，导致市（州）级对县（区）级茶产业的统筹协调工作脱节的现象，根据贵州省茶产业发展的具体条件，建议强化市（州）级茶办的职能，在重要规划、重大项目、重大决策、重要平台建设等方面，由市（州）级茶办管理。

第二节 加大政策扶持力度

（一）完善茶园的政策性支持

1. 转变重点茶区茶园政策扶持方式

提高茶园管理水平，降低管理成本，在加大对新建茶园支持及管理力度基础上，重点扶持茶园面积在 15 万亩以上重点产茶大县茶园的后续科学管理。借鉴退耕还林经验，提升单位面积茶园管理费补助水平及粮食补贴金额，从全省层面研究出台统一的"退耕还茶"政策。

2. 整合部门资金，突出扶持重点

避免茶种植扶持中的"天女散花"和"各自为政"，整合省级、市（州）级部门资金，重点解决及扶持已有一定规模、并取得阶段性成效的茶园作为后续扶持对象。

3. 改革茶园政策，扶持绩效考核模式

改革对茶园政策扶持的绩效考核，避免茶园扶持不扶持一个样、做好做坏一个样的情况，让政府的茶园政策性支持取得较好的效果，提高茶园种植水平，提高茶园产量和效率。

（二）完善加工企业的政策性支持

从用地指标安排、综合协调以及税收优惠政策等方面，加大政府对茶产业的推动力度。

1. 优先安排用地指标

随着全省茶园种植基地的扩大，茶叶加工厂的建设远远跟不上茶园建设的部分，而新建茶叶加工厂建设用地指标难的问题一直无法统一解决。

（1）减少用地企业负担。建议对新建茶叶加工厂需要征用土地的，优先安排用地指标，减少用地企业负担。

（2）政府配套扶持。茶叶企业在建厂、技改项目等方面涉及的城市建设配套费等县级规费，建议由属地政府以扶持方式全额奖补。已经建成的加工厂房及辅助用房需要办理产权证的按照房屋权属登记制度办理。

（3）提高办事效率。林业部门对茶叶企业租赁、承包或种植茶园在申报材料齐全的情况下、应在较少规定时间内办结林权证。

（4）强化用地管理。为减少国有土地流失，加大对用地企业征用土地的管理，严格用地企业土地用途，对用地企业自身原因导致企业亏损、倒闭等情况的，用地企业不能对土地用途自行变更，不能租用及变卖。

2.享受税收优惠政策

建议对茶叶生产经营组织，符合国家税收优惠政策条件的，依法享受国家税收优惠政策。

（三）建立激励及风险预警机制

1.完善激励机制

对茶叶新技术研究、新产品开发和新技术推广等进行投入，对获得无公害农产品、绿色食品和有机食品认证的给予奖励。加大对各级政府和有关部门的绩效考核，有效促进茶产业发展。

2.建立风险预警机制

加强市场监管，维护秩序公平，根据产业发展需要，建立黔茶产业发展风险预警机制。委托第三方机构，承担风险预警评估工作。

第三节 建立健全投入机制

（一）完善现行投入管理机制

由政府牵头，协会及主管部门联合，省财政及相关企业支持，成立茶业产业发展基金,用于扶持全省茶产业发展。重点对茶种植基地、茶龙头企业、茶科研机构、茶产业研究及发展的重要人才扶持及奖励。协调管理好茶生产、加工、销售、出口、科研环节工作,强化基金对茶产业宏观调控作用,促进茶业健康发展。

(二)提升资金保障能力

1. 建立健全茶产业投融资体系

建议设立省级、市(州)级的茶业投资公司,整合全省及市(州)内规模茶叶企业资产,创新投融资机制,建立健全茶产业发展的投融资平台、担保平台和信用平台,解决企业发展资金担保及土地开发项目的融资等问题。构建贴息机制,推动金融部门信贷规模向茶产业倾斜,建立扶贫龙头企业向扶贫部门申请贷款贴息,创新扶贫模式,将茶产业扶贫向茶产业扶富转变,充分发挥龙头企业的示范带动作用。引导茶叶企业向国家民族宗教管理部门申报少数民族特需用品定点生产企业项目,申请贷款贴息及税收优惠等相关政策,支持少数民族地区特色产业的发展。

2. 设立茶产业发展基金

建议市(州)、县两级财政部门牵头负责设立茶产业发展基金,基金规模应与各市州茶产业发展目标任务相适应。产茶区市州政府、重点县(市)政府每年安排茶产业基金用于茶产业发展,重点支持良种繁育、以奖代补、基地提质增效、加工转型升级和规模化,以及茶文化、茶品牌、茶科技提升等。

3. 有效整合项目资金

建议省级、各市(州)、县(区)级政府部门及茶产业职能部门,充分发挥部门间的统筹协调,根据各市(州)、县(区)级茶产业的发展目标任务,市(州)、县(区)级部门每年整合贵州省发展和改革委员会、贵州省财政厅、贵州省农业农村厅等项目资金用于茶产业的发展,各县(市)也整合项目投资规模,支持茶产业规模化、标准化、科学化及集约化发展。

（三）强化招商引资

1. 招大引强

贵州省茶产业发展总体上与全国比较看还处在发展的起步期，又处于规模的迅速扩张期，由于发展的需要，投入等诸多要素比较短缺，应加强招引大型企业到贵州省投资茶产业的力度，通过大型企业的投资带动和技术提升，在解决投入、拓展市场的同时，发展现代企业文化，形成引领性、旗帜性的大型龙头企业，带动全省茶产业的全面发展。

2. 鼓励招商引资的多样化

有效开展招商引资，落实引资到位，引导社会资本投资茶产业，促进基地、加工、专业市场、文化市场等发展。鼓励企业延伸和扩宽茶产业链，鼓励整体收购、兼并重组等。

第四节　扩大合作

（一）强化部门合作

1. 加强对各部门的绩效考核

加强全省、各市（州）及区县各职能部门的合作，改变部门间相互推诿、多头管理现象，建议将各部门对茶产业合作协作纳入领导及部门的绩效考核中。

2. 成立茶产业专家组联合会

建议由省、市（州）、县各部门成立茶产业专家组联合会，聘请省内外茶叶科研、教学培训、种植、生产加工、创新创业、企业管理、市场营销、电子商务等各个环节的专家，组成茶产业发展专家组。专家组联合会应在优良品种、科学种植、先进管理、产品研发、产业发展、市场动向等方面协助政府、企业、农民搞好茶产业发展。

（二）强化区域间协作

1. 加强省内合作

加强省内各市（州）、区县间，以及各企业间的合作，构建贵州省茶叶发展既统一又合作的发展格局。

2. 加强跨区域合作

加强与发达地区政府间、行业协会间、科研机构间及企业间的合作，促进产业、市场、技术、人才、品牌等方面的协作。

3. 加强与国家部门沟通协作

加强与中央及省市行业协会、科研机构的协作，促进资金、技术、人才、管理等方面的交流和进步。

参考文献

［1］郎萍萍. 贵州茶叶产业竞争力研究［J］. 农技服务，2015（1）：188-190.

［2］侯春霞，谷永红，朱山川. 广元市茶产业转型升级发展的重要性及对策［J］. 现代农业科技，2015（1）：331-333.

［3］陈娟. 对贵州茶叶加工业发展现状的思考与分析［J］. 农技服务，2014（9）：141-142.

［4］刘大泯，梁宁. 打造贵州生态茶叶主体品牌助推贵州茶产业壮大发展——关于贵州茶产业发展的现状及对策研究［J］. 贵州师范学院学报，2014（10）：21-24.

［5］刘正强. 贵州发展茶产业的调查与思考［J］. 理论与当代，2014（6）：43-44.

［6］欧平勇，林艳. 贵州茶产业发展现状与建议［J］. 贵州茶叶，2014（4）：24-27.

［7］任明华，程冲. 贵州凤冈县加快推进茶产业转型升级工作［J］. 中国茶叶，2014（8）：35.

［8］申海鹏. 贵州实施茶产业强省战略［J］. 食品安全导刊，2014（5）：16.

［9］省人民政府办公厅. 关于印发《贵州省茶产业提升三年行动计划（2014—2016年）》的通知，黔府办发〔2014〕19号［R］.2014.

［10］王艳霞. 贵州多地举行茶会重现茶文化［J］. 当代贵州，2014（28）：52-53.

［11］杨华. 生态茶产业现状与发展思路——以贵州铜仁为例［J］. 北京农业，

2014（30）：10-11.

［12］叶大祥，白尚恒，李建波. 湄潭县推进茶产业转型升级的实践与成效［J］. 理论与当代，2014（11）：48-49.

［13］余卓亚. 贵州山区茶叶种植土地适宜性评价研究［D］. 贵阳：贵州师范大学，2014.

［14］郑文佳，申友琴. 贵州茶机产业的发展之路［J］. 贵州茶叶，2014（3）：1-3.

［15］郑瑶瑶. 汪健：让黔茶走出中国走向世界［J］. 茶博览，2014（5）：41-43.

［16］郑瑶瑶. 贵州高原上的茶业强国梦［J］. 茶博览，2014（5）：18-19.

［17］詹勇鹏. 安溪茶产业发展转型与升级研究［D］. 福州：福建农林大学，2014.

［18］易水. 转型视角下的云南传统优势产业［J］. 创造，2014（9）：26-29.

［19］蔡秋. 浅议贵州茶行业的发展［J］. 特区经济，2013（7）：128-130.

［20］吕军. 刍议贵州茶产业发展的机遇及面临的危机［J］. 北京农业，2013（9）：249.

［21］谢春芳. 国内茶叶发展成功经验对贵州茶产业的启示［J］. 现代商贸工业，2013（23）：49-50.

［22］尹杰，牛素贞，刘进平，等. 贵州石阡苔茶生化成分分析［J］. 浙江农业学报，2013（2）：259-261.

［23］张著昶. 贵州铜仁24家茶企抱团进京 签下14笔共16.77亿元订单［J］. 中国茶叶，2013（7）：28.

［24］乔守刚. 基于产业集聚的长三角制造业产业升级影响因素分析［D］. 南京：南京财经大学，2013.

［25］杨精明，谢申海，张玉美. 加大科技投入，促进茶叶产业升级［J］. 茶业通报，2013（2）：64-66.

［26］黄彩梅，王爱杰，邹天才，等. 贵州茶种植业发展的茶园区划研究［J］. 贵州林业科技，2012（4）：42-45.

［27］龙明树.贵州茶业发展现状及趋势［J］.贵州茶叶，2012（4）：1-2.

［28］卢天国.贵州现代茶产业新商业模式——贵州茶产业的变革之路［J］.贵州茶叶，2012（1）：16-18.

［29］芮慧慧.安徽省农业产业升级及科技保障研究［D］.合肥：安徽农业大学，2012.

［30］许映莲.以创建茶叶标准园为契机 加快金坛茶产业转型升级［J］.中国茶叶，2012（4）：10-11.

［31］郑小琴.加快转型升级步伐 做大江山茶叶产业［J］.蚕桑茶叶通讯，2012（2）：36-38.

［32］徐玲，董纪远.信阳茶产业：转型跨越进行时［J］.农村·农业·农民：下半月，2012（7）：43-44.

［33］贵州省委、省政府领导高度重视茶产业发展［J］.贵州茶叶，2011（2）：61.

［34］陈政.贵州茶资源与茶业经济发展分析研究［J］.贵州茶叶，2011（1）：10-13.

［35］雷睿勇.贵州省"十一五"茶产业发展回顾和"十二五"展望［J］.贵州茶叶，2011（2）：5-9.

［36］雷睿勇.贵州茶旅游业发展思路浅析［J］.贵州茶叶，2011（1）：4-6.

［37］牟春林，马贤惠.加快贵州茶产业发展的思考［J］.理论与当代，2011（5）：39-42.

［38］夏海燕.温州早茶产业现状及转型发展对策研究［D］.南京：南京农业大学，2011.

［39］李丽.实现中国茶叶公用品牌与企业品牌共赢的博弈研究［D］.合肥：安徽农业大学，2009.

［40］农业部办公厅.全国茶叶重点区域发展规划（2009—2015年），农办农［2009］46号［R］.2009.

［41］田茂霞.贵州的比较优势与产业发展［D］.武汉：中南民族大学，2009.

［42］杨华.贵州茶叶产业现状及发展对策［D］.贵阳：贵州大学，2009.

[43] 刘永娟. 我国茶叶产业的国际竞争力分析 [D]. 青岛：中国海洋大学，2008.

[44] 王旭升. 贵州都匀毛尖集团品牌发展战略研究 [D]. 贵阳：贵州大学，2008.

[45] 陈宪泽. 地理标志：安溪铁观音的品牌推进与产业升级 [D]. 福州：福建农林大学，2008.

[46] 王志亮. 透视贵州茶叶产业发展的竞争优势 [J]. 贵州财经学院学报，2005（3）：66-69.